高职高专“十二五”规划教材

旅游景区服务与管理

主　编　曾曼琼　陈金龙
副主编　王素琴　代　莹　贺伶俐

化学工业出版社
·北京·

本书在体系上分为两大块，即旅游景区管理基础知识和旅游景区服务与管理实务，并附录了国家旅游局制定的旅游景区服务质量标准。全书共有十一个项目：项目一全面介绍旅游景区相关概念及景区发展历史；项目二概括介绍旅游景区管理原理、旅游景区管理核心理念及我国公共资源景区管理模式；项目三重点介绍旅游景区服务原理和景区主要服务内容及标准；项目四主要介绍旅游景区产品及特点、产品创新和旅游景区产品相关理论；项目五主要讲述旅游景区市场营销及特点，景区营销战略、营销策略等内容；项目六具体讲述景区员工招聘、培训、员工工作评估及景区员工的奖罚方法；项目七重点讲述旅游景区游客管理的必要性及游客管理的方法；项目八帮助学生客观辨析旅游景区及社区的关系，介绍旅游景区社区管理的主要模式和方法；项目九讲解景区设施设备管理实务及旅游景区安全管理方法；项目十主要讲述旅游景区环境管理的重要性及景区卫生环境管理方法；项目十一帮助学生明确景区质量管理的必要性，重点介绍国际国内主要旅游景区质量等级认证制度。

本书以国家旅游景区服务质量标准为依据，注重职业能力的培养；采用任务驱动模式，在体系上有一定的前瞻性和先进性；案例丰富，符合职业教育的特征。

本书既可作为高职院校旅游管理专业教学用书，也可作为旅游景区工作人员的培训教材和业务参考书，还可作为对旅游景区管理感兴趣人士的学习读本。

图书在版编目（CIP）数据

旅游景区服务与管理/曾曼琼，陈金龙主编. —北京：化学工业出版社，2013.7

高职高专“十二五”规划教材

ISBN 978-7-122-17814-5

Ⅰ.①旅… Ⅱ.①曾…②陈… Ⅲ.①旅游区-商业服务-高等职业教育-教材②旅游区-经济管理-高等职业教育-教材 Ⅳ.①F590.65

中国版本图书馆 CIP 数据核字（2013）第 146071 号

责任编辑：蔡洪伟　洪　强　　装帧设计：王晓宇

责任校对：宋　玮

出版发行：化学工业出版社（北京市东城区青年湖南街 13 号　邮政编码 100011）

印　　装：北京云浩印刷有限责任公司

787mm×1092mm　1/16　印张 13¾　字数 292 千字　2013 年 9 月北京第 1 版第 1 次印刷

购书咨询：010-64518888（传真：010-64519686）　售后服务：010-64518899

网　　址：http://www.cip.com.cn

凡购买本书，如有缺损质量问题，本社销售中心负责调换。

定　　价：28.00 元

前　言
Foreword

旅游景区是旅游者产生旅游动机的直接因素之一，也是构成旅游业的核心，饭店、旅行社、旅游交通是围绕旅游景区向旅游者提供各种追加利益的企业。我国目前有各类旅游景区、景点数以万计，但是在旅游景区数量不断增长的同时，游客对景区服务与管理的评价却不尽如人意。随着国民消费结构由生存型向发展型、享受型的升级，旅游消费将会呈现加速发展之势，从而致使游客对景区服务与管理提出更新、更高的要求。

目前，景区急须大批高素质，兼具现代服务意识、服务技能和景区管理能力的实用型人才。但我国旅游景区专业化、职业化培训教育起步较晚，尚未形成一整套完整的教育模式，景区高等职业教育更是一个空白。基于此，我们结合多年高职旅游科研教育的实践编写了本书。本书具有以下特色：

第一，注重职业能力的培养。本书以高职院校旅游管理专业学生的实际需要为出发点，紧密结合景区服务与管理的工作实际，理论知识以“够用”为度，舍弃相对高深的规划理论、投资管理、战略管理等内容，有针对性地选取素材，为学生提供了一种实在的职业帮助。

第二，本书采用任务驱动模式，在体系上进行了大胆的尝试。项目导向式教学的“真实性”学习过程，使学生在“做中学，学中做，边做边学”中能更好地了解和把握景区工作所需的职业行动能力，有一定的前瞻性和先进性。

第三，案例丰富。本书顺应国内外教材案例化的发展趋势，各项目设有专门的案例分析，以此加强学生理论与实践相结合的能力，体现高职教育的特色和高职教材建设的方向。

第四，教材中开辟“拓展阅读”窗口，对相关新思想、新观点、新材料予以适当介绍，有助于拓展学生的视野，提高学生的综合分析能力、解决问题能力，帮助有兴趣的学生深入学习。

第五，本书所选定的参编人员都是各高校专职从事该学科研究，在该领域有一定影响的一线教师，以保证编写质量。

本书既可作为高职院校旅游管理专业教学用书，也可作为旅游景区工作人员的培训教材和业务参考书，还可作为对旅游景区管理感兴趣人士的学习读本。

本书得以出版，是集体共同努力的结果。湖北三峡职业技术学院曾曼琼老师负责全书框架的构建、制定书稿体例及第一篇项目一、项目二的编写工作；三峡旅游职业技术学院陈金龙老师负责项目三、项目五的编写工作；咸宁职业技术学院王素琴老师负责项目六、项目九的编写工作；湖北武汉长江职业学院代莹老师负责项目四、项目十的编写工作；荆州职业技术学院贺伶俐老师负责项目七、项目八、项目十一的编写工作。湖北三峡职业技术学院的全英华、刘勤老师参与了附录的编写及教材的文字校对工作。全书由曾曼琼、陈金龙老师审核，曾曼琼老师统稿。

本教材在编写过程中，汲取了诸多前辈专家和学者们的研究成果，得到三峡电力职业学院刘家芬教授的指导和评审。在此一并致谢。因水平有限，可能会有疏漏和不足之处，祈盼各位专家和读者不吝赐教。

曾曼琼

2013 年 6 月于宜昌

目 录
CONTENTS

第一篇　旅游景区管理基础知识

第二篇 旅游景区服务与管理实务

第一篇
旅游景区管理基础知识

项目一
认知旅游景区

学习目标

- ◆ 动态掌握旅游景区的概念及构成要素
- ◆ 客观辨析旅游景区的相关概念
- ◆ 熟悉旅游景区的分级分类系统
- ◆ 了解旅游景区的发展历程及发展趋势

项目架构

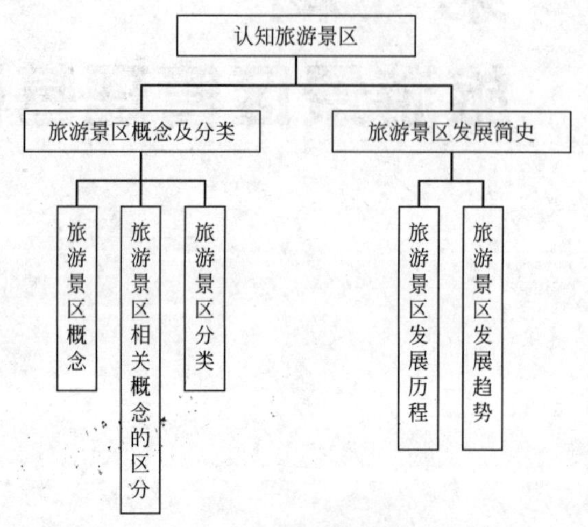

工作任务

情景：小张是某高职院校旅游管理专业的学生，现在于某旅游景区实习。应景区人力资源管理部门的要求，小张近期要为景区员工举办一场关于景区基础知识方面的讲座。接到任务后，小张就开始认真准备讲座内容。

任务：如果你是小张，你将从哪些方面来准备？应突出哪些知识点？

点评：旅游景区是构成旅游业的核心。旅游者之所以去某地访问，根本原因是受到目的地独特的旅游资源的吸引。那么，究竟什么是旅游景区？它有哪些类型？景区的发展历经了一个怎样的过程？国内景区在蓬勃发展的同时又遭遇了什么样的困境和挑战？这些都是本项目将要探讨的问题。

任务一 旅游景区的概念及分类

一、旅游景区的概念

景区是景区管理的对象，清晰了解景区的概念是景区管理的基础。然而到目前为止，还没有一个国内外学者统一认可的景区定义，且不少名词又易于和景区概念相混淆。因此，要正确地界定旅游景区的概念，将旅游景区的概念圈定在一个合适的尺度上十分必要，有利于各种相关概念的区分。

课堂讨论

在你看来，安徽的黄山、乡土气息浓郁的乡村、敞开式的公共绿地、城市公园、繁华的城市商业区哪些属于旅游景区？哪些不属于？为什么？

总而言之，旅游景区一般包含以下构成要素。

第一，特定的旅游吸引物。旅游景区的旅游资源可以是自然天成的，也可以是人类历史遗留下来的，还可以是人工专门建造的，但对游客要有吸引力，资源的吸引性是旅游景区存在的前提条件。

第二，明确的地域范围。旅游景区的地域范围，常表现为其门票所涵盖的范围。当然也有人认为旅游景区不一定要用围墙圈起来。

第三，多种旅游功能。表现为满足游客体验需求的功能要素，可以是观光性的参观、游览，也可以是度假性的休闲、康乐，还可以是专项性的教育、求知等，当然核心功能还是旅游。旅游景区的主体功能取决于景区的旅游资源类别。

第四，必要的旅游设施、提供相应的旅游服务。旅游景区不仅仅拥有吸引游客的旅游资源，还要具有必要的设施与服务。设施与服务是旅游景区区别于旅游资源的两大要素。

第五，特定的管理主体。每个旅游景区都有且仅有一个管理主体，对景区内的资源开发、经营服务进行统一的管理。它可以是国有的、股份的，或是民间的、私营的，也可以是个人。

根据上述五点界定，属于旅游景区的是安徽的黄山、城市公园，其他的不属于旅游景区。

我国国家质量监督检验检疫总局2004年发布的国家标准《旅游景区质量等级的划分与评定（修订）》（GB/T 17775—2003）中对旅游景区的定义为："旅游景区是指具有参观游览、休闲度假、康乐健身等功能，具有相应旅游服务设施并提供相应服务的独立管理区。该管理区应有统一的经营管理机构和明确的地域范围。包括风景区、文博馆、寺庙观堂、旅游度假区、自然保护区、主题公园、森林公园、地质公园、游乐园、动物园、植物园及工业、农业、经贸、科教、军事、体育、文化艺术等各类旅游区（点）。"

拓展阅读

国内外代表性的旅游景区概念

目前，关于旅游景区的定义和概念国外旅游学术界比较流行的、有代表性的看法大约有下列10种。

(1) 英国旅游局（BTA）和英格兰旅游委员会（ETC）认为："旅游景区（点）必须是一个长期存在的出游目的地，其存在的首要目的是向公众开放并满足进入者的娱乐、兴趣和教育的需求，而不是仅仅用于购物、体育运动、观看电影和表演。旅游景区（点）的进入无须提前预订，可以吸引一日游游客和旅游者。"

(2) 英国学者J. 斯沃布鲁克（JohnSwarbrooke）在《景区开发与管理》（第2版）中提出："景区应该是一个独立的单位、一个专门的场所，或者是一个有明确界线的、范围不可太大的区域，交通便利，可以吸引大批的游人短期休闲和游览……景区应该是能够界定、能够经营的实体。"

(3) 英国学者克利斯·库珀（ChrisCooper）等在《旅游业：原理与实践》（第2版）中指出："旅游景区可以由自然馈赠和人工建造两部分组成。前者包括景观、气候、植被、森林和野生动物，后者包括历史和文化，但还包括诸如主题乐园之类的人造游乐设施。"

(4) 英国著名的旅游市场学家密德尔敦教授（VictorT. C. Middleton）在其《旅行及旅游业市场营销》专著中将景区分为有管理的和无管理的景区。有管理的景区是："一个指定的、长久性的、由专人管理经营的，为出游者提供享受、消遣、娱乐、受教育机会的地方。"

(5) 英国旅游地理学家斯蒂芬·威廉姆斯（StephenWilliams）在《旅游地理学》中认为，"景区也可以包括旅游商店、娱乐场所、游乐园、主题乐园、游泳池和休闲地等。"

(6) 美国著名学者朱卓仁（ChuckY. Gee）教授等在《国际旅游业：一个全球化的展望》（世界旅游组织出版物）中提出："景区是因天气、风景、文化或活动而满足一个特定顾客群和市场的欲望和喜爱的一个区域。"此外，他在另一本专著《旅游业》中认为，旅游景区有时很容易与旅游目的地、旅游度假胜地混淆，如许多游客去迪斯尼世界，而不是奥兰多这一城市，甚至不是佛罗里达州。

(7) 以研究旅游规划著称的美国学者冈恩（c. A. Gunn）给出一个内涵非常宽泛的定义，他认为："旅游景区可以是地球上任何一个独具特色的地方，这些地方的形成既可能是自然力量使然，也可能是人类活动的结果。"

(8) 美国学者沃尔什·赫伦（Walsh Heron）和特里·史蒂文斯（TerryStevens）在《旅游景区与节事管理》中认为，旅游景区是具备以下特征的地点或举办活动的场所。

- 吸引当地居民中的游客、一日游客和旅游者，并对其进行相应的管理。
- 提供一种娱乐或愉悦的体验或打发休闲时间的方式。

• 满足这种潜在需要的开发。

• 其管理侧重于为游客提供满意的服务。

• 提供相关设施和服务以满足游客各方面的需求、需要和兴趣。

• 可以是收费或免费的。

(9) 英国旅游学者帕特·耶尔(PatYale)对于旅游景区在概念中存在一些界限不明确的地方，在他的《从景区到遗产旅游》(第2版)一书中提出了自己的看法。

• 景区未必是一个地域上有明确边界的地方，博物馆、公园和一些历史古迹遗址是有明确地域边界的，但一些风景宜人的海滨或海滩、滑雪坡地的地域边界就很难确定。

• 景区不一定是长久性的、长期存在的。一些著名的节事、赛事，景区内的各种活动、表演都是有时间性的，如巴西里约热内卢的狂欢节、伦敦白金汉宫前的换岗仪式或一些应季的花卉展览等，错过一定的时间这个吸引物就不存在了。

• 虽然越来越多的景区由专门机构或企业进行商业运作，但不是所有景区都能被有效地控制和管理起来，如一些避暑胜地，其主要吸引游客的地方是当地的气候条件。

• 根据多数学者的定义，我们无法确定体育运动场所、购物场所、剧场戏院及其他娱乐设施是否属于旅游景区范畴。

(10) 也有西方学者将旅游景区视为一个系统。对景区系统的构成主要有以下几种观点。

① 旅游者、景观、开发管理者和景观信息的统一体(麦克钱纳 1976)。

② 旅游景区是一个具备三种要素的系统，这三种要素分别是旅游者(人的要素)、核心吸引物和景区整合者，只有三种要素有机结合才能形成旅游景区(利珀 1990)。

③ 景区构成层次可分为意识层(描述性)、组织层(标准性)和认知层(游客的认同感)，由此推论景区系统应包括：一个具有旅游需求的人、一个核心吸引物(真正吸引旅游者游览的某地的特征或意义)和一个整合者(佩奇 1995)。

国内学者和行业机构对于旅游景区有以下几种观点。

(1) 彭德成(2003)认为，一个经营性的旅游景区应当具有以下条件。

• 具有统一的管理机构，即每个旅游景区都有且仅有一个管理主体，对景区内的资源开发、经营服务进行统一的管理。它是旅游景区经营的主体、服务的供方。它可能是政府机构，或是具有部分政府职能的事业单位，也可能是独立的法人企业。

• 空间或地域范围确定，即有固定的经营服务场所。旅游景区空间范围，常表现为其门票范围。

• 旅游景区具有多种旅游功能，可以是观光性的参观、游览，也可以是度假性的休闲、康乐，还可以是专项性的教育、求知等。旅游功能是旅游景区吸引力的主要体现，是旅游景区作为一种旅游产品的价值基础，不同的景区类型具有差异性的旅游功能，多样化的旅游功能使得景区活动丰富多彩。旅游景区的主体功能取决于景区的旅游资源类别。

• 旅游景区必须具有必要的旅游设施，提供相应的旅游服务。资源、设施与服务构成旅游景区产品，也是景区旅游功能的载体。没有设施与服务，再好的旅游资源也还是旅游资源，不会成为可供旅游者消费的景区产品。

• 旅游景区是一个独立的单位。所谓独立，既包括空间场所的独立，也包括职能的独立。也就是说，旅游景区要有专门的人、财、物、场所为景区经营服务。

这五方面综合起来决定着景区是否具有旅游经营条件，能否承担经营风险和责任。

(2) 邹统钎（2006）认为，旅游景区是依托旅游吸引物从事旅游休闲经营活动的有明确地域范围的区域。

(3) 李天元（2000）认为，任何一个可供旅游者或来访游客参观游览或开展其他休闲活动的场所都可以成为旅游景点。

(4) 王德刚（2000）认为，旅游（景）区是以旅游资源或一定的景观、娱乐设施为主体，开展参观游览、娱乐休闲、康体健身、科学考察、文化教育等活动和服务的一切场所和设施。

(5) 马勇等（2006）认为，旅游景区是由一系列相对独立的景点组成，从事商业性经营，满足旅游者观光、休闲、娱乐、科考、探险等多层次精神需求，具有明确的地域边界、相对独立的小尺度空间旅游地。

二、旅游景区相关概念的区分

课堂讨论

长江三峡在地理上一般指东起湖北宜昌南津关、西至重庆奉节白帝城，包括西陵峡、巫峡和瞿塘峡；三峡大坝的建设进一步拓宽了长江三峡的旅游空间。请指出长江三峡、三峡大坝5A级景区、三峡大坝、截流石，属于旅游景区、旅游景点、旅游资源和旅游地的分别是哪个？

（一）相关概念

自然界和人类社会凡能对旅游者产生吸引力，可以为旅游业所开发利用，并可产生经济效益、社会效益和环境效益的各种事物和因素就是旅游资源。构成旅游资源的三个基本条件是：有用性，即能够吸引旅游者前往旅游观光与休闲；可用性，即可以被开发；效益性，即可以产生经济、社会和环境效益。

旅游地又叫旅游目的地、旅途的终点。指的是一定区域空间范围内，由旅游资源、旅游服务设施及其他相关旅游条件结合形成的吸引游客前往旅游的区域。旅游目的地中最核心的要素有两点：一是具有旅游吸引物；二是人类聚落。要有永久性的或者临时性的住宿设施，游客一般要在这里逗留一夜以上。因此，一般不留宿的景点不应该算作旅游目的地。一般由若干个旅游景区组成，各旅游景区之间，组成一个在地域上并不一定连成片但服务接待设施配套、统一管理、交通方便、旅游服务条件相对独立的地域。例如，黄山旅游地由 12 个旅游区构成。

旅游景点是由美学性突出、对游客具有吸引力的若干单体的景物构成的，是划分景区的基本单位。一个景区可能包含若干景点，如九寨沟景区包括五彩池、熊猫海、长海等景点。

（二）相关概念间的关系

1. 空间范围不同

景点属于小尺度的空间范围，并且在这个空间范围内具有明显的标志物，空间范围容易被识别；旅游景区属于中尺度的空间范围，这个空间范围是由若干景点所组成的，并且空间范围是可以感知的；旅游地属于大尺度的空间范围，这个空间范围具有相当大的规模，在大多数情况下不具备显著的边界。

2. 包含与被包含关系

旅游资源是旅游景点形成的基础；特定范围内的若干旅游景点配套相关的服务设施就构成了旅游景区；若干旅游景区在空间上聚集，并能实现游客追求体验需求的各类空间要素的总和就构成了旅游地。

综上所述，三峡大坝 5A 级景区属于旅游景区，三峡大坝属于旅游资源，截流石属于旅游景点，长江三峡则属于旅游地。

三、旅游景区的分类

与定义一样，旅游景区的类别也是很难界定的，不同的分类角度会得出完全不同的分类结果，现介绍几种代表性的分类方法。

（一）按照旅游景区资源类型划分

1. 自然型旅游景区

自然型旅游景区内的吸引物以自然景观或者自然旅游资源为主，包括山、河、湖、海等自然风景区、自然保护区、森林公园等。例如，青海湖风景旅游区以高原湖泊为主体，有草原、雪山、沙漠等自然景观，属于以自然景观为主的旅游景区。

2. 人文型旅游景区

由于地理环境、生产生活方式、社会形态、民族文化、宗教信仰等不同，各地的文化也千差万别。人文型旅游景区内的吸引物以人文景观或者人文旅游资源为主，如世界文化遗产长城、颐和园、秦始皇陵及兵马俑、澳门历史城区都属于人文型旅游景区。

3. 自然人文复合型旅游景区

自然人文复合型旅游景区不仅有优美的自然风光，而且有丰富的历史遗存，游客不仅能观光游览，而且能感受不同的文化内涵。例如，山东泰山风景区、福建武夷山风景区、湖北武当山景区就属于自然人文复合型旅游景区。

4. 人工型旅游景区

人工型旅游景区指依托现有国内外高科技水平，根据一定需要（不一定是旅游的需要）修建的一些工程，是人类智慧的结晶，因其具有旅游价值而开发成为景区。如三峡大坝旅游景区、深圳锦绣中华就属于人工型旅游景区。

(二)按照旅游景区功能划分

1. 观光游览型旅游景区

观光游览型旅游景区是以观光游览为主要内容的旅游景区，主要以风景优美的自然景观为主，也可以是人造景观，具有较高的审美价值。如广西桂林山水、四川九寨沟、云南昆明石林九寨沟、湖南张家界等景区。

2. 休闲度假型旅游景区

休闲度假型旅游景区拥有高等级的旅游度假环境和服务设施，通常以气候、温泉、矿泉、海水为条件，为旅游者提供度假、康体、休闲等服务的景区。如陕西骊山温泉、河北承德避暑山庄、黑龙江亚布力滑雪度假区、欧洲的阿尔卑斯山度假区等景区。

3. 风情体验型旅游景区

风情体验型旅游景区主要是向游客展示不同的文化背景下所形成的民风民俗、生产方式、语言习惯等，为游客提供一种接触异质文化的平台，并带给他们一种全新的体验和感受。如云南省西双版纳傣族村寨、大理白族村、丽江纳西族村、西藏藏族村、广西壮族村、贵州苗族寨等景区。

4. 科考探险型旅游景区

科考探险型旅游景区是以科学考察和开展探险活动为主要内容的景区。旅游资源具有科学考察价值或坐落于地势比较险要的地方，如雅鲁藏布大峡谷探险区。

(三)按照景区形成原因划分

英国学者约翰·斯沃布鲁克（JohnSwarbrooke）按照不同的成因将景区分为以下四类。

(1) 自然形成的具有优美环境的地域（如国家公园、森林公园、地质公园、自然保护区）。

(2) 最初并非为吸引游客而建造的建筑或场所（如风景名胜、文化遗址、宗教场所、园林、古建筑、名人故居、古代工程、工业旧址等），但现在却吸引着大量游客出于休闲消遣的目的前来参观访问。

(3) 专门为吸引游客并满足其要求而建造的人造景观（如主题公园、乡村公园、野生动物园、园艺公园、海洋馆、博物馆、展览馆、美术馆、温泉疗养地、滑雪场、高尔夫球场、度假村等）。

(4) 特殊节事活动（如博览会、狂欢节、艺术节、宗教仪式、传统民俗节等）。

前三种为长久性景区，而第四种是暂时性的，存在时间有限。有学者认为，它不属于严格意义上的旅游景区。

(四)按照旅游景区质量等级划分

我国旅游景区等级分类的主要依据是《旅游景区质量等级的划分与评定》国家标准，按照《服务质量与环境质量评价细则》、《景观质量评价细则》和《游客意见评价细则》三个评分细则进行综合评价，将旅游景区质量等级划分为五级，从高到低依次为AAAAA、AAAA、AAA、AA、A 级旅游景区。其中《服务质量与环境质量评价细则》包括旅游交通、游览、旅游安全、卫生、通信、旅游购物、综合管理、旅游资源与环境保护这 8 个评价项目。《景观质量评价细则》包括资源要素与景观市场价值两大评价项目。《游客意见评价细则》则包括总体印象、可进入性、游路设置、旅游安排、景观设置、路标指示、景点介绍牌、宣传资料、讲解服务、安全保障、环境卫生、旅游厕所、邮电服务、购物、餐饮、旅游秩序、景物保护等评价项目。

（五）按照景区规模大小划分

(1) 特大型景区：占地面积在 500 平方公里以上。

(2) 大型景区：占地面积在 101～500 平方公里。

(3) 中型景区：占地面积在 21～100 平方公里。

(4) 小型景区：占地面积在 20 平方公里以下。

（六）按照旅游景区开发目的来划分

邹统钎（2004）将旅游景区分为两类，一类是以经济开发为主要目的的旅游景区，另一类是以资源保护为主要目的的旅游景区。前者包括主题公园和旅游度假区；后者包括风景名胜区、森林公园、自然保护区和历史文物保护单位等。开发型旅游景区与保护型旅游景区由于利益出发点的不同，因而存在着不同的发展价值观，在发展过程中出现的问题也具有各自的典型性。

拓展阅读

迪斯尼乐园简介[1]

迪斯尼乐园是一种新型的旅游景区，是沃尔特·迪斯尼先生伟大的成就之一。当年迪斯尼拍摄了许多受欢迎的动画影片，如《白雪公主》、《木偶奇遇记》、《仙履奇缘》等，更捧红了米老鼠、唐老鸭等卡通明星，但他还想继续扩大娱乐王国的版图，于是就有了兴建一个主题游乐园的计划。在那个年代只有一般小型的游乐场和园游会，世界上还不曾出现规模如此庞大的主题游乐园，所以当位于加州洛杉矶的迪斯尼乐园在 1955 年 7 月 17 日正式对外开张时，立刻就独领风骚，造成轰动，开张才一年多，游客就突破一千万人次。迪斯尼乐园的成功，从此改写了历史，这种主题乐园（ThemePark）的模式，也成为新兴的休闲产业经营形态。

在加州迪斯尼乐园开张之后，迪斯尼的娱乐事业更是因此如虎添翼。迪斯尼继续推出许多电影作品，并在乐园配合推出游行表演及相关设施，两方面可以共同宣传造势。例如，加州迪斯尼乐园的城堡是 1955 年开张就有的，但造型却是出自四年后 1959 年才要上映的动画电影《睡美人》，这无疑是电影上映前的最好宣传。迪斯尼也积极开发新技术，不断推出新的设施，在迪斯尼乐园中负责新设施规划设计的人员被称为“幻想工程师”。在 1964 年纽约世界博览会上，迪斯尼

---

[1] 陈才，龙江智．旅游景区管理．北京：中国旅游出版社，2008．

的幻想工程师就推出了“小小世界”等四项立体动像机器人参展，展览结束后，迪斯尼将它们全部搬到迪斯尼乐园成为常态性的游乐设施。迪斯尼乐园的幻想工程师隶属于迪斯尼旗下的“沃尔特·迪斯尼幻想工程”（简称 WDI），至今依然是世界上所有迪斯尼乐园的幕后大功臣。

迪斯尼乐园在加州大放异彩之后，沃尔特·迪斯尼先生兴起了在美国东部另外建造一座乐园的构想，于是他秘密选定佛罗里达州的奥兰多地区，收购了当时还十分荒凉的一大片土地，开始他的第二乐园计划。虽然沃尔特·迪斯尼来不及看到佛罗里达州的乐园开张就于 1966 年与世长辞，但在他哥哥洛伊的努力之下，佛罗里达州的迪斯尼乐园终于在 1971 年正式开张，成为世界上第二座迪斯尼乐园。初期乐园中大部分游乐设施跟加州乐园差异不大，不过城堡却改以《仙履奇缘》电影中的城堡为造型。而且由于迪斯尼在奥兰多所买的土地很大，因此有非常大的扩建空间，迪斯尼公司继续在奥兰多大兴土木，又建造了佛罗里达州的第二座迪斯尼主题乐园——艾波卡特中心，于 1982 年对外开张。原本之前开张的乐园则被命名为“神奇王国”，整个佛罗里达州奥兰多的迪斯尼地区，就被称为“沃尔特·迪斯尼世界”（WaltDisneyWorld，简称 WDW），成为迪斯尼的第一个主题游乐休闲区。后来迪斯尼在奥兰多又继续建造了“迪斯尼——米高梅影城”和“迪斯尼动物王国”，如今该地已经有四个迪斯尼主题乐园以及三个水上公园、迪斯尼市镇中心、复合式运动场、度假村等，俨然成为一个迪斯尼王国。

除了美国本地之外，迪斯尼乐园的计划也开始扩展到海外其他国家。1983 年迪斯尼和日本东方土地公司合作，在东京舞滨开张了东京迪斯尼乐园，迪斯尼的魔幻魅力，跨越了文化和语言的障碍，在海洋的另一端开始爆发能量。东京迪斯尼乐园十分成功，不但风靡了日本，也让迪斯尼各类作品及产品开始逐渐深入亚洲邻近各国。迪斯尼分公司、代理单位逐渐在亚洲各国生根，各种授权商品也开始在亚洲市场问世，迪斯尼从此走出了西方欧美社会，展现出跨文化、跨语言的包容性与普世性。

迪斯尼 1992 年又在法国巴黎独资推出了第二座美国境外的迪斯尼乐园，其势力开始扩展到欧洲。不过初期因为没考虑到法国民族性的差异，营运成绩并不理想，但经过一番财务与管理上的重整之后，终于在 1996 年开始扭亏为盈，乐园名称也由原本的“欧洲迪斯尼乐园”改为“巴黎迪斯尼乐园”。为了融入当地社会文化，巴黎迪斯尼乐园采用精致风格的路线，不管是城堡的设计、街道建筑物的雕饰，乃至花园的造型，都跟其他的迪斯尼乐园很不一样，颇有欧洲中古世纪宫廷花园的感觉。

在进入新世纪之后，迪斯尼乐园的势力也越来越庞大了，加州、东京、巴黎的迪斯尼乐园，都相继兴建了当地的第二座主题乐园，加州新开了“迪斯尼加州探险乐园”；东京新开了“东京迪斯尼海洋”；巴黎也新推出“迪斯尼影城”，使得加州、东京、巴黎继佛罗里达的奥兰多之后，都成为迪斯尼的主题游乐休闲区。

可想而知，迪斯尼的幻想工程师们在未来会继续发挥他们鬼斧神工的创造力，让世界各地所有的迪斯尼乐园持续散发出魔幻魅力。

任务二 旅游景区的发展简史

一、旅游景区发展历程

旅游景区是伴随着人类旅游活动的产生而产生的。从历史的角度看，人类的旅游活动大致经历了三个大的发展阶段。一是限定在有闲阶层中的古代旅游，其特征是以游乐为主，规模较小。二是开始普及中产阶层的近代旅游，它源自于人本主义意识和科学技术进步，并直接促成了现代旅游业的出现。三是社会大众共同参与的现代旅游。景区是旅游发展的产物。根据纪年方式和文献研究的成果，景区的发展大致经历了以下四个阶段。

(一)古代的萌芽阶段(～1840 年)

人类进入奴隶社会后，有闲阶级形成，旅游产生，世界景区开始萌芽。最早的景区可以追溯到 4000 年前的古埃及和巴比伦，典型代表是由腓尼基旅行家昂蒂帕克总结的后来闻名世界的“七大奇迹”。这七大文化奇迹是：埃及金字塔、巴比伦空中花园、亚历山大灯塔、罗德港巨人雕像、宙斯神像、阿提密斯神殿、摩索拉斯陵墓，都对人们有着巨大吸引力。公元前 5 世纪，古希腊的提洛岛、特尔斐和奥林匹斯山成世界著名的宗教圣地，宙斯神大祭期间举办的“奥林匹亚庆典”成了最负盛名的庆典，逐渐发展成现代的奥林匹克运动会。

罗马帝国时期，温泉疗养成为社会各阶层都喜爱的一种娱乐。公元前 4 世纪，罗马人有了导游手册，主要介绍雅典、斯巴达和特洛伊等地的温泉和海滨度假胜地。罗马帝国衰亡后，世界进入了中世纪，这一时期欧洲宗教旅游兴起。14 世纪出现了为朝圣者提供帮助的信徒证明和旅游指南，促进了早期以朝觐圣地为目的的大众旅游，宗教寺庙成为旅游景点。

1414 年，英国的苏格兰圣安德鲁斯建成了世界上第一座标准的高尔夫球场(OldCourse)，从此高尔夫运动成为人们喜爱的一种户外娱乐活动。17～18 世纪，人们对健康的关注促进了两种特殊类型景区的发展：温泉疗养胜地和海滨度假胜地。

这一时期，旅游景区中的自然景观只是自然旅游资源的空间存在形态，仅有少量的人为开发，没有经营部门介入，不具有特定的旅游服务和旅游管理，更没有获得经济利益。人文资源的景区，仅是皇帝、贵族为了自身的享乐或是为了宗教、朝拜而建立的，也没有获得经济利益的旅游经营与管理。这一时期称为景区发展的萌芽阶段。

(二)近代的概念发展阶段(1841～1945 年)

1841 年 7 月，英国人托马斯·库克利用包租火车的方式组织了一次从莱斯特到洛赫伯勒的团体旅游，这次活动被公认为近代旅游和旅游业开端的标志。从那时起，真正意义上的旅游景区开始出现。这一阶段较有代表性的事件如下。

(1) 1851 年，英国在伦敦的海德公园举办了一次大型博览会，从 5 月 10 日到 10

月 5 日的博览会期间，接待了来自世界各地 630 万人次的参观者，这次划时代的“伟大的博览会”被世人确认为首届世界博览会。

(2) 1853 年，英国在伦敦动物园内建造了世界上第一座近代水族馆，成为水族馆从列车厢式向环道式、隧道式和遨游式演变的开端。

(3) 1868 年，挪威人从泰勒马克郡滑雪旅行到克莉斯汀那参加社交活动，带动了娱乐性滑雪运动；1905 年滑雪运动被列入奥运会，1924 年正式成为奥运会的比赛项目。

(4) 1872 年 3 月 1 日，美国国会批准在怀俄明州建立了面积达 898 平方公里的黄石公园，并颁布了《黄石公园法案》，黄石公园被公认为世界上第一个国家公园。随后国家公园的概念在美国、加拿大、澳大利亚、新西兰等国家被广泛推广。

(5) 1889 年，法国建成了 312 米当时世界上最高的埃菲尔铁塔，成为巴黎引以为豪的著名标志性景区。

(6) 1893 年，美国的芝加哥举办了纪念哥伦布的世界博览会，从事游乐园设备生产和游乐园设计的商家首次亮相，标志着游乐园进入了辉煌时代；1894 年芝加哥建立了世界上第一座现代游乐园——保罗·波恩顿水滑道公园，到 1919 年世界上建造了 1500 多个游乐园；1910～1930 年是机械游乐园的黄金时期，美国成为世界游乐园的发展先锋，旋转木马、摩天轮、过山车等刺激性游乐设施蔚然成风。

(7) 1919 年，英国林业委员会开始实施鼓励在指定地区种植指定树种的计划，从此森林公园的概念诞生了。

(8) 1925 年，扎伊尔在维龙加火山建立了世界上第一座真正意义上的野生动物园。

这一时期被称为景区的概念发展阶段。旅游景区得到规划和开发，基础设施、娱乐设施、服务设施日趋完善。但景区的规划过于注重经济效益而忽视社会和生态效益，旅游资源开发破坏较严重；旅游景区开始了经营管理，但商业气息浓，以追求经济利益为主，科学化水平、管理水平较低；旅游景区的产品以观光型项目为主，缺乏对旅游市场需求的调查分析，产品单一，没有特色。

(三) 现代的综合发展阶段(1946～1999 年)

第二次世界大战结束以后，世界进入和平与稳定的发展时期。个人收入增加，闲暇时间及带薪假期增多，现代化的高新科技带来了交通工具、通信工具、娱乐设备和住宿设施的日新月异，再加上政府对旅游业的扶持，旅游景区进入了现代的综合发展阶段。这一阶段景区发展史上较有代表性的事件如下。

(1) 1972 年 11 月 16 日，联合国教科文组织第十七届会议在巴黎通过著名的《保护世界文化和自然遗产公约》，开始为全球范围内具有突出普遍价值的文物、建筑物、遗址、自然面貌和动植物的生存环境提供紧急和长期的保护。世界上许多文化遗址得到了妥善保护，并被开发为接待旅游者参观游览的世界著名景点，如英国伦敦的大英博物馆、德国的罗滕堡古城、意大利的比萨斜塔、埃及的金字塔、美国的纽约自由女神像、中国的长城等。城市中的民族聚居社区和农村地区的民族村寨由于独特的民族文化而成为人们钟情的景区。

(2) 随着体验时代的到来，许多独具特色的农场、矿山、工厂等经济活动的场所抓住以旅游者为中心的消遣休闲胜地的发展机会，加快了商业化进程，逐渐转变成为旅游者喜爱的景区。根据 1995 年的统计，英国的农场中已经有 84%向旅游者开放，澳大利亚的葡萄园和葡萄酒厂中已经有 83%全部或部分向旅游者开放。意大利、南非、匈牙利、法国等国家也开放了许多“农业旅游”和“工业旅游”的景区。

(3) 1946 年，荷兰的马都洛夫妇为了纪念死于“二战”时期纳粹集中营的爱子，在海牙市郊投资兴建了世界上第一座“小人国”式的微缩景区——马都洛丹，1952 年建成开放以来一直深受世界人民的喜爱；1955 年 7 月 17 日，美国的迪斯尼乐园建成开放，成为世界公认的主题公园的先驱；1961 年，六旗公园的第一个主题公园在美国的得克萨斯州建成。随后，许多大公司纷纷投资兴建主题公园，使其成为 20 世纪 70 年代以来发展最快的景区类型。

(4) 博彩娱乐是一种重要的消遣休闲活动，博彩业在这一时期也得到快速发展。博彩业在为当地带来巨大经济收益的同时，也对社会造成了巨大的负面影响，这种悖论现象已经引起越来越多国家的高度关注。

这一阶段，旅游景区设施设备更加完善，服务质量显著提高；旅游景区注重旅游市场的调查研究和市场营销，景区产品更有特色；旅游景区更注重对旅游资源和环境的保护，把经济、社会和生态三方面的效益最大化放到了首要位置。

(四)当代的系统发展阶段(2000 年至今)

进入 21 世纪以来，随着经济的全球化和技术的高新化，旅游者的休闲娱乐方式更加个性化和多元化，景区进入了整合资源、改进产品、完善功能、提升服务和创新管理的系统发展阶段。在产品层面上，景区的类型和功能越来越完善：世界遗产、国家公园、森林公园、地质公园、野生动物园、游乐园、主题公园、乡村度假、海滨度假、温泉、滑雪、滑水、高尔夫、节事庆典等景区相继出现；在企业层面上，景区的经营和管理越来越规范；在产业层面上，国家的政策法规越来越完善和规范，景区的客源市场越来越国际化，景区的经营环境越来越市场化，专业性的景区管理公司开始实现集团化，从而使景区向可持续方向发展。

拓展阅读

中国景区发展历程[1]

我国旅游景区的发展与社会经济发展和对外开放的程度密切相关，若要对我国景区发展的历程进行阶段划分，则 1840 年和 1978 年发生的两次重要历史事件是划分的重要依据，从而形成我国旅游景区发展的四个历程。

[1] 杨桂华．旅游景区管理．北京：科学出版社，2006.

（1）古代的名胜及园林景区发展阶段：本发展阶段是我国景区发展之初，指1840年鸦片战争以前漫长的奴隶社会和封建社会时期。其间的旅游活动有两类：其一是外出旅行，主要是帝王巡游、官吏臣游、文人漫游、僧人云游，我国现有的著名历史文化名胜和名山大川大都是在这一阶段开发建设的；其二是园林景区的开发和享用，园林的雏形是奴隶社会帝王狩猎的“囿”，后开发建设为“仿效自然”的园林。南宋时期开发了西湖，有了著名的西湖十景，到清朝已经形成北方的皇家园林和南方的私家园林。

（2）近代的景区破坏阶段：1840年至我国改革开放的1978年，我国的景区发展进入了破坏阶段，具体表现为三个方面：其一，帝国主义列强的入侵和战乱，圆明园、颐和园、清东陵等文物古迹曾一度被焚毁；其二，西方列强在我国的风景名胜区如北戴河海滨、庐山等地建造房舍作为居住区；其三，“文革”中“破四旧”等运动使全国的文物古迹、林区、风景区遭受了巨大破坏。

（3）现代景区开发阶段：自20世纪70年代末至20世纪90年代初，我国真正意义上大众旅游的发展使我国的旅游景区开发建设进入前所未有的大发展阶段。这一阶段我国景区发展呈现出四大特点：①旅游景区得到规划与开发；②旅游景区开始进行经营管理；③旅游景区的规划只注重经济效益而忽视社会和生态效益，旅游资源开发破坏较严重；④旅游景区的旅游产品以观光项目为主，缺乏对旅游市场需求的调查分析，产品单一，没有特色。

（4）当代景区规范管理阶段：从20世纪90年代至今，我国景区发展的重点从开发转向规范管理，国家旅游局对各类景区加强了旅游行业规范管理。为了规范和提高各类景区的经营管理和服务水平，促进景区升级上档次，国家出台了《国家旅游区等级划分与评定》国家标准。2007年5月，北京市故宫博物院等66家景区第一批被评为国家5A级旅游景区。此外，国家优秀旅游城市的创建和世界自然、文化遗产的申报工作也为我国景区的发展注入了活力和资本。

二、旅游景区发展趋势

（一）多元化产业集聚

旅游景区开始寻求空间上的功能拓展，形成产业集群。现在的单体景区越来越认识到要想留住游客，转移和分散经营风险，就要尽力满足游客的综合需求。目前，“景区＋房产”的“旅游房地产”模式、“景区＋社区”的“休闲社区”模式、“农业＋旅游”的“农家乐”模式、“渔家＋旅游”的“渔家乐”模式、“工业＋旅游”的“工业旅游”模式、“影视＋景区”的“影视基地”模式、“体育＋旅游”的“体育旅游”模式等各种新型景区开发模式的涌现，实际上都是旅游产业多元化的表现。当然，“不要把鸡蛋放在同一个篮子里”的经营哲学同样存在陷阱。要注意在构建旅游企业集团，采用多营战略的过程中，避免涣散对核心业务的专注力。

（二）体现人文关怀——关注社区利益

景区开发和当地（社区）发展关系紧密，从性质上说既有积极的，也有消极的，因此应辩证地看待。一方面，旅游景区的发展渗透和影响着社区居民的日常生活；另一方面，社区的发展又影响着景区的稳定和旅游业的繁荣程度。正如《可持续旅游发展宪章》指出的那样："旅游具有两重性……对旅游应该用综合方法进行探讨。"传统景区的规划、建设和管理过程中重经济要素分析、轻社区因素分析，为此，景区景点开发与社区冲突事件时有发生。无数个案例说明，把社区发展纳入旅游业的发展中，考虑社区参与旅游发展过程及利益分配都是十分必要和重要的。

社区参与法就是这样一种举措。社区参与法的倡导者为 PeterE. Murphy（1983），他在《旅游：一个社区方法》一书阐述了社区参与观点。社区参与是指把社区作为旅游发展的主体纳入景区规划、景区开发、景区管理等涉及旅游发展事宜的决策和执行中，是居民对社区旅游业发展责任的分担和对社区旅游业发展成果的分享；是对旅游业传统发展方式的改良，也昭示着在旅游发展中人本主义的逐步回归。它不仅是社区建设的关键因素、欠发达地区脱贫的有效途径，也是社区旅游业可持续发展的内在动力。社区参与有利于景区与社区的资源、环境保护；有利于旅游业长期稳定发展；有助于形成景区与社区的整体观与和谐观，促成两者间经济、文化、社会、环境、资源的和谐统一。从反面来看，社区的不参与甚至不合作会严重制约景区的发展，并为景区开发设置很多障碍。20 世纪 80 年代中后期，"社区方法"的规划理念开始受到西方发达国家的关注，并逐步被规划师和政府官员所采纳，成为景区十分重要的发展理念和指导方法。在我国，社区参与旅游发展目前还处于初级发展阶段。

（三）快乐体验

传统旅游观念重形式、轻内涵，旅游仅停留在观、闻、嗅等简单的感官层面，人们赶场似的在几个景区之间穿梭奔走，到最后甚至比平时工作还累。随着时代的进步以及整个社会对人权的关注，休闲、体验的观念开始受到关注。

（四）开发理念转型——倡导环境友好和生态文明建设

环境友好型社会、倡导生态文明是当今社会的热点，尤其是对旅游业这种环境依托型和资源损耗型的产业，其重要意义更是不言而喻。但是在当前的景区开发过程中，时常出现浪费资源和破坏环境的事件，旅游业一度被千夫所指，成为"环境杀手"的代名词。开发者和管理者开始反思单纯追求经济效益的弊端，自觉地以保护环境、减少自然资源的耗损为己任，构建人与自然和谐的社会，促进从工业文明到生态文明的进步。

案例分析

美国黄石国家公园的诞生

黄石公园（Yellowstone National Park）是世界上第一个，也是目前最大的国家公园。位于美国西部北落基山和中落基山之间的熔岩高原上，绝大部分在怀俄明州的西北部，有一部分伸展到蒙大拿州和爱达荷州，海拔 2134～2438 米，面积 8956 平方公里。关于面积有多种说法，《国家公园探索之旅丛书——美国国家公园》中的数据为 7988 平方公里，而 2002/6 期《人与自然》画册数据为 2219833 英亩，网上亦有很多数据为 3400 平方英里。它被美国人自豪地称为“地球上最独一无二的神奇乐园”。

早在 19 世纪初，肖肖尼人和其他印第安人曾经在这片土地上狩猎甚或星散地居住。那时，他们过着一种极端贫困的生活。1806 年，约翰·科尔特（John Colter）成为迄今为止人们所知道的第一位到这里进行勘探的白人。他所做的兴高采烈的报道，很快就吸引了一批批狩猎者和探矿者，他们纷至沓来，步其后尘。1859 年，传奇人物吉姆·布里杰（Jim Bridge）率领第一支政府授权的探险队进入黄石探险。1870 年，人类对黄石进行一次最重大的造访：一个叫“沃什伯恩－兰福德－多恩”的探险行动开始了。黄石公园的别名“老忠实泉”（Old Faithful）就是这支探险队给取的。在这支探险队中，出了一位心甘情愿为黄石公园献身的 N. P. 兰福德先生（N. P. Langford）。在黄石公园开办之初，他义务担任了公园首任负责人，工作了五年，分文未取。另一个值得注意的人是法官科尼利厄斯·赫奇斯（Judge CorneliusHedges），他的声望来自那个由他首先提出的“这片土地应该属于这个新兴国家全体人民的国宝”这一革命性倡议。

1871 年，一支国家地质勘探队开始对黄石进行正式的勘察。这支以著名的地质学家 F. V. 海登（F. V. Hayden）为领队的勘察队，也发表声明支持法官科尼利厄斯·赫奇斯的提议。F. V. 海登也曾是 1859 年那支由吉姆·布里杰率领的政府探险队的成员。随后，一场影响极广、声势浩大的反对运动爆发了。幸运的是，尽管反对者甚嚣尘上，这个将这片公共土地交到联邦政府手中的议案，最终还是令人难以置信地在当年被提了出来，并且在后来获得通过。那是 1872 年的 3 月 1 日，根据美国国会法案所述：“为了人民的利益，黄石公园被批准成为公众的公园及娱乐场所”，同时也是“为了使它所有的树木，矿石的沉淀物，自然的奇观和风景，以及其他景物都保持现有的自然状态而免于被破坏。”当时的总统尤利塞斯·格兰特（Ulysses S. Grant）在提案上签了字。从此，世界上第一个“国家公园”诞生了。

美国黄石国家公园

思考：美国黄石国家公园诞生的原因是什么？

点评：旅游景区是一个历史非常悠久的行业，其发展历史几乎和人类社会历史同步。与旅游景区的定义一样，世界上最早的景区产生于何时？在什么地方？是如何出现的？到目前为止，没有人能够给出答案。但有一点可以肯定，旅游资源不等同于旅游景区，当人们有意识地为了迎合或满足某些需要而将旅游资源作为一个产业经营的时候，旅游景区便出现了。美国黄石国家公园的诞生历程能帮助我们对这个既古老又年轻的行业的发展轨迹有一粗略了解。

思考题

1. 根据本项目介绍的旅游景区的概念，说出你认为最贴近我国实际的一个定义，并说出理由。

2. 从旅游景区的构成要素入手，客观辨析与景区相关的几个概念。

3. 查找资料，然后分组讨论我国最早的景区源头、景区开发的源头以及景区经营的源头。

4. 实训练习题：查找相关资料，然后分析这些耗资巨大的景区为何早早夭折。

那些“夭折”的景区

名称	投资额/亿元	建成时间	倒闭时间
福禄贝尔	10	1997	1998
美国梦幻乐园	3	1996	2001
上海环球乐园	4	1996	2000

参 考 文 献

[1] 杨桂华．旅游景区管理．北京：科学出版社，2006.

[2] 阚如良，邓念梅．新编旅游景区管理．天津：南开大学出版社，2008.

[3] 王德刚．现代旅游区开发与经营管理．青岛：青岛出版社，2000.

[4] 孙诗靓．旅游景区开发与管理：理论・案例・实务．北京：机械工业出版社，2009.

[5] 王瑜．旅游景区管理实训教程．青岛：青岛出版社，2008.

[6] 邹统钎．旅游景区开发与经营经典案例．北京：旅游教育出版社，2003.

项目二 旅游景区管理导论

学习目标

- 理解并掌握旅游景区管理的概念及内涵
- 动态把握旅游景区管理的基本点
- 客观辨析旅游景区管理的两大核心理念及在景区管理上的指导意义
- 了解目前国内公共资源旅游景区管理模式

项目架构

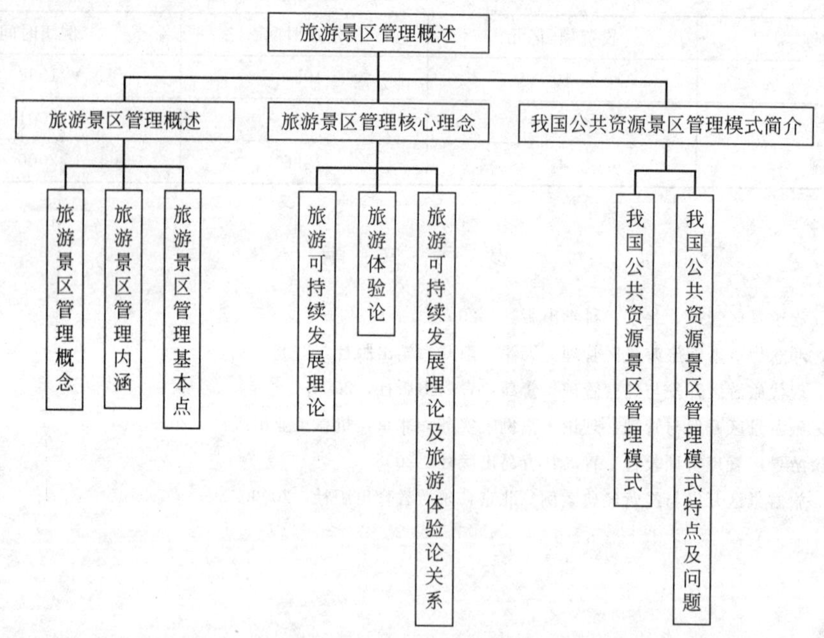

工作任务

情景：驰骋市场六十载，迪斯尼秘籍何在？

迪斯尼乐园创办于1955年，是主题公园的开山鼻祖。更重要的是，经过长达半个世纪的经营，迪斯尼已成为世界主题公园的霸主，无论是在接待人数上，还是在经营收入上，迪斯尼都远远超过其他主题乐园，连欧洲一些非常著名的自然和历史文化类旅游景区都无法与之匹敌。在许多外国游客眼里，迪斯尼乐园跟自由女神像、白宫并列属于美国形象的重要组成部分。

迪斯尼乐园作为世界主题公园的领头羊，为何能连续几十年风光不减，其奥秘何在？用业界资深人士的一句话来回答，就是“先进的管理思想、科学的管理方法，是迪斯尼持续发展的基石”。

任务：国内有许多主题公园，但都以失败告终。查阅相关资料，谈谈它们在经营理念和管理思想上的异同。

点评：如果把景区看成一个家，通过项目一的学习，我们知道了家是什么，知道了自己的家里有什么，也就知道自己要管理的是什么了。然而，知道管的是什么就能把家管好吗？答案当然是否定的。怎样才能管好这个“家”呢？这就要求我们在对景区充分了解的基础上，首先寻求“治家之方”。这或许就是在短时间内崛起并驰骋旅游市场数十年的迪斯尼给我们的启示吧！

任务一 旅游景区管理概述

一、旅游景区管理的概念

作为旅游活动的直接对象物，旅游景区在历史上很早就出现了，但旅游景区管理却是在大众旅游出现后，随着旅游业的发展而逐渐发展起来的，是旅游市场竞争日益激烈的产物。

旅游景区管理的概念是从管理的概念尤其是企业管理概念中派生出来的。旅游景区管理是指景区管理者通过决策、计划、组织、领导、控制和创新等活动有效地整合景区内个体的努力，合理配置和有效运用人力、物力、财力、信息、关系等资源，以实现景区工作目标（包括经济效益、社会效益、生态效益）的过程。

阅读材料

什么是管理[1]

什么是管理？最原始的定义是“通过他人达到目标”。中层主管都是某个工作单位或部门的责任者，因此可以更具体地说：“管理就是有效运用人力、物力、财力、情报等资源，以达到工作单位的目标。”

对上面的说明可以更具体地描绘如下。

您管理的对象如下。

人力：部下的能力、态度、情绪、士气，部下间的冲突，部下的绩效评价、勤奋……您要提升每个人的附加价值。

---

❶ 张志刚．专业经理管理训练指引．北京：中华工商联合出版社，1999．

物力：生产设备、原材料、仪器工具、电脑、办公用品……使这些物力能提升您的品质和服务。

财力：预算、成本、毛利、投资报酬率……

情报：市场情报、竞争状况，经营报表、管理报表……您要防止信息被扭曲。

时间：各种进度时间表……要在时间目标内完成工作。

客户：客户关系的建立及维持、客户满意度、客户投诉心理、客户意见……您要让每位客户都得到全心全意的关心。

您使用的方法如下。

方法：各项规章制度、规定、办法、流程、标准化、质管、品检、作业手册、管理图表、PDCA 循环……

您的目标如下。

目标：销售金额、销售量、市场占有率、客户数目、生产力、应收账款回收天数、呆账率、生产量、库存周转率、最近库存金额、离职率、股利、投入部下培育的时间及金钱、拜访客户的次数、各项品质目标……

有效的含义如下。

有效：指运用最妥当的方法，充分发挥人力、物力、财力、情报等资源以达到目标。

什么是正确的目标呢？如何知道这些目标是正确的呢？彼得·德鲁克曾说："景区存在的目的不在景区本身，而在景区外部——也就是创造和满足社会大众。"他这句话清楚地指出景区存在的立足点是比竞争者更能满足客户。因此您可检查您所订立的管理目标能否提升客户的满意度，能否带给景区以竞争优势。

二、旅游景区管理的内涵

（一）旅游景区管理的要素

旅游景区管理作为一个统一体由两个方面组成：管理的主体和管理的客体。在管理中，管理主体起着主导作用，它决定和支配着客体的运动。

1. 主体

管理的主体是指景区管理机构和管理者。景区的性质不同，所在国国情不同，其管理主体的差异也较大。根据性质的差异，景区可分为商业性景区和公益性景区。国内外的商业性景区管理主体均是景区经营者。而公益性景区的管理主体，国内和国外的差异较大。如美国公益性景区——国家公园的管理主体是美国联邦政府内政部下属的国家公园管理局，比较单一。我国尚未建立真正的国家公园管理体系，但建有一些相似的风景名胜区、自然保护区、地质公园、文物保护单位等。我国公益性景区的管理主体是多头的，根据资源管理部门的分工而分属于不同的部门。例如，"风景名胜区"归口建设部门，"自然保护区"归口环保部门，"森林公园"归口林业部门等。我国目前景区管理主体的多头性与景区管理方式的多样性，构成了我国复杂的景区管理模式。

2. 客体

景区管理客体即景区的管理对象和内容。旅游景区资源是旅游景区管理的对象，对这些资源进行有效的计划、组织、指挥、协调和控制，构成了旅游景区管理的基本内容。旅游景区资源具体来说主要有以下几种。

（1）人力资源：旅游经营者、游客、社区居民、关系等。

（2）财力资源：资金、投融资、财务等。

（3）物力资源：景区的设施设备、物资、景区旅游资源、景区环境等。

（4）信息资源：市场信息、财务信息、经营信息等。

景区管理客体的核心是人。景区管理是通过人这一生产力中最活跃、最积极的因素去对管理的对象和内容的其他方面进行管理。

（二）旅游景区管理的职能

法约尔在1916年出版的《一般管理与工业管理》一书中首次提出了管理具有五种基本职能，即计划、组织、指挥、协调和控制。在法约尔之后，许多管理学者都对管理的具体职能进行了探讨，出现了不同的学派。如20世纪50年代中期，加利福尼亚大学洛杉矶分校的两位教授哈罗德·孔茨和西里尔·奥唐奈提出的管理五职能说：计划、组织、人事、领导和控制。后来，多数学者将管理的五种职能概括为四种职能：计划、组织、领导和控制。本书采用“六职能说”，即决策、计划、组织、领导、控制、创新。

1. 决策职能

决策是景区管理的核心和首要职能。随着旅游景区业务的开展，旅游区经常会碰到诸如市场问题、产品问题、设备问题、价格问题、员工问题、质量问题、资金周转问题等。遇到问题就要解决，解决问题就需要决策。由于任何决策都是在预测的基础上进行的，而预测是以概率为前提的，很难做到完全准确，所以必然具有一定的风险。决策者的素质尤其重要。

2. 计划职能

为了保证决策的实施，必须要有相应的计划。计划能够预先对未来的组织活动进行认真研究，从而选择最有效的方案来达到组织的目标。

3. 组织职能

组织职能就是要设计和维持一套职位系统，通过有效的分工和协作，完成预定的决策目标。

4. 领导职能

决策和组织工作做好了，并不能保证组织目标的实现。因为组织目标的实现要依靠全体成员的共同努力，而位于不同岗位上的人员由于各自的人生目标、价值观、需求等各不相同，合作中必然会发生矛盾和冲突。因此，就需要有权威的领导者进行领导。领导职能的具体内容是指导人们的行为、协调各种关系、激励每个成员的潜力。

5. 控制职能

控制是指为了保证组织目标的按时、按质实现，而对计划的执行情况，对组织的各种活动进行监督、检查、调节甚至纠错的行为。控制能保证计划的执行不偏离正确的方向，并最终实现组织的目标。

6. **创新职能**

最早提出“创新”这一概念的是美国哈佛大学教授、著名经济学家约瑟夫·熊彼得（JosephA. Schumpeter）。创新是通过创造性的思维和行动，使人类在某个方面发生无先例变化的行动。创新在现代管理工作中的作用是不言而喻的。

（三）旅游景区管理的目标及任务

1. **旅游景区管理的目标**

旅游景区管理的目标是有效整合景区人、财、物和信息资源，实现旅游景区的社会效益、环境效益和经济效益的统一。

社会效益是指旅游景区对社会需求的满足程度。旅游景区内的旅游资源，尤其是自然旅游资源，属于社会的公共财产，应该为社会做贡献，对社会承担责任。从这个意义上说，旅游景区要满足游客求知、好奇、观光或者度假的需求；旅游景区是社会生态环境的组成部分，旅游景区必须担负保护社会生态环境的责任。旅游景区生态环境的好坏还直接影响到旅游景区的质量等级，影响到旅游景区的吸引力；同时，旅游景区是一个经济组织，自然要追求经济利益。从旅游景区的三重效益的关系来看，社会效益是前提，环境效益是基础，经济效益是结果。只有经济效益而没有社会效益和环境效益，是目光短浅的权宜管理。

2. **旅游景区管理的主要任务**

（1）教育、休闲与游乐：为游客提供良好的旅游体验，为人们的精神文化生活提供良好的环境和场所。

（2）资源与环境保护：保护景区内的各种资源，特别是景区环境资源免受破坏与污染，为旅游者提供良好的旅游资源品味。

指导两大任务的两大支柱理论是体验经济学与资源经济学。前者指导旅游景区应该如何为游客塑造快乐体验，后者指导旅游景区应该如何有效地保护与利用资源。旅游景区通过以上两个任务的完成，最终实现旅游景区的经济目标。

三、旅游景区管理的基本点

（一）旅游景区管理的特点

旅游景区管理与一般的企业管理，既有联系，也有差异。正确认识景区管理的特点，对于探索景区管理的规律、提高管理质量和经营效果，均有很大的促进作用。旅游景区管理的特点主要体现在以下四个方面。

1. **综合性**

景区管理的综合性主要表现在两个方面：一是景区管理对象的综合性。从形式上看，景区管理对象包括有形的，即物质的；也包括无形的，即精神文化和服务劳动。从所涉及的内容来看，既包括游览服务、生活服务、安全服务、商品服务等直接服务，又包括环境维护、氛围塑造等间接服务。二是景区管理过程的综合性。旅游景区的管理可分为三个过程：前期的开发管理、开发建设过程中的管理、开发后的继续建设和经营管理。不同的发展阶段，涉及不同方面的问题，需要不同的专业知识和技术来解决。

2. 永续性

消费者到旅游景区，购买的只是景物和服务劳动的暂时使用权，既不能占有它，也不能将它带走，得到的只是使用或享受后的感觉。经营者仍然可以在不同的时间，甚至可以在相同的时间出售给不同的购买者。这样就使景区的经营管理具有了永续性的特征。在经营管理的过程中，如何延长景区产品的使用周期，如何让其增值、保值是景区管理工作中必须考虑的问题。

3. 文化性

旅游是一种增长知识、愉悦精神、调适情绪、消除疲劳、丰富见闻的文化活动和精神消费，为人们的旅游活动提供服务的景区管理也因此具有了文化的特征。景区的资源只有和文化相结合才能散发出持久的魅力。

4. 服务性

对景区管理服务性的认识应该从三个方面进行：一是从行业分类上看，旅游业属于服务性的行业。作为旅游业中“核心部门”的旅游景区，其管理同样具有服务性特点。二是从景区产品特点上看，景区产品与其他商品较大的区别在于景区的服务也是其产品的重要组成部分，评价一个景区的好坏，服务是一个重要的因素。三是景区管理者既是管理者也是服务者。

（二）旅游景区管理的基本点

景区管理立足于两个基本点：一是科学的管理理论，二是景区所面临的背景条件。

景区所面临的背景条件是指对景区管理有影响的各种因素。对景区管理有影响的因素分为内部因素和外部因素。内部因素主要包括体制、投资者、景区性质、景区经济实力、景区管理者素质、景区设施设备条件、景区员工素质、景区地理位置、景区的品牌、知名度和社会形象等；外部因素如国家的综合形势、政策、社会环境、区域经济情况、城市情况、风俗民情、游客消费习惯、市场状况，景区当地政府对景区的政策、景区和当地政府各部门的关系、景区和客源单位的关系等。

每个景区所面临的内部和外部因素都不相同，景区管理正是针对不同的实际情况，采用不同的方法和技巧以实现景区的管理目标。脱离景区的实际情况，任何管理都不可能成功。

任务二 旅游景区管理的核心理念

观念决定命运。随着旅游产品供给的成熟与完善，旅游者消费意识的觉醒和消费知识的丰富，旅游景区要想赢得长久的竞争优势就需要在科学的景区经营管理理念的指导下进行。旅游景区管理的核心理念是旅游景区管理行为的指南，是旅游景区管理的灵魂。

一、旅游可持续发展理论

（一）可持续发展理论提出的历史背景及含义

1. 历史背景

由于人类经济活动，特别是工业化进程的快速发展，使得环境状况日益恶化，直接威胁到人类的生存和发展。经济发展、资源利用以及环境保护所构成的矛盾已成为当今世界各国共同面临的重大挑战。人们越来越意识到需要一种经济发展、资源利用和环境保护相互融合的协调发展方式。

1987 年，以布伦特兰夫人为首的世界环境与发展委员会发表了题为《我们共同的未来》（Our Common Future）的报告，亦称为布伦特兰报告。该报告把环境与发展紧密联系起来，指出需要一种全新的发展道路，这就是“可持续发展”。该报告中对可持续发展所下的定义成为对可持续发展的通用定义。

2. 本质含义

世界环境与发展委员将可持续发展表述为“既满足当代人需要，又不损害后代人满足其需要能力的发展”。可持续理论包含了三层含义：一是生态可持续性。要求经济发展与自然承载力相协调，发展的同时必须保护、改善和提高地球的资源和环境。二是经济可持续性。不仅重视经济增长的数量，更关注经济发展的质量。三是社会可持续性。主张长期满足社会的基本需要，保证资源与收入在代内和代际之间的公平分配。

课堂讨论

旅游业既可以创造可观的经济效益，又不会对资源环境造成破坏，是无烟工业。你同意这个观点吗？谈谈你的看法。

（二）旅游可持续发展理论

1. 旅游景区管理引入可持续发展的必要性

首先，良好的环境是旅游景区赖以存在和发展的最基本条件。旅游业是一个环境依赖性产业，旅游资源和环境的破坏会大大降低旅游的质量，影响景区的生存和发展。

其次，随着旅游业规模的扩大，旅游业对环境、生态的负面影响也越来越大，要求以可持续发展理论指导旅游景区管理。长期以来，我国旅游可持续发展观念非常薄弱。“旅游业是无烟工业”、“旅游业是投资少、见效快的产业”的两条假定，对我国旅游景区开发与管理曾产生过重要影响。受这两条假定引导的旅游开发是对旅游资源与环境的掠夺性开发。随着旅游活动所涉及的范围越来越广，旅游业对环境、生态的负面影响日益凸现出来。越来越多的案例，不得不引发我们对“无烟工业”的反思。人们开始意识到旅游也会带来污染，发展旅游也要有可持续发展的思想。

最后，旅游需求的变化也促使旅游必须引入可持续发展。随着人们环境意识的增强、需求层次的提高，旅游客源市场对旅游的感知、期望、态度和价值观念取向发生相应变化，旅游者越来越注重旅游环境质量。西方学者将旅游市场的这种变化形象地称为“市场的变绿”。

2. 可持续旅游的定义

作为可持续发展思想在旅游领域的具体运用，世界旅游组织对可持续旅游的定义最具代表性：在维持文化完整、保持生态环境的同时，满足人们对经济、社会和审美的要求。它能为今天的主人和客人们提供生计，又能保护和增进后代人的利益并为其提供同样的机会。

3. 可持续旅游的途径

按照联合国教科文组织的建议，实现可持续旅游的途径主要有以下几种。

第一，旅游承载力。包括四种承载力，即生态承载力——地区环境问题产生的限度；心理承载力——游客在转向另外的景区前，在该地期望得到的最低娱乐程度；社会承载力——当地居民对来访游客最大忍耐程度或游客能够接受的拥挤程度；经济承载力——不影响当地居民活动的情况下能举办旅游活动的能力。

第二，环境影响评估。识别旅游项目中可能产生的旅游活动的性质；识别环境中受旅游影响较大的因素；评估旅游对环境起初和随后的影响；管理旅游对环境产生的正面和负面影响；教育旅游者、旅游企业及从业人员和当地居民。

第三，分区。分区是可持续发展的重要工具，目的是保护自然环境与提供娱乐机会，包括空间分区与时间分区。

第四，游客管理。即旅游景区经营管理者对游客在景区内的活动全过程进行组织和管理，是景区管理的一部分。根据管理的目标差异，可以将游客管理分为环境负面影响管理和游客体验管理。

二、旅游体验理论

(一) 旅游体验理论

旅游体验理论是由美国人托马斯·戴维逊提出来的。20 世纪 40 年代以后，随着旅游业的快速发展，学术界和旅游管理机构纷纷从不同角度对旅游概念进行界定，这些旅游定义多为概念性或技术性定义，从旅游现象的经济性、综合性或从统计的目的出发进行。随着对旅游活动研究的深入进行，许多学者开始从旅游的本质角度进行考察。托马斯·戴维逊的旅游体验理论为我们指明了方向。其在《旅游真是产业吗》一文中提出：“旅游是一种经历或过程，不是一种产品。这种经历又是相差悬殊的”。也就是说，从旅游本质的角度定义旅游，旅游就是一种体验或一种经历。旅游业生产与销售的产品主要是一种经历，旅游者得到的是旅游过程中的印象、感受和体验，而不是具体的旅游资源。

(二) 体验的最高境界——畅

继托马斯·戴维逊后，美国心理学家席克珍特米哈依（M. Csikszentmihalyi）在

1990年发表了对休闲心理学影响深远的专著《畅：最佳体验的心理学》。本书提出了"体验"的最高境界，即"畅"（Flow）的概念。所谓"畅"指的是具有适当的挑战性但能让一个人深深沉浸于其中，以致忘记了时间的流逝，也意识不到自己存在的一种体验。旅游景区要获得发展，就要努力为游客提供"畅"的感觉。

三、旅游可持续发展理论及体验理论的关系

课堂讨论

可持续发展理论及体验理论在旅游景区管理上有哪些指导意义？

可持续发展理论更多的是关注旅游景区、公众以及社区的利益。但景区要取得成功必须要让游客满意，否则难以获得足够的经济收益以支持景区的遗产保护与资源开发。体验经济理论就是从游客的角度来指导景区的开发。

忽视游客体验与缺乏可持续发展观念是造成旅游景区发展出现问题的两大根源。忽视游客体验，产品就没有市场，体验理论是旅游可持续发展的动力；缺乏可持续发展观念，旅游业就牺牲了未来发展的基础。共赢才是这场游戏的基本规则。游客、社区与景区都在这次演出中获得了自己想要得到的东西：游客得到快乐的体验，居民得到收入与就业机会，文化得到传承与发扬，环境得到保护，景区得到发展。一个成功的旅游景区必须既为游客提供了舒畅的旅游体验，又实现了旅游景区的可持续发展。

拓展阅读

现代景区理论[1]

现代景区理论又称"景区的契约理论"，由科斯（Coase）开辟。该理论是过去20年间主流经济学中发展最为迅速、最富有成果的领域之一，它与博弈论、信息经济学、激励机制设计理论及新制度经济学相互交叉，大大丰富了微观经济学的内容，改进了人们对市场机制及景区组织制度运行的认识。

现代景区理论的核心观点是，景区是一系列（不完全）契约（合同）的有机组合，是人与人之间交易产权的一种方式。它把景区看作一种人与人之间的交易关系，认为景区行为是所有景区成员及景区与景区之间博弈的结果，这里景区成员的目标函数都是约束条件下的个人效用最大化。

具体来说，现代景区理论要解决三类问题：一是景区为什么存在？景区的本质是什么？如何界定景区与市场的边界？二是什么是景区所有权或委托权的最优安排？景区内谁应该是委托人？谁应该是代理人？三是委托人与代理人之间的契约如何安排？委托人如何监督和控制代理人？基于上述问题的现代景区理论产生了两个主要分支——交易成本理论和代理理论。交易成本理论侧重研究景区与市

[1] 常向鹏，樊莉莉．旅游景区管理．北京：北京理工大学出版社，2011．

场的关系，代理理论侧重研究景区内部组织结构与景区具体成员之间的代理关系。两者都强调了景区的契约性、契约的不完全性及由此导致的景区所有权的重要性。

以科斯为代表的景区理论从全新的视角对景区最基本的问题进行了探讨，帮助人们从景区最根本的问题——景区性质入手，探索景区的本质。运用现代景区理论对旅游景区性质的本质进行深入的认识，指导旅游景区按照经济学规律进行生产经营活动，并有利于进一步探索我国旅游景区，尤其是国有旅游景区公司化改造的过程。

任务三 我国公共资源景区管理模式简介

课堂讨论

玩趟张家界能去三次美国黄石公园[1]

据新华社电：又逢五一小长假，不少人都会举家出游，旅游景点票价又备受关注。记者日前经过了解发现，同样是世界自然遗产，去一趟湖南张家界的门票钱，可以去三趟美国的黄石公园。

资料显示，张家界武陵源核心景区基本票价是每人245元，一票三天有效，周票每人298元。而美国黄石国家公园的门票价格因不同的游览方式而不同，徒步或骑单车进入每人12美元（约人民币74元），4个人租一部车进入25美元（约人民币154元），可以在里面待7天。尽管票价不菲，张家界却从未停止涨价的脚步。

张家界旅游集团的公告显示，十里画廊观光电车单程普通票价2012年1月5日起从30元/人次涨到38元/人次，3月18日起，宝峰湖景区票价从74元/人次涨到96元/人次；黄龙洞景区也从80元/人次涨到100元/人次。

该集团财报显示，2012年，张家界十里画廊观光电车实现营业收入（以下简称营收）4205.84万元，毛利率为74.97%，占公司营收的6.16%；宝峰湖项目实现营收4660.18万元，毛利率为68.97%，占营收的比例为6.83%。2012年上半年，两个提价项目的营收占公司营收的12.99%。长江证券研报预测，提价后，2013年十里画廊、宝峰湖景区将至少增加净利润900万元。

与涨价的热情相比，张家界的科普教育功能明显“遇冷”。2012年1月9日，联合国教科文组织给予湖南张家界世界地质公园黄牌警告，认为其在“向公众介绍科普地球科学知识”等方面有所不足。

[1] 楚天都市报，2013. 04. 29.

据悉，2004 年张家界被联合国教科文组织列入首批世界地质公园。而每隔四年，联合国教科文组织都会对各国获得世界地质公园网络成员资格的景区进行评估，结果将作为保留、警告或取消世界地质公园网络成员资格的基本依据。

据介绍，2014 年前，世界地质公园网络评估局将再次对张家界进行全面评估。如果届时没通过，张家界世界地质公园将被从世界地质公园网络中除名。

讨论：都是世界自然遗产，国内和国外的景点票价落差为什么这么大？

张家界宝峰湖景区

一、我国公共资源景区管理模式

我国旅游景区管理模式的演进与变迁是随着我国国民经济体制的变革而进行的。总的来看，我国旅游景区的管理模式大致经历了计划经济体制下纯公益性管理模式及市场经济条件下经营性管理模式两个发展阶段。

（一）计划经济体制下纯公益性管理模式

长期以来，旅游资源被认为是一种公共资源，是不以赢利为目的满足社会物质和文化需要的公共物品。基于这种认识，新中国成立后的很长时间里，旅游景区由代表公共利益的政府对其进行保护性管理，景区管理部门以政府部门或事业单位的形式存在，旅游景区免费或低收费向公众开放。在传统的国家统一管理模式下，政府财政包袱沉重，景区管理基础设施建设资金匮乏，管理手段、方法落后，职工缺乏积极性，从而阻碍了自然文化遗产的及时保护。

（二）转轨时期旅游景区经营性管理模式

在我国从计划经济向市场经济转轨的过程中，计划经济体制下纯公益性管理模式的弊端日益突出，一方面，随着旅游业的发展，对景区需求规模不断扩大；另一方面，国家投入严重不足。为改变这一现状，国家开始尝试对旅游景区管理制度进行变革，企业资本开始大量介入旅游景区的开发和经营，形成了我国旅游景区经营性管理模式。

国家旅游局规划发展与财务司彭德成博士对我国旅游景区经营性管理模式进行了系统的总结和专题研究。他首先根据景区经营主体的市场化程度、所有权与经营权是否分离、保护权与开发权是否分离将景区治理模式分为企业型治理和非企业型治理两大类。根据企业化经营的景区经营主体的所有制性质不同，分为民营企业经营、股份制企业经营（国有股份制和混合股份制）、国有企业经营三种类型。民营企业经营一般是整体租赁；股份制企业经营有上市或不上市两种经营形式；国有企业有隶属于大的国有旅游企业集团，隶属于建设、园林、林业、文物、文化等旅游资源管理部门和隶属于旅游市场主管部门三种情况。非企业化经营的景区分为具有行政职能的治理和不具有行政职能的治理两种类型，即景区管理机构和政府部门合并与分离两种类型。景区管理机构与政府部门合并的也有与资源主管部门合并和与市场主管部门合并两种类型。景区管理机构与政府主管部门分离有两种隶属关系，即隶属于景区资源管理部门或市场主管部门。这样，我国公共资源景区就有 10 种常见的管理（治理）模式，如图 2-1 所示。

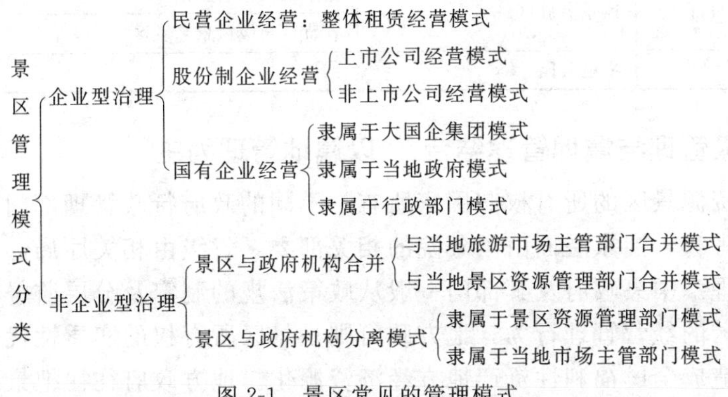

图 2-1　景区常见的管理模式

二、我国公共资源景区管理模式的特点及问题

改革开放以来，我国旅游景区发展很快，但和发达国家相比，我国旅游景区还有很大差距。究其根源，可以说是由于我国旅游景区管理体制、管理模式上存在不科学、不完善之处。要从根本上管理好旅游景区，必须从完善管理体制入手。现以公共资源景区为例，对我国景区管理模式的特点进行分析。

（一）多头管理、条块分割

从管理体制看，我国的公共资源型景区分别由建设、文物、林业、水利、环境、国土和文化等部门代表国家行使管理权。据初步统计，代表同级政府管理我国公共资源型景区的部门多达 12 个。各类公共资源景区基本上都参加了旅游部门的 A 级景区评定，要接受各级旅游主管部门的评定验收和检查。部分资源品位独特的公共资源型景区又被评为“世界自然文化遗产”、“世界遗产”、“国家风景名胜区”、“国家级历史文物保护单位”、“国家级自然保护区”等头衔，还要接受相关国际组织和国内部门的约束与监督。这样，就形成了实质上的条块分割、多头管理，而条条块块的部门利益之争往往成为制约景区发展的巨大障碍。具体内容见表 2-1。

表 2-1　我国旅游景区管理主体分级分类系统

旅游景区主管部门	分类结果	
	分类系统	分级系统
国家林业局	森林公园	国家级森林公园
		省、市、县级森林公园
国家旅游局	旅游度假区	国家级旅游度假区
		省级旅游度假区
		其他旅游度假区
国家环保总局、国家林业局	自然保护区	国家级自然保护区
		省、市、县级自然保护区
国家文物局	文物保护单位	国家级文物保护单位
		省级文物保护单位
国土资源局	地质公园	国家级地质公园
		省级地质公园
国家住房和城乡建设部	风景名胜区	国家级风景名胜区
		省、市、县级风景名胜区
公司经营	主题公园	

（二）分级管理与属地管理结合，以属地管理为主

我国公共资源景区的所有权归国家所有，不同的政府行政管理部门代表国家行使不同的景区管理权，国家层面由国务院的相关部委，省级由相关厅局，县级由相关局委层层归口管理。中央政府及其部门一般从政策法规的制定及分层监督检查等方面来规制与约束景区的经营管理行为，地方政府则是景区所有权的实质性代表。以属地管理为主的体制造成全民福利性资产地方经济资源化。地方政府往往把景区资源作为推动各项事业全面进步的物质基础，以获取经济效益为主，景区未能成为全民福利。

（三）政企不分，发展无序

在国内，旅游景区往往承担着如帮助地方政府增加财政收入、提高地方融资能力、提供就业机会等政治使命。景区管委会与上市公司往往是“两块牌子，一套人马”；景区当地政府的主要负责人甚至是一把手兼任景区管委会主任，兼任上市公司的董事长、经理。管委会主任与上市公司董事长一人身兼，很有可能造成监督者的缺位和决策的失误。

拓展阅读

美国国家公园管理模式[1]

一、管理体制

美国国家公园以保护国家自然、文化遗产为主，提供给全体国民以观光旅游的机会。国家公园由内政部的国家公园管理局统一管理，美国国家公园管理局

[1] 杨桂华．旅游景区管理．北京：科学出版社，2006．

NPS（National Park Service）管理全美376个公园、娱乐区、保护区、古战场、历史遗址、池塘、纪念碑、纪念馆、海滨、公园大道等，面积3260万公顷。部分州还设立州立公园，州立公园允许兴建较多的旅游设施，以缓解国家公园面临的旅游压力。国家公园管理局下设10个地区分局，分片管理各地的国家公园。各个国家公园设有公园管理局，具体负责本公园的管理事务。国家管理局、地区管理局、基层管理局三级管理机构实行垂直领导，与公园所在地政府没有业务关系，固定管理人员为国家公务员，由总局统一任命和调配。

二、资金来源

美国的国家公园为非赢利性的公益事业，经费主要靠政府拨款，部分靠私人或财团捐赠；门票只作为管理手段，实行无门票或低门票制，门票收入主要用于环保宣传和生态教育支出。

三、资源管理和经营活动的关系

管理局固定工作人员和自愿者一道主要承担资源保护职责，还提供营救、讲解、卫生等服务。公园的住宿、餐饮和娱乐等商业设施严格按规划建设，向社会公开招标，实行特许经营权制度，由特许承租人经营，缴纳特许经营税和营业税，财务上收支两条线，经营性收入与管理局无关，管理局的开支由政府拨款。

案例分析

1. 皮之不存，毛将焉附

宜昌景区位于长江三峡的西陵峡段，是三峡大坝蓄水后长江三峡风光中唯一原貌保存的百里山水峡谷画廊，拥有中外驰名的三峡水利枢纽工程和葛洲坝水利枢纽工程。景区旅游中心城市宜昌市有“世界电都”之称，在整个长江三峡风景名胜区和长江三峡旅游格局中占有举足轻重的地位。然而，由于宜昌景区内的经济、文化发展水平比较落后，当地居民缺乏生态环保意识，长期以采掘（采石、采矿等）、采伐、垦殖为生，使得景区的资源保护利益与社区的经济利益存在尖锐的矛盾与冲突，这给景区的资源保护管理工作带来很大难度。面对这种情况，宜昌风景区专门成立了风景区管理委员会，引进新的管理理念，结合景区的实际，经过多年的实践，探索出了一套行之有效的管理办法。

通过对景区生态环境的综合整治，景区内主要污染源已基本消除，各种破坏生态环境的行为已得到制止，大部分被破坏的环境已得到治理和恢复。与前些年相比，风景区的天更蓝了，水更清了，山更绿了，空气更清新了，环境更舒适宜人了，多项环境指标已达到国家规定的标准。宜昌景区已成为名副其实的“三峡明珠”。

更令人欣慰的是，由于兼顾并实现了资源开发利用、景区人民利益、生态环境治理三大系统的良性互动，景区决策者找到了经济发展、社会进步、文化发展三大旅游属性的结合点，取得了旅游开发、脱贫致富、生态资源保护的“三赢”效果。

2. 哭泣的香格里拉[1]

"在这片圣地上撒野，会遭报应的!"话虽偏激，却不能不令世人警醒。近日，电视报道了云南香格里拉县由于开山修路威胁生态环境的新闻。报道称，2001 年云南中甸县争得"香格里拉"之名后，知名度大增，游人逐年增多。为了提高景区接待能力，也为了发展景区经济，本着路通、财通的想法，当地政府鼓励修建景区道路。于是，修路沿线上，一个个采石场就像山体上裸露的伤疤一样为这座被称为"上帝的后花园"的美丽仙境开创着"光明"的未来。但是，这个曾经古朴玄奥的神秘世界在迈步奔向现代化的同时，是不是也会像很多其他哭泣的风景一样，在不久的将来变成一幅满目疮痍的景象?

思考：两个景区，两种命运，问题的根源在哪里?

点评："皮之不存，毛将焉附"是我国古代的一则典故，这个典故告诫我们，对待事物要明确其存在的根本，根本是事物赖以存在的依据。对于旅游景区而言，良好的旅游资源是其存在发展的根本，是景区各种效益之所以能够存在、衍生所依附的"皮"。因此，作为景区管理方，如果想取得长远的利益，就必须对旅游资源进行妥善的开发和保护；否则，以牺牲资源为代价，即使能够在短期内获得经济效益，但由于景区失去了存活的根本保障，就像无源之水、无本之木，终会无依而亡。思想是行动的先导，两个案例即分别从正反两方面阐述了先进的管理理念在景区管理中的重要性。

思考题

1. 什么叫旅游景区管理？以你熟悉的旅游景区为例，阐述景区管理的对象。
2. 旅游景区管理目标是什么？谈谈你对景区的社会效益、环境效益和经济效益关系的理解。
3. 景区管理应立足于哪两个基本点？为什么？
4. 可持续理论及体验理论的关系是怎样的？通过学习这两个理论，谈谈你在景区管理上受到的启发。

参考文献

[1] 邹统钎．旅游景区开发与管理．北京：清华大学出版社，2011.
[2] 常向鹏，樊莉莉．旅游景区管理．北京：北京理工大学出版社，2011.
[3] 沈绍岭．旅游景区细微管理．北京：中国旅游出版社，2009.
[4] 杨桂华．旅游景区管理．北京：科学出版社，2006.

[1] 王瑕．哭泣的香格里拉．搜狐旅游转载，2007.04.11，节选．

第二篇
旅游景区服务与管理实务

项目三
旅游景区服务管理

学习目标

- 认识旅游景区服务的概念与构成
- 理解景区服务质量的内涵
- 熟悉景区服务的标准及要求

项目架构

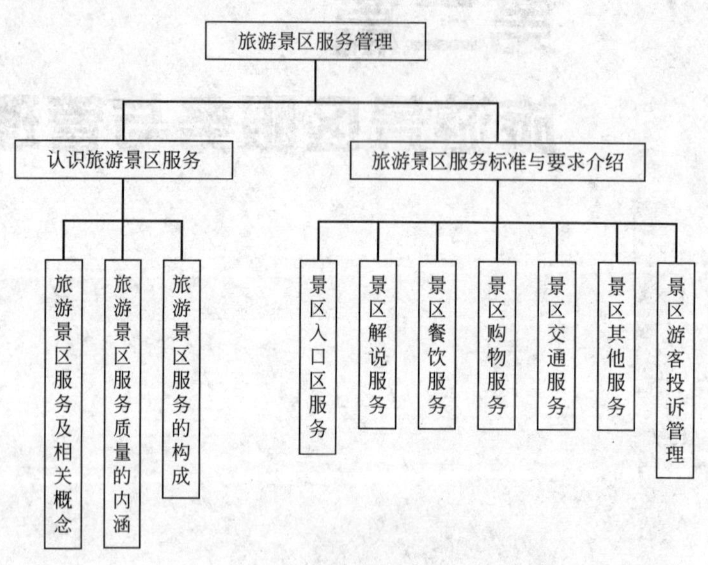

工作任务

情景：“I feel like that my trip in Zhang JiaJie is wonderful. I will remember our trip forever”。这是日前来自乌克兰的客人尤利娅在游览黄石寨景区后，在咨询台留言簿上留下的一段动人的评价。

黄石寨景区负责人介绍，为了提升景区形象，实现景区服务国际化，今年对一线人员进行了为期40天的集中授课。要求员工学习英语、韩语日常用语各20句、主要客源地礼俗常识以及旅游接待服务技巧、礼貌礼节。通过培训、自学和体验式练习，员工整体服务水平和服务质量得到大幅提升，尤其是义务咨询台，还能够为外国游客提供指引方向、介绍景点、征询意见等个性化服务，深得外国游客好评。留言簿上那一句句赞美的话语，成了黄石寨景区一道亮丽的风景线[1]。

任务： 如果你是景区经理，从情景中你学到了什么？

点评： 服务是景区工作的重要内容，个性化服务是衡量景区服务质量高低的重要标准。情景中的外语学习，为外宾提供多语言服务就是个性化服务的重要体现。什么是景区服务？景区服务由哪些部分构成？如何为游客提供个性化的服务？如何获得游客的好评？景区服务的标准有哪些？这些都是本项目将要探讨的问题。

任务一 认识旅游景区服务

一、旅游景区服务及相关概念

课堂讨论

结合你所学的专业课程知识，讨论如何理解旅游业、旅游景区、服务三者之间的关系。

提示：可以从旅游业的构成、旅游业和服务业的关系、旅游景区在旅游业当中的地位等角度展开讨论。

众所周知，旅游景区是旅游业的核心组成部分。旅游业属于第三产业的服务业，同时旅游景区服务是旅游景区的核心产品和工作内容。因此，对服务的认识和理解，尤其是对景区服务质量内涵的理解显得尤为重要。

（一）概念

1. **服务**（Service）

国际标准化组织（International Standardization Organization，ISO）颁布的ISO 9004.2《质量管理和质量体系要素第2部分：服务指南》认为："服务是为满足顾客的需要，供方与顾客接触活动和供方内部活动所产生的结果。"并将服务内容概括为：设施、能力、人员的数目和材料的数量；等待时间、提供时间和过程时间；卫生、安全性、可靠性和保密性；应答能力、方便程度、礼貌、舒适、环境美化、胜任程度、可信性、准确性、完整性、技艺水平、信用和有效的沟通联络。

2. **旅游景区服务**（Tourist attraction service）

管理者和员工借助一定的旅游资源（环境）、旅游服务设施及通过一定的手段向游客提供的各种直接和间接的方便利益，满足其旅游需要的过程和结果。

---

[1] 邓玲芳．张家界黄石寨景区个性化服务获外国游客赞叹．http：//hn.rednet.cn/c/2012/04/01/2570536.htm.

3. **服务质量**（Service quality）

服务能够满足规定和潜在需求的特征和特性的总和，即服务工作能够满足被服务者需求的程度。它是企业为使目标顾客满意而提供的最低服务水平，也是企业保持这一预定服务水平的连贯性程度。

案例分析

2012年4月14日在中国国内（青岛）旅游交易会上，中国旅游总评榜揭晓：三峡人家风景区再获殊荣，荣膺“中国2011年度最受欢迎景区”。这是全国游客对三峡人家景观和服务的再一次高调肯定，如果说荣膺国家5A级景区是行业标杆和官方认可，那么这一荣誉就是市场认可和游客认同。三峡人家风景区是榜单中最年轻的旅游企业，以创新发展的思路、极致化的景区打造和高水平的游客服务赢得了广大游客的口碑。景区负责人表示他们将进一步加强景区建设和文化项目开发，为游客提供更多的旅游体验，并提高景区的吸引力；营造更舒适、更温馨、更人性化的旅游环境来留住游客[1]。

思考：三峡人家风景区荣获年度最受欢迎景区的原因及意义是什么？

点评：三峡人家景区成为中国2011年最受欢迎景区意味着该景区在旅游市场上获得了认可和好评，这是景区经营管理水平的成果，更是景区服务质量的体现。这一评价对该景区形象的树立，对该景区的发展意义深远。当然成绩的取得跟付出的努力是分不开的。正是因为“创新发展的思路，极致化的景区打造和高水平的游客服务”成就了该景区的成功；而“进一步加强景区建设和文化项目开发，为游客提供更多的旅游体验，营造更舒适、更温馨、更人性化的旅游环境来留住游客”为景区的未来绘好了蓝图。这对其他旅游景区是值得借鉴的。

（二）景区服务的特点

景区服务是借助有形设施与环境为旅游者在景区观光游览活动的顺利开展而提供的无形劳务。较之其他旅游产品服务，景区服务有自身的特点。

1. **景区员工构成景区服务产品的一部分**

景区员工的言行举止、仪表仪态和形象，直接关系到旅游者对景区的印象。高素质的景区员工本身就是一道亮丽的风景线。

2. **旅游者参与服务产品的过程**

旅游者参与服务产品的过程就是旅游者消费服务产品的过程，即生产与消费的同步性。

3. **景区服务是不可贮存、无形的服务产品**

由于景区提供的服务是无形产品，无法像购买商品一样退货，服务过程一结束就无法恢复，服务工作必须一次把事情做好，否则就会有瑕疵，很难获得游客的满意评价。

---

[1] 乐途旅游熊靓．三峡人家被评为“最受欢迎景区”http：//d. lotour. com/sanxiarenjiafjq/20120417/658980. shtml.

4. 环境是服务的载体和背景

景区提供的服务需要借助迷人的风光、良好的自然环境或人工环境。

二、旅游景区服务质量的内涵

（一）旅游景区服务质量的概念

从旅游景区经营者的角度来看，旅游景区服务质量是指景区旅游服务活动所能达到的效果和满足旅游者需求的能力与程度。从旅游者的角度来看，旅游景区服务质量是指旅游者在景区旅游过程中享受到的服务劳动的使用价值，得到某种物质和心理满足的一种感受。

景区服务质量就是指景区利用设施、设备、消费环境和产品，提供服务劳动，在使用价值方面适合和满足游客明确或隐含需要的物质和心理的满足程度。

（二）旅游景区服务质量的特点

1. 质量构成的综合性

旅游服务质量是由服务设施和设备质量、服务环境质量、服务用品质量、实物产品质量和劳务质量等构成。

2. 质量显现的短暂性

在旅游服务过程中，每次具体服务所提供的使用价值，其质量的显现时间都比较短暂，如导游服务中的接送服务、景点介绍等。

3. 质量内容的关联性

旅游服务质量的具体内容包括有形质量和无形质量两个方面。每一个方面又由很多具体因素构成，这些因素互相关联、互相依存、互为条件。如导游服务中，接团质量不好，直接影响游客的第一印象；导游讲解乏味，又影响景点质量的发挥。

4. 对员工素质的依赖性

旅游服务质量的高低，在很大程度上取决于景区员工的素质。他们的主动性、积极性和创造精神的发挥程度以及服务态度、服务技能、专业技术水平和劳动熟练程度，都直接影响着旅游服务质量。

三、旅游景区服务的构成

（一）旅游景区服务的地位

景区产品核心是服务，包括入口区域服务、讲解服务、其他相关服务。不同的景区服务项目的构成有差异。服务是高尚的，好的服务是创造游客满意、获得良好口碑、带来回头客的关键。

（二）旅游景区服务的要素

旅游景区服务的要素包括服务规范、服务态度、服务技能、个性化服务、服务设施等几个方面。

1. 服务规范

服务规范又包括服务规程、流程和标准等方面。可参考行业标准、岗位说明书、景区标准等来建立服务规范体系。

2. 服务态度

服务态度是服务者的一种情绪感染。旅游是创造美丽的产业，应有积极情绪的感染。服务者的情绪控制和角色意识是进入服务状态的关键。

3. 服务技能

服务技能是服务者通过练习所获得的能力和技巧，是服务者为旅游者提供服务的综合能力的展示。其内容包括入口区域服务如安检与门禁系统服务技能；讲解服务如导游讲解的方法与技巧、物化导游讲解的管理如景区调频耳机、触摸式显示屏、导游图的设置等，这些都属于设计的内容，也是景区解说需解决的问题；其他服务包括住宿餐饮、康乐、温泉、滑雪、海滨度假、会议、娱乐、购物等服务应掌握的技巧。

4. 服务设施

好的服务离不开设施，优质的服务离不开优质的服务设施。服务设施是服务的载体，是景区从业人员为游客提供服务的凭借。如交通服务设施包括景区电瓶车、景区绿色清洁能源观光车、索道缆车、快艇、直升机、骑马等。住宿设施包括景区度假酒店、观景客房等。餐饮则包括地方特色菜肴开发及高级厨师的厨艺展示与美食鉴赏。

5. 个性化服务

个性化服务是对游客的特殊服务，即针对客人的特点提供的服务。个性化服务是增加回头客的有效途径。景区可以参考酒店业，建立重要顾客档案，针对回头客提供个性化服务。

拓展阅读

如何看待服务[1]

服务是一种助人或济人的行为，是友善友好的具体表现，是关心他人福利或利益的行为。

美国旅游饭店业先驱埃尔斯沃思·密尔顿·斯塔特勒（Ellswo MiltonSmil-er）曾说过："饭店从根本上说，只销售一样东西，那就是服务，提供劣质服务的饭店是失败的饭店，提供优质服务的饭店则是成功的饭店。饭店的目标是向宾客提供最佳服务，而饭店的根本经营宗旨也就是使宾客得到舒适和便利。"无可否认，饭店服务作为商品，对饭店来说显然是至关重要的。

但是由于历史和社会的原因，在过去相当长的时间里，人们对服务行业另眼相待，存在着服务人员低人一等、服务员从事的是侍候人的行业等不正确的看法。从而导致了这样一种现象：在社会生活中，人人都需要服务，人人都接受他人的服务，但同时又不愿从事服务工作或者看不起服务工作者，以致饭店员工队伍不稳定或人员流动不正常。这类现象的发生既有其社会根源，又有其内在原因。但不可否认，服务观念模糊滞后，是其中一个重要的因素。我们必须通过不断的职业道德和素质培训，不断转换、更新人们的服务观念和服务意识，以构筑适应于未来时代发展需要的服务信念和价值体系。

（三）旅游景区服务的内容

根据《旅游景区服务指南》，旅游景区服务内容包括服务质量、人员服务、服

[1] 屈云波．餐饮服务与管理．北京：旅游教育出版社，1994．

务设施、安全设施和投诉处理五个部分。其中，人员服务包括停车场服务、售检票服务、入口服务、景区工作人员服务、导游讲解、交通服务、餐饮服务、购物服务、卫生保洁、咨询服务十个方面。为避免跟本书其他任务重复，本项目将从入口区服务、解说服务、餐饮服务、购物服务、交通服务、其他服务（含景区工作人员、通信、游憩和活动项目、医疗救援）以及投诉处理七个方面阐释景区服务的内容。

任务二 旅游景区服务标准及要求介绍

一、景区入口区服务

（一）入口区概述

景区的入口区是旅游者进入景区的通道和区域，一般由停车场、游客中心、售票处、门禁系统几部分构成。旅游景区的入口区是旅游者对整个景区产生第一印象的地方，也是景区游览感受的开始。在景区服务中，入口区的服务关系到旅游者对景区的印象和旅游感受的评价，入口区服务质量跟旅游者的旅游评价直接相关。因此，入口区服务非常关键。

课堂讨论

以你去过的某一景区为例，向大家介绍这个景区入口区由哪些部门构成，该景区入口区的设施有哪些，提供哪些服务。

（二）入口区设施要求

1. 停车场

景区应在适当位置设置与其规模相适应的停车场，停车场和停车区的面积应与旅游景区正常时段客流量相适宜。停车场场地应平整坚实、干净整洁，停车位画线清楚，便于车辆分类停放。

2. 游客中心

游客中心是旅游景区设立的为游客提供游览信息咨询、游程安排、讲解、教育、休息、电信、投诉接待等旅游设施和服务功能的专门场所，一般位于景区的入口，是景区形象展示的主要窗口。

景区应设立为游客提供信息、咨询等服务的游客中心。游客中心应位置合理，标志明显。游客中心应设施齐全，包括咨询台、咨询电话等服务设施。

游客中心应设置行李寄存柜，方便游客寄存行李等物品。设置旅游景区平面示意图及游客须知，标志清晰，文字内容通俗易懂。接待海外游客达到一定比例者，应配有英文或主要客源国的文字说明。在旅游旺季，设置每日客流量统计牌。指示牌、指路牌应位置适当，标志清晰。

3. 售票处

售票处选址应合理，设在入口区显著位置，标志醒目，周围环境良好、开阔，设置遮阴避雨设施，注以中外文明示旅游景区的开放时间、淡旺季门票价格（含其他收费项目明细）、优惠办法（如年票、套票）以及享受优惠票价的特殊群体（如学生、军人、老年人、残障人士等）、享受免票的特殊群体等购票信息。售票窗口数量应与游客流量相适应，并有足够数量和宽度的出入口。出入口分开设置，并设有残疾人通道。

景区内分单项购票游览的项目，应设置专门的售票处，方便游客购票。在售票处明显位置应悬挂说明牌，向游客公布票价表、购票须知、营业时间、项目介绍和游乐须知等服务指南。

根据游客流量设置相应数量的售票窗口，遇有客流量高峰期可根据实时流量及时调整购票窗口的数量，或设立排队隔栏，并安排专人负责维持购票秩序。可设置团体购票窗口，对老人、幼儿、病患、残障人士、孕妇等需要帮助的特殊游客，宜设置专门购票窗口或制定优先购票制度和措施。

4. 门禁系统

(1) 闸口：闸口是游客进入景区的通道，其功能是为游客提供检票、安检、放行等服务，确保景区游览秩序正常和游客安全。景区应合理设置闸口，旅游旺季宜设立单独的团队入口。使用电子门禁系统的，应确保设施运转正常、状态良好、做到定期维护检修。

(2) 通道：通道是游客经过闸口进入景区的路径。不同的景区通道交通方式会有明显区别。有的景区用的是景区观光车，有的景区用的是观光渡船，还有的景区用的是观光小火车。当然，大部分景区过了闸口就是游览步道了。

(3) 电子门禁：景区电子门禁系统，即景区电子门票自动售检票系统。该系统融计算机技术、信息技术、电子技术、机电一体化及加密技术于一体，具有很强的智能化功能。采用电子门票系统来进行整个景区售票、检票、票务统计等工作，实现了计算机售票、检票、查询、汇总、统计、报表等各种门票通道控制管理功能及全方位实时监控和管理功能。

景区电子门禁系统包括电子门票卡、IC 卡读写终端设施、指纹验票机、电子门票管理软件、专用服务器、PC 计算机等设备。其中，电子门票卡分为条码型、磁卡型、IC 卡型和指纹型几种。指纹验票机含指纹仪、IC 卡读写器、三辊闸、控制主机等设备。

(三) 入口区服务管理

1. 售票服务管理

(1) 售票前服务准备：提前到岗，做好售票前的准备工作，如使用手撕票的旅游景区应准备好票据，认真登记票号；如使用磁卡门票的旅游景区应整理好磁卡，保证磁卡平整完好；备妥充足的零钱；按规定准时售票。

（2）提供售票服务：主动介绍所售门票种类和价格，耐心解答游客询问。售票员售票时应做到细心、准确、迅速、唱收唱付。

2. 检票服务操作规程

（1）提前到岗，准备好检票工具或设施，按规定准时检票。

（2）检票员站在检票位，对于持门票进入的游客，查验其门票的真伪及有效性；对使用电子门禁系统的旅游景区应指导游客按顺序进入，避免门禁设施夹伤游客。

（3）对于持各类免票单据或有效证件进入的游客，核对单据和有效证件，核查是否符合旅游景区的免票政策。

（4）对老、幼、病、残、孕等需要帮助的特殊游客，宜有专门的通道或服务程序和措施帮助其顺利进入。

（5）对于团队游客，应能提供快速的检票服务，并做好游客人数的清点工作。

（6）对于持无效票的游客应说明原因，并引导重新办理购票。

（7）售票、检票人员应姿态端正，态度热情，适时使用礼貌用语，掌握各类票据的价格和使用情况，能使用简单外语提供服务。

（8）售票、检票秩序良好，游客流量较大时设专人维护秩序，确保出入口无拥挤混乱现象。

拓展阅读

两种闸机介绍

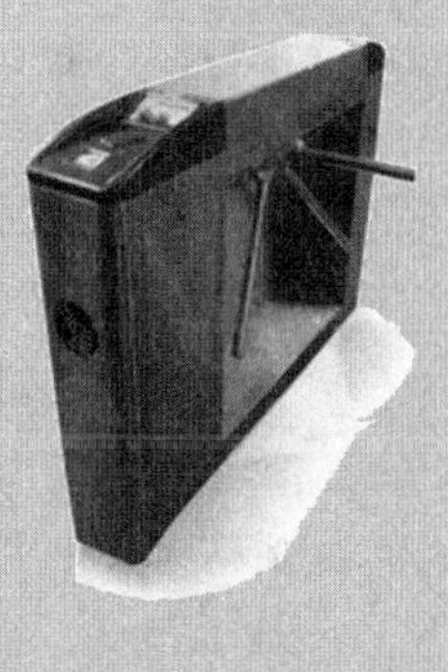

名称：开模定制型三辊闸

外形：美观大方、无棱角设计

颜色：不锈钢原色、古铜色、木纹色

材料：采用不低于1.5mm的304不锈钢，顶盖采用流线型塑料模具

主控板：采用低功耗、高效率、高可靠、天然免疫防病毒、工业嵌入式linux平台的ARM技术开发，具有can-bus功能

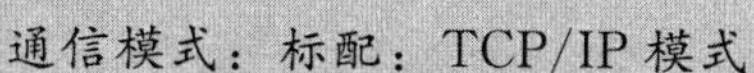

通信模式：标配：TCP/IP模式

选配：3G/GPRS/WIFI无线通信模式

机芯：全电动机芯及控制器、采用旋转编码器和牙嵌式离合器精确控制转过角度、机芯控制板采用ARM技术

检票速度：35～40人/min

识别模块：可选二维码阅读模块、RFID阅读模块、二代身份证模块、指纹模块

游客显示：7寸LCD显示/双行LED显示

通道指示：LED显示，红、绿指示（如绿箭头表示设备正常进行）

语音模块：具有语音提示（如刷卡成功、团队票等），客户可自定义语音

电源模块：输入：AC220V±10%

输出：DC24V 5A；DC5V 3A

防护模块：标配：通风模块

选配：电源防雷模块、信号防雷模块、温湿控制装置

工作环境：工作温度：－10～60℃

工作湿度：5%～90%（无凝露）

名称：翼闸

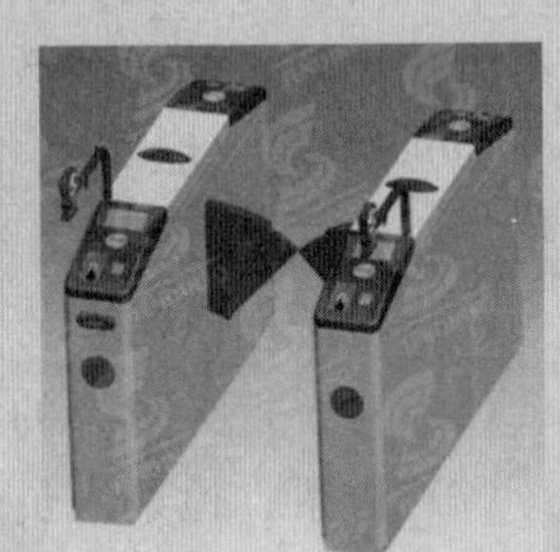

外型尺寸：1800mm×280mm×1140mm（长×宽×高）

通道宽度：600mm/900mm

材料：采用不低于1.5mm的304不锈钢，顶盖部分采用流线型塑料模具

扇门机构：扇门采用聚氨酯（PU）发泡软性材料开模、防夹

主控板：采用低功耗、高效率、高可靠、天然免疫防病毒、工业嵌入式linux平台的ARM技术开发，具有can-bus功能

通信模式：标配：TCP/IP模式

选配：3G/GRPS/WIFI无线通信模式

机芯：翼闸机芯及控制模块：PCM控制电路、单控制器能控制同一通道两个机芯，精密加速电机控制。精准、安全、可靠、噪声低；断电自动开门、满足消防要求

机芯控制板：基于COMRTEX-M3技术的机芯控制板

验票界面：可选二维码阅读模块、RFID阅读模块、二代身份证模块、指纹模块

红外光耦：进口，10对以上

验票速度：40～50人/min

游客显示：7寸LCD显示/双行LED显示

通道指示：LED显示，红、绿指示（如绿箭头表示设备正常进行）

语音模块：具有语音提示（如欢迎光临、有效票等），客户可自定义语音

电源模块：输入：AC220V±10% 50HZ±4%

输出：DC24V 5A；DC5V 3A

防护模块：标配：通风模块

选配：电源防雷模块、信号防雷模块、温湿控制装置

工作环境：工作温度：标配－10～60℃；（－30～60℃）需加温控装置

工作湿度：5%～99%（无凝露）

其他：具有非法闯入、尾随报警、防夹功能，身高识别、紧急制动装置；具有感应卡回收装置

3. **游客中心服务**

（1）游客中心的服务人员应主动热情解答游客提出的问题，内容真实准确、通俗易懂。

（2）对于配有电子导游器的旅游景区，应保证电子导游器的设备状态良好，按键正常，电源充足。服务人员应向游客耐心讲解电子导游器的使用说明和相关的注意事项。

（3）游客中心可为有要求导游服务的游客提供导游讲解服务。导游讲解员必须持证上岗，人数及语种应能满足游客需要。

4. **停车场服务操作规程**

（1）停车场应配置专门管理人员，并佩带明显标志，负责指挥车辆进出及停放，保持车道畅通，不发生堵塞现象。

（2）在旅游旺季，遇有客流量高峰期，应有临时停车场和停车区或有相应的管理措施。

（3）工作人员负责车辆的疏导、检查和看管，指挥车辆合理停放，保证场内道路畅通。

（4）收费停车场应配备相应的设施，并应做到收费合理、明码标价、出具正式票据。

（5）提醒司机关好车辆门窗，勿将贵重物品留在车内。若发现车身有损伤痕迹，应及时向司机说明和确认，并做好登记工作。

（6）做好巡视检查工作，提高防火防盗意识，确保场内车辆和公共设施的安全。

（7）发生车辆碰撞、剐蹭、损坏和丢失等情况，应立即报告有关部门，按相关程序处理。

二、景区解说服务

课堂讨论

结合你熟悉的某一景区，讨论：该景区解说服务是如何构成的？该景区的解说服务令你满意吗？如果不满意，有什么改进的建议？

（一）景区解说服务

景区解说服务是景区服务的核心内容。旅游者在景区的游览主要是通过解说服务获得对景区的认知和感受，并据此对景区服务做出评价。常言道：祖国山河美不美，全凭导游一张嘴。因此，景区解说服务是景区对客服务的核心，也是衡量景区服务质量的关键因素。

（二）景区解说服务的功能

（1）提供基本信息和向导服务。

（2）帮助旅游者了解并欣赏旅游景区的资源及价值。

（3）加强旅游资源和设施的保护。

（4）鼓励旅游者参与景区管理、提高与景区有关的游憩技能。

（5）提供一种对话的途径，使游客、社区居民、旅游管理者相互交流，达成相互间的理解和支持，实现旅游景区良好运行。

（6）教育功能。

（三）景区导游人员解说服务

1. 景区讲解员

景区讲解员是由景区派遣的负责接待旅游者，为旅游者提供景区向导、讲解和景区游览及相关服务的专业人员。优秀的景区讲解员除了应具备从业资格的硬件外，还应从知识素养、职业道德、业务能力等方面来提升自己的软实力。

2. 景区讲解员工作职责

（1）应提前到岗，做好相应的迎宾准备工作。

（2）应主动热情接待游客，介绍导游讲解服务项目和收费标准，包括游览线路和时间。也可根据不同类型的游客群体，合理建议游览线路，做到因人施讲。

（3）在讲解开始时，应先做自我介绍，并致欢迎词。

（4）应提升自身的修养，扩大知识面，提高讲解水平与技巧；讲解内容力求科学，尊重历史；应针对不同的游客采取不同的讲解方式，力求语言准确生动、健康活泼。

（5）对于团队游客，讲解应详略得当，突出重点，音量适度；行进过程中，注意前后照应，避免掉队走失。

（6）带队时，遇有障碍路段或存在安全隐患的区域，应及时提醒游客注意安全。

（7）讲解结束时，应主动与游客道别，致欢送词。

3. 景区讲解方法

景区讲解员在上岗前有必要进行导游词的写作和练习，做到能熟练运用。导游讲解的方法主要有分段讲解法、突出重点法、触景生情法、设置悬念法、虚实结合法、比较法等。

景区讲解员在讲解过程中还应注意审美的方法，包括动静结合的审美法，选择恰当的观赏位置和角度，选择好观赏时机，控制好观赏节奏等。

（四）景区物化解说服务构成

1. 景区导识设施概述

景区导识设施是引导游客、帮助他们识别景区指示信息的设施总称，可以分为交通导识类、服务设施导识类、景点导识类和无障碍化导识类四种类型。其中，交通导识类设施设置在景区道路和游径节点的两侧，传递的信息有交通路线、节点名称、方位以及与其他节点的距离；服务设施导识类是为游客便捷使用景区设施而设置，位于景区宾馆、饭店、商店、厕所、车站、电话亭、消防栓等设施区域；景点导识类包括景点文字说明和图解、游客安全告示、旅游资源保护注意事项等内容；无障碍化导识设施是为特殊人群设置的导识设施，包括针对外国游客、老年游客、儿童游客及残疾游客的导识设施。

2. **景区物化解说构成**

景区物化解说是导游人员解说服务的重要辅助手段和补充，主要由景区旅游印刷品、景区音像视频解说系统、景区导识标牌指示系统三部分构成。其中，景区旅游印刷品包括景区地图、旅游指南、书籍画册、旅游风光图片等形式；景区音像视频系统则包括电影、电视宣传片、语音解说、电子解说等方式；景区导识标牌包括全景标牌、景点标牌、道路指示牌、警示标牌、服务设施导识牌等类型。

3. **景区物化解说设施要求**

旅游景区如设置外部引导标志，应规范、合理、醒目，符合 GB/T 10001.1 的要求。

旅游景区内应设置游览全景图、导览图、景观说明牌或简介、中外文指路标志牌、安全警示、游客须知、注意事项等相应的中外文引导标志，且数量适中、内容准确、标志醒目、指向明确，符合 GB/T10001.2 的要求。

三、景区餐饮服务

（一）概述

旅游景区提供餐饮服务的商业业态有景区宾馆饭店的餐饮部、社会餐饮企业、饮品店、特色饮食街、小卖部、流动摊贩等。

旅游景区餐饮具有业态多元化、季节性、顾客需求多样性、监督管理复杂性等特点，是旅游景区提供服务的重要组成部分。

（二）景区餐饮设施要求

(1) 景区内的餐饮设施规模数量应与接待游客规模相适应。餐厅装修装饰风格与提供的菜品服务相协调，就餐环境整洁优美，通风良好，空气清新，无异味。餐饮服务设施布局合理，方便游客，并与周边环境相协调。室内外客用餐桌椅完好无损、干净无污垢，备有儿童座椅。

(2) 餐厅应整洁卫生，无灰尘、无污渍。桌布、口布等棉织品应洗涤彻底，无污渍、无异味。香巾一客一清洗，一客一消毒。

(3) 出售的食品饮料卫生符合国家规定，配备消毒设施，禁止使用会对环境造成污染的一次性餐具。餐食和饮品的卫生标准应达到各专项的国家标准或行业标准。旅游景区饮用水的卫生应符合 GB 5749 的要求。

(4) 各种餐具由专人洗涤保管，消毒彻底，摆放整齐，取用方便，应有防止二次污染的措施。餐具、酒具等光洁明亮，无水迹、无油污，完好无损，无缺口、无划痕。餐厅卫生应符合 GB 16153 规定的标准。

(5) 厨房食品加工、存放，冷热、生熟、荤素分开，避免交叉污染。禁止使用过期变质的原料进行食品加工。地面干燥卫生，无水迹、无油污。厨房灶台、加工案台、厨具器皿等洁净、无油渍，排烟机通风口无油垢。

(6) 厨房、餐厅应有有效灭杀蚊、蝇、蟑螂等虫害的措施。

(7) 采购食(饮)品，应对供应商资质和采购的物品进行必要的审验和检查。食品原材料的采购、运输、存储的容器包装、工具、设备应安全且无害，保持清洁，防止食品在运输和存储等流通环节受到污染。

(三)景区餐饮服务规程

(1) 客人进入餐厅时，服务员应主动向前迎接客人，为客人拉椅让座，送上餐厅菜单和酒水单。菜单、酒水单要明码标价，印刷清晰，无污迹、无皱褶。

(2) 客人点菜时，服务员应热情主动地向客人介绍菜品特点，并视情况提醒客人适量用餐。

(3) 客人就餐时，服务员要及时为客人斟酒水、更换骨蝶、烟灰缸等。

(4) 客人用餐完毕，要按照客人要求，提供菜点打包服务，并将客人送至餐厅门口。

(四)景区餐饮服务员管理

(1) 服务人员每年应定期接受体检，无县级以上医院出具的健康合格证明者不得从事餐饮服务。

(2) 服务人员应注意个人卫生，衣着整洁干净。

(3) 服务人员应诚信待客、明码标价、出具服务凭证或正式发票，不欺客、不宰客。

(4) 服务人员应及时收拾餐具，清洁桌面，保持餐厅内卫生，方便游客就餐。

四、景区购物服务

(一)概述

旅游商品是指旅游者在旅游活动过程中所购买的具有纪念性和当地特色或者由于旅游活动需要而购买的各类实物商品。旅游商品一般可以分为旅游纪念品、旅游用品和旅游消耗品三类。

1. 旅游纪念品

旅游纪念品是指旅游者在旅游活动过程中所购买的，具有地域文化特色、富有民族特色、具有纪念性的所有物品，主要包括工艺品、文物古玩及其仿制品、书画金石、土特产品、珠宝首饰、特制旅游纪念品六类。

2. 旅游用品

旅游用品是旅游者在旅游过程中购买的确保旅游活动顺利开展的商品，分为两类：一类是旅行箱包、太阳镜、防晒霜、摄影器材、旅游鞋帽、登山器材、旅行常备药、旅行衣物等；另一类是介绍景区的旅游书籍、风光图片、画册、书签等。

3. 旅游消耗品

旅游消耗品是旅游者在旅游过程中消耗的商品，主要包括食品、饮料以及盥洗用品、特色风味小吃等。

(二)旅游者购物心理

购物是旅游六要素之一，是导游和旅游景区获取经济利益的重要途径。分析旅游者的购物需要和心理，对导游和景区至关重要。

一般而言，旅游者购物的心理可以分为求实用、求审美、求新奇、求收藏、求馈赠、求知六个方面。在旅游购物服务中，景区导游应善于观察分析游客不同的购物心理，在为游客提供优质讲解服务的同时获得一定的经济效益。

（三）景区购物设施要求

（1）景区内设有适量的购物场所，方便游客购物。购物场所旅游商品种类丰富，本地区及本旅游区特色突出。

（2）购物场所、商亭的橱窗、柜台布局合理，商铺类型配置得当，商品陈列讲求艺术性并方便游客选购，购物点周边宜设置游客休息区或休闲餐饮场所。

（3）购物商铺建筑风格应与旅游景区主题相符，建筑体量、高度与周边环境相协调。

（4）主要购物区可设在旅游景区出口处附近，以方便游客。

（四）景区购物服务管理

（1）旅游景区管理方对其管理区域内的购物服务，应承担管理或监管的职责。

（2）景区商店所售的商品应符合 GB/T 16868 的规定，商品质量应确保人体健康与安全。严禁销售过期、变质及其他不符合食品卫生规定的食（饮）品。

（3）购物环境秩序井然，商户亮照经营，售货人员应熟悉和掌握所推销商品的性能、产地、特点，可主动向客人介绍富有本旅游景区特色的旅游商品，但不应强迫游客购买或尾随兜售。

（4）所售商品均应明码标价，无价格欺诈、以次充好、缺斤短两等不诚信行为。

（5）旅游景区内的大型购物区（店）提供电子收款机（POS 机）刷卡、自助取款机取款（ATM）等服务。

五、景区交通服务

（一）概述

景区交通由外部交通和内部交通两部分组成。外部交通是旅游者从长住地到景区的交通方式，而内部交通是指旅游者在景区内部的交通方式。外部交通关系到景区的可通达性以及旅游者的交通成本（含时间、精力、经济成本），主要有飞机、火车、旅游车、自驾车、轮船等。内部交通是连接景区不同景点的纽带，也是景区的风景廊道，有的内部交通方式本身就构成了景区的旅游项目。内部交通方式有景区环保观光车、电瓶车、缆车、滑竿、羊皮筏子、雪橇、溜索、游览步道等。

（二）景区交通设施要求

（1）旅游景区内游览线路和航道布局合理、通行顺畅，与环境相协调，无交通安全隐患。可根据需要，设置与旅游景区规模相适应的车站点、专用停车场、船舶码头、电瓶车、游览车、索道、缆车等交通工具和设施。

（2）游步道设计合理，应符合人体工程学和景观美学原理，无安全隐患，危险路段应有保障游客安全的护栏及警示牌。游步道沿途重要路口各种指示标志清楚，并显示所在位置，距离较远的，宜有至目的地的里程数提示。沿途应设置观景、休息设施和避雨等场所（如椅、凳、亭、台、廊、阁等）。

（三）景区交通服务管理

对于旅游景区从事交通工具（如电瓶车、游船、索道、缆车等）的服务人员（如司机、操作人员等）应将游客的安全放在首要位置，严格遵守操作安全规程，缓速行驶。注意上下交通工具游客的安全。地面交通工具行驶中应注意避让游客。发生交通意外时，应有快速反应的救援服务。游步道路面和沿途设施应定期检查维护，确保能正常使用，状态良好。

六、景区其他服务

（一）景区现场工作人员服务要求

(1) 所有在旅游景区现场的服务人员应牢固树立时刻为游客排忧解难的服务意识，对于需要帮助的游客，应及时主动地施以援手；对于游客的问询，工作人员应耐心回答，表达清晰。

(2) 旅游景区现场未在固定岗位的服务人员应掌握基本的摄影技术，主动帮助需要留影的游客照相留念。

(3) 在客流高峰期应有安全预案，能及时进行客流疏导，合理安排流量和流向。

(4) 对于走失的游客应做好安抚和照顾工作，并积极通过广播或其他通信手段主动帮助联系。

（二）景区通信服务设施与要求

(1) 旅游景区应有相应的网页，为游客提供景区的地理位置、开放时间、游览内容、门票价格、联系方式等基本信息服务。

(2) 通信设施布局合理，入口、出口及游人集中场所和游步道沿途应设有公用（投币或磁卡）电话，并可适当配置自动换币和电话磁卡售货机，或配备工作人员换币和出售磁卡。公用电话应具备紧急呼叫求援功能，公用电话亭标志醒目，与环境相协调。

(3) 旅游景区应设立区域广播网，播放旅游景区游人须知、安全提示等。

(4) 旅游景区内交通通信设施应定期检查维护，确保能正常使用，状态良好。

（三）景区游览和活动项目服务设施与要求

(1) 景区内应设置适量供游人休息的座椅，座椅的色调、色彩、质地、造型应与周边环境相协调。

(2) 晚间开放的景区，其主要通道和公共场地应设有充足的灯光照明设备。室内公共服务设施应有充足的灯光照明和应急照明设备。

(3) 文物和遗产类旅游景区应有相应的文物遗产保护设施设备、手段和措施，既要考虑游客的观赏效果，又要防止因游客游览方式不当造成损坏。

(4) 自然公园类旅游景区应有必要的游客流量监测设施设备、手段和措施，根据旅游景区的环境承载力和生态系统特点控制游客流量和流向。

(5) 主题公园、游乐园类旅游景区的设施设备应符合 GB/T 16767 的安全要求。

(6) 博物馆类的旅游景区宜采用多种生动活泼的展示设施和手段，可提供游客参与性较强的参观项目。

(7) 温泉、海洋、滑雪等度假类旅游景区应营造浓厚的度假氛围和适宜的度假环境，度假设施完备，度假活动丰富。

(8) 为老人、幼儿、残障人士、孕妇等特殊人群提供人性化设施和服务，应配备必要的无障碍设施。

(四) 景区医疗救援服务设施与要求

(1) 规模较大或离医院较远的景区应设置医务室，为游客进行一般性突发疾病的诊治和救护。医务室应位置合理，标志明显。

(2) 有相应资质的医护人员，且配备必要的急救药品、医疗器械设施，医疗服务制度完善。医务室应配备具有医士职称以上资格的医生和训练有素的护理人员。医务室应备有常用救护器材，能保障突发事故中伤病员的急救工作。

(3) 营业时间医护人员必须坚守岗位，认真负责，坚持诊疗常规，严防发生医疗事故。一旦发生意外伤害事故，医护人员应立即赶往事故现场，对伤病员进行紧急抢救。

(4) 应与当地的正规医院建立稳定的合作关系，有切实可行的医疗急救措施和制度。建立紧急救援机制，设立急救室，并配备急救人员。有突发事件处理预案，事故处理及时、妥当，档案记录准确、齐全。

七、景区游客投诉管理

游客投诉是指旅游者在旅游过程中感到个人利益受损，并诉之以旅游质量监管部门，以期获得补偿的一种行为。对景区而言，接到投诉不一定是坏事，可能有利于改掉缺点，提高服务质量，获得忠诚顾客。

(一) 游客投诉的原因分析

1. 对景区人员服务的投诉

服务人员态度差，服务不热情，言语粗俗、鲁莽，或者无意中触犯了客人的禁忌等。

2. 对景区服务产品的投诉

游客认为景区价格太高，餐饮质量太差，或者排队坐缆车很浪费时间等。

3. 对景区硬件及环境的投诉

对景区餐厅、宾馆等硬件设施存在不满，对景区环境卫生、旅游氛围的不满等。

(二) 游客投诉心理分析

游客的投诉是因为自身合理权益没有得到满足的一种正常反应。一般而言，旅游者的投诉是希望获得景区监管部门和管理者的重视，让受损的权益通过补偿的方式获得心理上的平衡。简言之，游客投诉的目的主要是获得尊重、补偿和心理平衡。

（三）游客投诉的处理方法

1. 原则

① 真心诚意解决问题。

② 不可与客人争辩。

③ 维护景区利益不受损害。

④ 给游客发泄的机会。

⑤ 充分道歉并表示安慰和同情。

2. 投诉处理

(1) 高度重视。景区应设立投诉受理机构并配备专门人员，制定完善的受理和处理制度，并在旅游景区售票处、网站、网页、宣传资料、门票上公布监督投诉电话，设置游客意见箱、意见簿和投诉站。

(2) 仔细倾听。旅游景区接到投诉后，应准确记录投诉人姓名、国籍、投诉事由、联系方式、被投诉人的岗位名称或人员编号、投诉者出具的证据和资料、投诉者要求解决的具体问题，并按相应格式填写旅游景区《旅游投诉登记表》。

(3) 尊重客人。对待投诉人员要做到热情、耐心，并能冷静地倾听客人的陈述，详细做好笔录。避免和游客发生争执。及时、妥善处理投诉，建立完整的投诉处理档案，保持两年以上的备查期。

(4) 调查了解，迅速答复。对于现场投诉，应迅速调查核实情况，受理投诉事件，若能够现场解决，应及时解决；若受理者不能解决，应及时上报相应的责任人处理，并将处理结果告知投诉者。对于事后接到的投诉材料，应尽快查清投诉的基本事实、证据和相关责任人有无过失等情况，并在收到之日起 10 个工作日内将处理结果通知投诉者。

(5) 记录在案。投诉受理机构应对投诉意见建立专门的档案资料，定期做好游客投诉意见分类统计和分析研究工作，对于游客投诉较为集中的服务环节或当事人，应有相应的整改措施和奖惩处理。

案例分析

失而复得的相机

一名叫“雪鸥”的网友与几位亲友去天津蓟县的白蛇谷景区游览。为购物方便，她们把车停在了黄崖关长城景区的停车场。游完白蛇谷景区，她们在停车场附近购物后，便开车到县城饭店用餐。忽然，“雪鸥”发现身边的相机不见了。当时，“雪鸥”固执地认为，她在购物过程中，售货员与她讨价还价时，有一个人挤了她一下，相机因此“不翼而飞”。由此可见，黄崖关景区停车场的购物场所在治安管理方面、购物环境监管方面有疏漏，导致商户与盗窃者明目张胆地配合，“设套”盗取她价值 2 万余元的相机。于是，“雪鸥”回家后撰文向蓟县“消协”讨说法。正当她准备把投诉信发走时，白蛇谷景区的史经理来电，说闻知此事，当即与景区几位工作人员一道，联系当地工商、公安、市场秩序执法队人员一同到黄崖关停车场、购物商店找寻，结果在购物商店柜台上发现了相机。经了解，是客人购物时把相机放到柜台上忘了拿走。"雪鸥"说，当白蛇谷景区用快件把相机寄来并附带道歉信时，她很感动，马上写了感谢信寄往蓟县白蛇谷景区。

思考：白蛇谷景区避免与游客矛盾激化的原因及方法。

点评：由于旅游者在旅程中不断变换地点，加之个人记忆力不佳、注意力不断转移、粗心大意等主观原因，以及景区管理不善的客观原因，容易导致游客丢失物品。这种事情在旅游过程中是很常见的。本案例中"雪鸥"丢了价值2万余元的相机，情急之下准备投诉。白蛇谷景区经理主动帮助游客找回了相机，为景区赢得了赞誉，为游客挽回了损失，避免了游客的投诉。

思考题

1. 该如何看待服务？旅游景区服务有哪些特点？
2. 旅游景区服务主要是由哪些要素构成的？
3. 分组讨论获得游客满意的景区服务有哪些特征。
4. 实训练习题：调查当地某一景区，谈谈它的景区服务有哪些优点值得推广学习，有哪些不足需要吸取教训。

参 考 文 献

[1] GB 5749 生活饮用水卫生标准.
[2] GB/T 10001.1 标志用公共信息图形符号. 第1部分：通用符号.
[3] GB/T 10001.2 标志用公共信息图形符号. 第2部分：旅游休闲符号.
[4] GB 16153—1996 饭馆（餐厅）卫生标准.
[5] GB/T 16767—2010 游乐园（场）服务质量.
[6] GB/T 16868—2009 商品经营质量管理规范.
[7] GB/T 18971—2003 旅游规划通则.
[8] GB/T 18973—2003 旅游厕所质量等级的划分与评定.
[9] GB/T 26355—2010 旅游景区服务指南.
[10] 王瑜. 旅游景区服务与管理. 上海：上海交通大学出版社，2011.

项目四
旅游景区产品管理

学习目标

- 掌握旅游景区产品的概念及主要类型
- 了解旅游景区产品的生命周期
- 掌握旅游景区产品的创新原则和方法
- 对比认识不同角度下的景区产品组合策略

项目架构

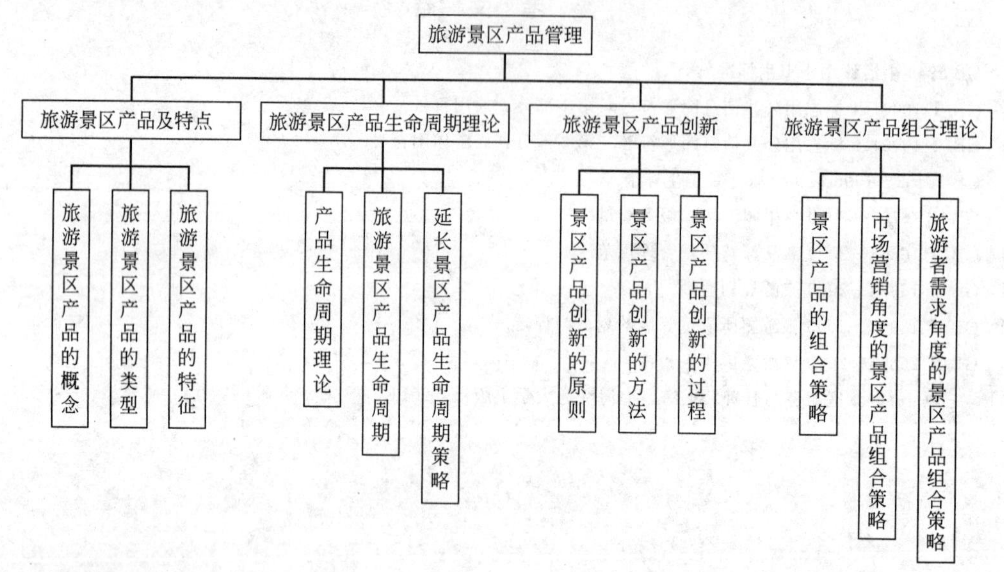

工作任务

情景：“公园里的前卫建筑被当公厕使用”，“因为远离市区，前来游玩的市民寥寥无几”，“公园管理、维护长期处于空白状态”……近日，有媒体曝光，投资 3000 万元，集聚国内外 21 位顶尖建筑家、艺术家作品的浙江金华建筑艺术公园在建成五年后，面临着由奢华公园变“废园”的尴尬。

随着居民旅游消费意识的觉醒，主题公园在我国遍地开花。据国家旅游局资源开发司统计，1989 年全国人造景观只有 30 余处，可是经过 20 余年的发展，已有主题公园超过 2500 个。纵观长三角地区，几乎每个一二线城市都拥有一个或多个主题公园，部分三线城市甚至也不惜投入巨资建设主题公园。

数量虽多，经营状况却不佳。沉淀了 1500 亿元投资的主题公园，其中 70%处于亏损状态，20%持平，只有 10%左右赢利。因经营不善短期内纷纷倒闭的主题公园更是屡见不鲜：广州的世界大观开园 1 年多后达到鼎盛，当时每月进账 2000 万～3000 万元，客流量也达 10 万人次之多，但是第三年就陷入债务风波，2009 年 8 月宣布无限期暂停营业；上海福禄贝尔乐园 1997 年建成，投资额高达 10 亿元，刚过 1 年就倒闭了……

任务：如果你是浙江金华建筑艺术公园的经营者，如何尽快让这个主题公园摆脱生存危机？

点评：产品是景区的灵魂。打造主题公园要以资源为基础，以市场需求为导向，要让游客在吃住购娱乐的过程中自觉体验到原汁原味的文化状态，将主题公园的意义扩展到整座城市中，从而提升城市整体生活品质。这需要景区经营者推进主题公园的自主创新能力，延伸品牌赢利链条，加快主题公园产品的转型升级，进一步推进涵盖多功能复合型的旅游综合体。

任务一 旅游景区产品及特点

一、旅游景区产品的概念

课堂讨论

景区产品是旅游产品吗？在湖北省博物馆内，曾侯乙编钟、越王勾践剑、编钟乐舞表演、讲解员服务、宣传手册、纪念品商店，这些都属于景区产品的范畴吗？

从现代经营的角度看，产品是指能提供给市场用于满足人们某种欲望和需求的任何事物。景区的产品就是指景区为满足旅游者多样化的需求而提供的有形实体和无形服务的总和。

（一）旅游产品和景区产品

从需求的角度来看，旅游产品就是旅游者从离家外出开始直至完成全程旅游活动并返回家中为止这一期间的全部旅行经历的总和；从供给的角度来看，旅游产品是指旅游目的地为满足来访者的需要而提供的各种旅游活动接待条件和相关服务的总和。

1. 景区产品是一种旅游产品

景区产品具有一般服务产品的特点，如顾客参与产品的生产过程，员工是产品的一部分以及不可储存等。另外，作为旅游产品，景区产品又具有自己的独特性，如只向购买者提供共享使用权，消费者只享有暂时使用权以及产品的不可移动性等。

2. 景区产品是一种体验

景区产品就是一种体验。无论是有形的景观、设施还是无形的服务，都是旅游者无法带走的，旅游者能得到的只是一次旅游的经历和在景区所获得的体验。景区的有形部分，如景区建筑、文化遗址、自然景观、商店、餐厅等，这些都会给游客带来视觉的感受和审美的心理。

（二）旅游资源与景区产品

旅游资源是旅游产品开发的基础，尤其是景区产品。根据旅游资源与旅游产品的关系，可以将旅游资源划分为资源产品共生型、资源产品提升型和资源产品伴生型三种模式。

共生型是指资源品味较高，具有较强吸引力，不需经过大规模开发即可转变为某种产品的旅游资源。我国旅游业发展之初的“二老”型产品（老天爷留下的自然景观和老祖宗留下的文化古迹）即属于这种类型。

提升型是指旅游资源品味较低，将资源开发为旅游产品需要较大的资金投入，开发强度较大的旅游资源。我国 20 世纪 90 年代的多数开发行动就属于这种情况。

伴生型是指某些功能上属于其他类型的设施或场所，同时又具有一定旅游功能的情况，如北京天安门、上海外滩等。

（三）景区产品的构成

景区是为了满足旅游者多样化的休闲娱乐需求，景区的单项产品总是针对旅游者的某一特定需求而设立的。旅游者需求的多样化决定了景区娱乐项目和活动的多样化，各种各样的单项产品是景区整体产品的基本组成单元，它们共同构成了景区的产品体系。

从市场营销角度看，景区产品同其他产品一样，也具有整体概念。市场营销理论中的产品整体概念包括核心产品、形式产品和延伸产品三个层次。如图 4-1 所示。

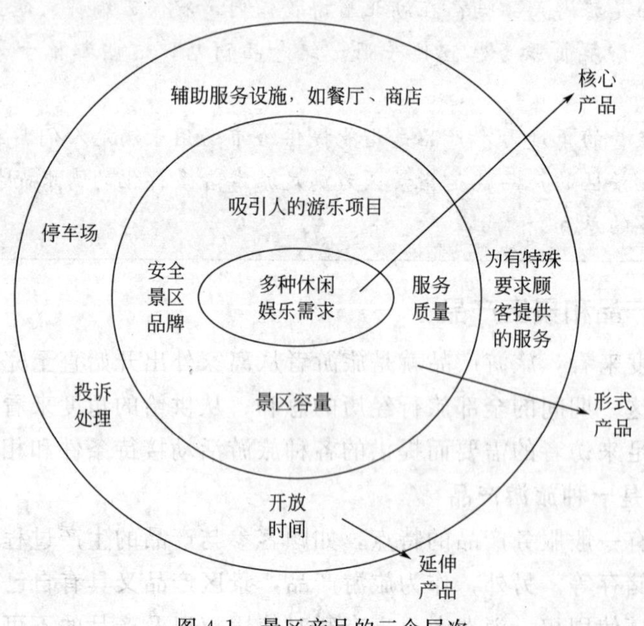

图 4-1 景区产品的三个层次

1. **核心产品层**

核心产品是旅游者购买的基本对象。景区产品的核心是指旅游者在旅游过程中所追求的基本效用和利益。旅游者购买旅游产品是为了得到它所提供的“审美和愉悦”、“观赏和享用”或“操作和表现”的实际利益，以满足自己“愉悦心情”、“放松身心”、“丰富阅历”的需要。

2. **形式产品层**

形式产品是核心产品借以实现的形式，即向市场提供的实体和服务的对象。如果形式产品是实体物品，则它在市场上通常表现为产品质量水平、外观特色、品牌名称和包装等，产品的基本效用只有通过某些具体的形式才得以实现。景区的形式产品指的是景区的环境氛围、休闲娱乐设施和场所、餐饮与购物、导游服务等满足旅游者利益的实体和服务的对象。

3. **延伸产品层**

延伸产品是消费者购买有形产品时所获得的全部附加服务和利益，包括提供信贷、免费送货、保证、安装、售后服务等。景区的延伸产品是指旅游者在景区获得的额外服务、交通条件、停车场等。

通过对景区产品的整体认识，景区可针对现有的产品进行层次分析。做到景区的核心产品实现旅游者的利益，有形产品满足旅游者的需求，延伸产品增加旅游者的选择机会，从而提高景区在市场中的核心能力。

综上所述，景区产品是旅游产品的一种。由于景区产品有核心产品、形式产品和延伸产品三个层次，所以在湖北省博物馆内的曾侯乙编钟、越王勾践剑、编钟乐舞表演、讲解员服务、宣传手册、纪念品商店全属于景区产品。

二、旅游景区产品的类型

（一）依据旅游产品的分类

1. **广义的景区产品**

它由景观（吸引物）、设施和服务三类要素构成。其中，景观（吸引物）是指自然实体和历史文化实体（包括文化氛围和传统吸引物）所组成的中心吸引物。它是吸引潜在旅游者产生旅游动机的关键。设施包括基础设施和游乐设施，通常为一些现代建筑物。服务则是旅游者在体验景观和身处设施场所中接收到的物质或精神上的享受，通常是非物质形态的。

2. **狭义的景区产品**

它仅指旅游景观（吸引物），不包含设施和服务。

（二）依据景区产品的功能分类

1. **陈列式**

它是景区产品的基础层次，以自然资源风光与人文历史遗迹为主要内容。陈列式景区产品属于最基础的景区产品形式，是旅游规模与特色的基础。

2. **表演式**

它是景区产品的提高层次，以民俗风情与游乐为主要内容。表演式景区产品的功能在于满足游客由“静”到“动”的多样化心理需求，通过旅游文化内涵的动态展示，吸引游客消费向纵深发展。如著名导演张艺谋的印象丽江和印象西湖，就为丽江古城和西湖风景区增色不少。

3. 参与式

它是景区产品的发展层次，以亲身体验与游戏娱乐为主要内容。参与式景区产品的功能在于满足游客的自主选择、投身其中的个性选择，是形成旅游品牌特色与吸引游客持久重复消费的重要方面。

（三）依据旅游产品的性质分类

1. 观光产品

它是供旅游者观赏、游览的旅游产品；是供旅游者购买的自然风光、文化内涵的展示品；是旅游产品的初级产品。我国大部分旅游景区产品都属于观光产品。其特点是：参与性较低，游客停留时间较短，消费水平不高，回头客较少。

2. 度假产品

它是供给旅游者在一定时间内度假消费的旅游产品。景区地点一般选在风景优美、气候适宜的地方，旅游者对环境、设施、服务质量的要求较高，游客一般停留时间较长、消费能力较高。娱乐、健身、疗养等产品是度假产品的主要内容。

3. 专项产品

专项产品是供给专门化、主题化、特种化的产品，在现代旅游产品中所占的份额越来越大。其类型丰富多彩，比如会议旅游、商务旅游、购物旅游、节庆旅游、体育旅游以及生态旅游等。

（四）依据旅游产品内部布局的分类

1. 品牌产品

它是旅游景区的导向性产品，即主打产品，对市场有主导作用。在景区中最具竞争力的产品，代表着景区的旅游形象。

2. 重要产品

它是整个产品布局体系的支撑，是品牌产品的外延和景区的主力产品。

3. 配套产品

它不具备强大的市场吸引力，但可以丰富景区的产品结构，满足次要旅游者的需要。

三、旅游景区产品的特征

旅游景区产品是旅游产品的一种，而旅游产品又是服务产品的一种。因此，旅游景区产品具有服务产品的一般特性，即不可储存性、不可转移性、非标准化以及生产与消费的不可分离性等；同时旅游景区产品又具有旅游产品的一些共同特性，如综合性、易波动性、所有权的不可转移性等；此外，旅游景区产品与其他旅游产品也有不同的特征。

（一）旅游景区产品是一种以游览观光产品为主体的综合产品

游览观光产品是指由一定的景观或景物及相应的环境和服务组成的游览观光吸引物综合体。其主要构成有三部分：景物体系、与景物体系对应的游览环境、为实现游览而提供的服务。

（二）旅游景区产品是一种内涵丰富的体验产品

旅游体验过程包括旅游景区为游客提供一种美好难得的、个人所属的、不可复制和不可转让的体验和经历。

旅游景区的体验是旅游体验当中让人感觉最丰富的体验。旅游者在旅游景区的活动，既有静态的景观或表演欣赏，也有动态的活动参与；既有信息的吸收，也有角色的扮演。其体验类型涵盖多方面。

其本质是使游客通过在景区的经历获得各种感受，并综合一种对景区产品的整体体验。

无论是景区有形的景观、设施，还是无形的服务，都是旅游者无法带走的，旅游者得到的只是一次旅游的经历和在景区所获得的体验。景区的有形部分是旅游者获得体验的基础，景区内员工的仪容仪表、态度、行为和能力、旅游者的心理预期以及一些不可控因素都会影响旅游者在景区的总体感受。

（三）旅游景区产品是旅游产品中最核心和复杂的部分

1. 核心的表现

“行”、“住”、“食”是实现“游”的必要条件，“购”一般是由“游”派生的。旅游景区与吃、住、行、游、购、娱六要素的关系均十分密切，其经营的核心是游览和娱乐，同时涉及住宿、餐饮、交通、购物等方面的经营。

2. 复杂性的表现

不同的旅游景区，资源组合程度不同，开发出来的产品不同；而同一旅游景区，资源组合不同，开发出的产品也会不同。复杂性还体现在旅游景区产品是一种有形产品和无形服务的组合，旅游者既产生某些相同的感受，也产生某些个性化的感受。人们游览旅游景区可能是消遣或者享乐，但所追求的核心利益可能是受更复杂的动机和需求驱使的。

任务二 旅游景区产品生命周期理论

一、产品生命周期理论

“产品生命周期”原是市场营销学中的一个概念，早在20世纪初就出现了。它是指一种产品从进入市场到被市场淘汰、退出市场的全部过程。这个过程大体上要经过引入、成长、成熟、衰退四个阶段的周期性变化。在产品生命周期的不同阶段，应采取不同的市场营销策略。

产品生命周期理论问世以来，被应用于许多研究领域，为人们分析某些现象提供了有益的工具。20 世纪 80 年代初，该理论被引入旅游研究领域，产生了“旅游产品生命周期论”。被公认且被广泛应用的旅游地生命周期理论是加拿大学者巴特勒(Butler，1980）提出的。此后，随着旅游业的不断发展和旅游研究的不断深入，旅游产品生命周期理论逐渐丰富，并被广泛应用到旅游产品的实践过程中，如指导旅游产品的营销和规划、预测客源等方面。在景区产品的经营管理过程中运用产品的生命周期理论有助于旅游企业针对处于不同生命周期阶段旅游产品的特点，制定相应的经营对策，积极进行产品的更新换代，不断地推陈出新。

二、旅游景区产品生命周期

景区产品大致也有一个成长、发展的生命周期。但是，对于一些自然景区或历史、文化、宗教、遗址类等景点，生命周期曲线是不适用的。因为这类景区的建立大部分是为了教育、环保等，其初衷并不是为了满足游客的需求，收入也不主要来自游客消费，成熟期也不是游客流量饱和及激烈竞争的表现。所以，大部分学者还是认同生命周期理论更适用于人造景点或专门为吸引游人而投资建设的景区。景区产品的生命周期曲线如图 4-2 所示。

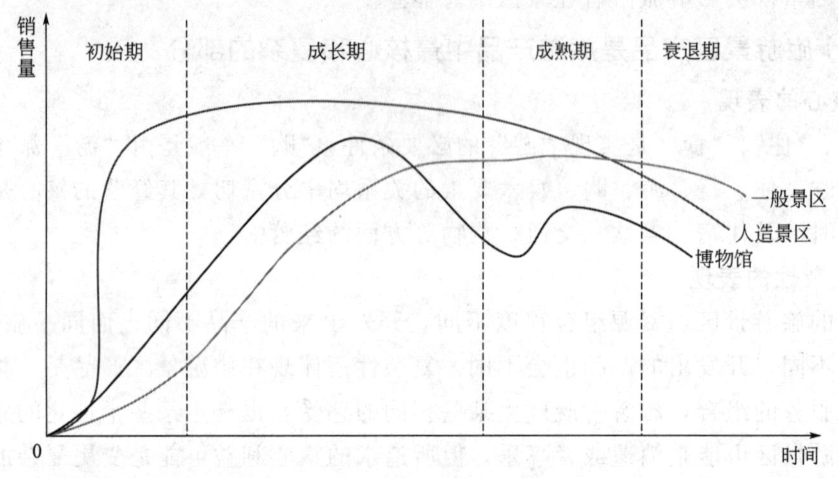

图 4-2　景区产品的生命周期曲线

分析：

(1) 有些景区产品的生命周期曲线会在初创期就达到高峰，即游客量达到最大接待值。这可能是因为初期媒体的炒作和成功的市场营销。此类景区的生命周期一般很短，需要在短期内收回投资和收益，并尽快进行产品的更新改造和升级换代。

(2) 有些景区可能永远不会消亡，如一些公益性的博物馆、世界遗产可能永远不会消亡。因为关闭这些景点是政治和社会舆论所不能接受的，是不符合公众利益的。这些景区往往得到政府在资金、人力等方面的支持。

(3) 有些景区在初创期就夭折。出现这类现象的原因可能是初期可行性分析不当，也包括资金、选址、人力以及外部支持系统不足等问题。

(4) 大部分景区可以通过对景区产品的更新改造和升级换代延长其产品的生命周期。这就要求景区管理人员具有先进的管理水平和经验，可以敏锐地观察到景区衰退期的到来，及时地创新景区产品。

(5) 人造景点的生命周期越来越短。由于竞争日益激烈，顾客需求越来越高，使得人造景点从初创期到需要改造、再投资中间的时间可能缩短到1～2年。

(6) 生命周期理论的假设是产品的价格在整个过程中是一成不变的，这个假设实际上是不可能的。市场中的产品价格是由供需决定的，旅游景区景点也会根据淡旺季来调整价格，以调节游客流量和季节收入。

三、延长景区产品生命周期的策略

处于成熟期的景区产品能给旅游企业带来丰厚的利润。通过对景区产品生命周期规律的认识，旅游经营者可运用适当的策略来延长产品的生命周期，即延长产品的成熟期。景区要延长产品生命周期可以从以下几方面去努力。

1. 产品改进策略

景区通过对处于不同生命阶段的产品进行改进，如通过提高服务质量、改进旅游服务设施和设备、增设心得旅游服务项目和游览项目等方法，可以吸引、保持并扩大旅游市场。

2. 产品更新换代策略

现代旅游者的需求，是一种集多种功能需求于一体，向着高档次、高品位精神文化方向发展的需求，而且总是处于不断的变化中。面对旅游者日益变化的需求，景区只有不断开发新产品，不断实现产品的更新换代，使新老产品在市场上能够衔接，才能保证景区的客源。

3. 市场开发策略

市场开发策略即为处于成熟期的产品打开新的市场，吸引更多的旅游者。其主要有两种途径：一是发展产品的用途。例如原定位为观光旅游的景区，也可作为会议旅游的场所，从而吸引部分会议旅游者。二是开辟新市场。例如欧美已成为我国观光旅游的主要传统客源市场，保持产品生命力的有效方式是寻找新的目标市场，如开发韩国、马来西亚、新加坡等亚洲国家市场。

4. 营销改进策略

根据旅游市场环境的变化，为保持旅游产品的生命力，可以通过提供更多的服务项目、增加广告投入、调整价格、改变销售渠道等方法来刺激旅游者消费。

任务三 旅游景区产品创新

一、景区产品创新的原则

旅游景区产品创新既指旅游景区新产品的开发与设计，又包括原有产品的更新和完善。前者是指景区内旅游生产者初次设计生产的产品；后者指经过部分改动，在内容、结构、服务方式、设施性能上更为科学、合理，更能体现旅游经营意图，与原有旅游景区产品存在显著差异的产品。

传统旅游景区产品由于其个性不足，重形式而忽视内容体验等方面的弊端，越来越不适应旅游者的需求，这就必然要求景区要不断进行产品创新。一个景区只有对其旅游产品不断进行更新换代，才能立于不败之地。旅游产品创新，是景区进行旅游产品结构调整、开发新产品、开拓新市场、不断提高景区竞争力的根本途径。旅游产品创新能力，代表了一个景区开拓市场、占领市场并以此获得盈利的能力。

1. **市场导向原则**

旅游景区产品的设计与开发，必须以旅游者的需求为中心，符合旅游景区产品的发展趋势，满足旅游者的需求变化，以保持旅游业的可持续发展。

2. **符合美学要求原则**

旅游景区产品的设计与开发不仅要体现自然、社会、艺术审美的要求，而且要努力实现三者的协调、融合。

3. **突出主题原则**

旅游景区产品的设计与开发，要根据资源特色、市场需求、区位和环境条件的综合分析，通过创新等手法，确定主题和特色。

4. **多样化原则**

市场的多元化和游客需求的个性化、多样化，决定了一个地区要以旅游立业，同时必须满足不同层次旅游者的需求和单一游客的不同需求两个方面，以吸引不同层次的旅游者。

5. **可持续发展原则**

旅游景区产品的设计与开发必须保持与环境、资源的和谐统一，保证经济效益、环境效益、社会效益的统一。

二、景区产品创新的方法

1. **主题创新**

无论是人文自然景观、人造景观，还是科技参与型的景区，都必须有贯穿该景区产品的主题，主题是景区经营的灵魂。在主题的确定上，必须突出景区的特色，避免雷同，同时还要充分挖掘景区深层次的文化内涵。

2. **功能创新**

景区产品按照功能不同分为陈列式观光游览、表演式展示和参与式娱乐相关活动。陈列式观光游览主要满足旅游者视觉上的需求；表演式展示是在阵列式观光游览基础上的一个提升；参与式娱乐相关活动是对表演式展示的发展，它让旅游者参与到旅游活动中去，从而形成热烈欢快的气氛，让他们在娱乐中得到放松。随着社会的发展，现在大多数旅游者都对参与性比较强的旅游景区感兴趣。

在对景区产品进行功能创新时，一方面要立足市场，因为只有满足市场需求的产品才是适销对路的产品；另一方面要注重景区特色和文化内涵的挖掘。

3. 结构创新

景区产品有观光产品、度假产品和专项产品。观光产品是旅游产品的初级产品；度假产品是比观光产品高一级的产品形式；专项产品是专门化、主题化、特种化的旅游产品。我国旅游景区产品结构状况主要表现在：一是现有的旅游景区以单一产品类型为主，或是观光产品或是度假产品及少量的专项产品。产品结构单一，难以满足旅游者多方面的需求，对旅游者缺乏足够的吸引力。二是我国景区产品总体上以观光产品为主。

景区产品结构创新就是在现有景区产品的基础上开发新的景区产品，是对现有旅游产品的补充。即对原有产品的组合状况进行整合，加强度假、商务、会议、特种旅游等多种旅游产品的开发，以满足旅游者多方面的需求。景区产品在进行结构创新时，应注重丰富产品的类型，形成景区产品体系，注重塑造景区产品的精品。

拓展阅读

一个传统景区的创新生存之道[1]

2012 年 12 月初，山东济南九顶塔中华民俗欢乐园游园旺季已经结束，滑雪游高峰尚未到来。利用短暂的空闲时间，一项工程正在景区内紧张施工。“我们计划利用景区喀斯特地貌条件，打造落差 100 米、宽 80 米的江北最大峭壁瀑布。”济南九顶塔中华民俗欢乐园总经理庞华表示，增强山水景观与人文景观的融合，是景区开业 10 周年之际寻求突破的方向之一。

以节庆创新收获持续吸引力

经过 10 年的成长，济南九顶塔中华民俗欢乐园已汇集了中国傣、壮、藏、彝、佤、摩梭等 16 个少数民族和泉城人家、泰山人家、黄河人家、沂蒙人家、胶东人家和微山湖人家 6 个齐鲁民居，形成了少数民族和山东不同地域文化的大荟萃。春季山歌节，夏季泼水节，秋季赶秋节，冬季冰雪节已经是济南九顶塔中华民俗欢乐园响亮的节庆品牌；同时，节庆活动的推陈出新从未间断。

采访中，多家旅行社表示，九顶塔层出不穷的节庆活动是他们选择向游客推介的重要原因。“旅行社重视的是游客满意度。能获得游客普遍好评，产生口口相传的影响力，这样的景区我们向游客推介起来会底气更足。”淄博乐途旅行社总经理王群说。

山东大学旅游管理系教授王晨光认为，旅游业是建立在产品基础上的，景区要不断推出新的、能打动人心的产品，才能让游客感到新鲜，才能吸引游客。“迪斯尼每年要换掉三分之一的游乐设施，其品牌没有变，内涵却在持续变化。”

抢占夜间旅游市场空白

---

[1] 于鹏、刘春蕾. 一个传统景区的创新生存之道. http://paper. dzwww. com/dzrb/content/20130114/Articel11002MT. htm. 2013-1-14.

近几年，大型实景演艺项目在全国遍地开花让曾经被忽略的夜间旅游市场日渐火热。与泰安、青岛、威海等地夜间旅游迅速升温不同，济南夜间旅游开发鲜有进展。

2012年，济南九顶塔中华民俗欢乐园敏锐地捕捉到这一市场空白，便于6月19日至8月31日，首次尝试推出夜间旅游，并进行大胆创新。好莱坞实景剧《山洪暴发》、马战、泼水节、非洲风情舞蹈、民间绝技表演等白天项目在夜间再度上演，篝火晚会、啤酒狂欢节等活动更是让夜间旅游活起来。

一位淄博的游客在游记中写道：热闹与宁静，在九顶塔的这个夜晚，两种截然不同的欢愉我都体验了。经历了《山洪暴发》的宏大气势和篝火晚会的歌舞狂欢，当人群散去，最美的是趴在帐篷里安静地仰望星空。

庞华表示，旅游业发展到今天，单纯的观光旅游已经不能满足游客的需求，参与性主题活动更能引导游客深度游。“九顶塔一直以来致力于打造体验式、互动式旅游，并将这种理念渗透到每一个策划、每一次活动。”

擅做加减法盘活景区资源

作为一个有10年历史的景区，九顶塔的可贵之处在于紧跟旅游业转型升级的节奏，擅长运用加减法，盘活景区资源形成组合特色。

为迎接滑雪季，济南九顶塔中华民俗欢乐园推出优惠政策：冬季游客游园、会议、住宿可免费滑雪。“九顶塔并不是专做滑雪旅游的景区，但是它的特色在于将滑雪与游园、住宿以及娱乐活动相结合。”济南旅游百事通国际旅行社总经理田萍认为，这既能延伸滑雪游，增加游客冬季旅游的乐趣，又能缓解淡季游园市场的冷清。“与个别景区每逢淡季就大放假相比，九顶塔已经构建了比较完整的四季旅游产品体系。”

站在10年的节点上，庞华说，近几年景区的知名度和认可度持续升高，游客接待量和旅游综合收入连续两年保持30%以上的增长。在节庆活动创新的同时，硬件设施的改造提升也为打造景区特色加分。继推出蒙古包、窑洞、朝鲜民居等主题客房后，“江北最大峭壁瀑布”项目计划于2013年春天完工；景区会议中心项目已经列入2013年发展规划。

三、景区产品的创新过程

旅游景区产品的创新过程可分为五个阶段：确定问题、收集主意、筛选方案、实施方案、评估与修正。

（一）确定问题

创新之初，首先要对景区产品现状进行分析，了解存在的问题，或对现存问题大致取得共识。问题的确定意味着产品创新的发展方向，也意味着创新最后获得的成果是否有价值、有意义，以及价值和意义的大小。

（二）收集主意

问题确定之后，就要寻找解决问题的办法，即收集主意。这一阶段有以下三点需要注意。

(1) 重视权威发言人。最有发言权的往往是两种人：一是在第一线工作的销售员、导游员、驾驶员、服务员等，他们天天直接接触产品、客人，对于产品的优缺点有较好的了解，对如何改进老产品、设计新产品也往往能提出真知灼见来。二是旅游者和旅游商，因为前者直接消费旅游产品，后者常有意识地了解旅游者对产品的意见。所以，收集主意最重要的是倾听一线工作人员、旅游者和旅游商的意见。

(2) 收集意见之初，应鼓励一切人出主意想办法。对任何人提出的意见，都一律举双手欢迎。

(3) 创新的决策者必须随时观察，才能有希望收集更多的创造性建议。

(三) 筛选方案

对于决策者来说，创新过程中最重要、最需要的能力是判断能力，即从多种方案中挑选出最合适、最可行的方案的能力。这种判断能力实际上就是预测和选择能力。

1. 产品定位

决策者必须在助手的帮助下做到知己知彼，既了解自己的产品，包括组成这一产品的各种部件，了解产品的优点和缺点、长处与不足、可能性与局限性，也了解市场的需求。通过多种信息渠道，了解细分市场的具体要求，从而正确地为新产品定位。

2. 可行性研究

对于重要的旅游新产品，如投资大、风险大的项目，可行性研究是完全必要的。主要决策者必须对可行性研究的结果持严肃的科学态度。

3. 果断、谨慎

要想从多种方案中挑选出最合适、最可行的方案，决策者还必须既果断又谨慎。

(四) 实施方案

实施方案中值得下工夫的两件事就是注意配套和注意细节。一项全新的旅游产品要取得成功，事前周到的考虑和安排是必不可少的。主要决策者和下级一起考虑配套与细节也完全值得。配套指的是为主要项目提供的辅助性设施与服务；细节指那些往往被人们忽视的细枝末节。

(五) 评价与修正

新产品推出之后，需要跟踪，不断地从旅游产品的实际提供者（即一线人员）和使用者（旅游者和旅游商）两方面了解对产品的反映，及时发现问题，尽快加以解决，并努力使产品日趋完善，客人常见常新。

任务四 旅游景区产品组合理论

产品生命周期理论在产品创新中的应用大都是基于对单项景区产品市场发展规律

的充分认识后，根据这些规律采取适当的产品创新对策。然而在景区的实际经营活动中，我们发现旅游者购买的通常是景区旅游产品的组合产品，因为旅游者到景区游玩所期望得到的是一次能满足他们多种休闲娱乐需求的经历。

一、景区产品的组合战略

景区固然需要充分满足旅游者的多种需求，但是并不能开发出市场上流行的所有种类的旅游产品。这就要求景区根据自身的资源状况、经营状况、目标市场的需求情况、市场和竞争态势等变量，开发最适合景区经营的若干种优势产品，构成产品组合。目前我国国内对景区产品组合战略的实证性研究工作涉及不多，这里介绍几种国外专家学者总结的常用的产品组合方法。

1. 一般选举组合法

一般选举组合法以市场引力和区域强度为两个基本尺度，评价产品的地位。而这两个基本尺度是多种因素相互作用表现出的变量指标，市场引力受市场规模、市场增长率、竞争态势等影响，区域强度则由产品质量、市场规模、市场有效性等共同决定。将市场引力分成高、中、低三种水平，将区域强度分成强、中、弱三个档次。根据产品在这两维矩阵中的位置，组合为综合强引力型、综合中等引力型以及综合低引力型三大类。如图 4-3 所示。

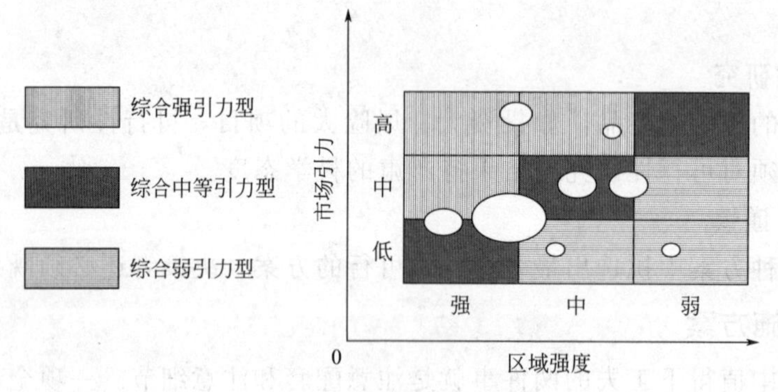

图 4-3　一般选举组合法

2. 波士顿矩阵组合法

波士顿咨询集团矩阵模式（BCG）的重点在于分析企业所提供的各种产品，即分析企业的所有产品。这种方法对企业所提供的每一个产品，就其市场增长率和市场份额两个维度进行分析。当该矩阵运用于景区的产品分析时，市场增长率是指最近数年来热衷于某种旅游产品的旅游者的增长率，而市场占有率则是指选择某种旅游产品的旅游者人数与其最大竞争者所占市场份额的比值。根据景区产品在增长率和份额态势矩阵中的具体位置，可以确定产品的位置。如图 4-4 所示。

通过波士顿矩阵的分析，景区将会把注意力集中到景区的资金流动管理与投资规划、拓展与发展多元化产品、重视人力资源管理、重视员工的创新知识等方面。但是，运用波士顿矩阵模式在分析景区产品时会出现一些难题。如波士顿矩阵假设某项产品的市场份额是相对可预测的，但景区很难做到这一点，因为景区的市场没有准确

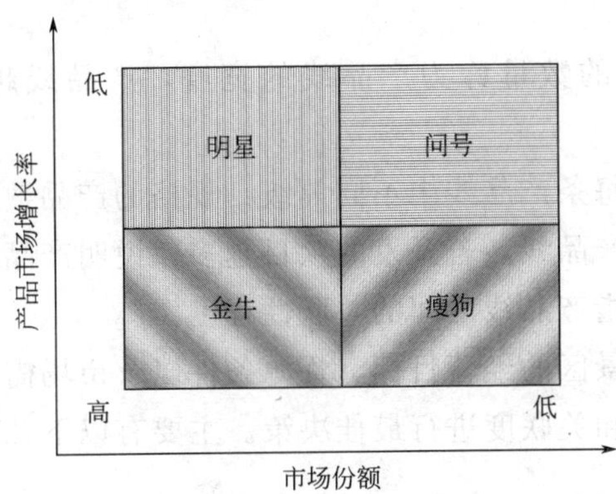

图 4-4 波士顿矩阵组合法

的定义，无法精确计算。

3. 产业—吸引力分析矩阵

产业—吸引力分析矩阵是在波士顿矩阵的基础上发展而来的。该矩阵用客源地区吸引力代替原来的市场增长率，用目的地地区竞争地位代替市场份额。这种方法便于对某一特定旅游目的地的不同客源市场进行分析比较，同时也可以对旅游目的地所处的竞争地位加以评价。从这一矩阵中，我们可以分析得到最具吸引力的客源市场，以及旅游目的地竞争力在客源市场上的体现。同样，将市场增长率和目的地地区竞争力作为矩阵的两个轴标，并将每一轴分成高、中、低三个等级，这样矩阵中共有 9 个板块，分别显示目的地与客源地构成的总体吸引力大小。如图 4-5 所示。

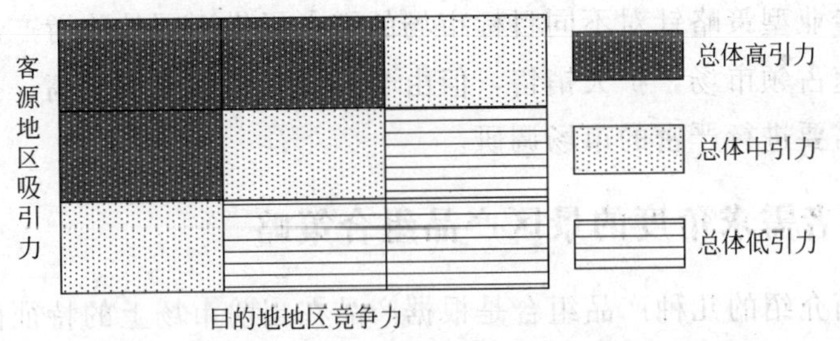

图 4-5 产业—吸引力分析矩阵

区域旅游的产业—吸引力分析矩阵用来分析景区在同类景区和在区域内所有景区中的竞争力和景区的客源地吸引力，对景区产品的开发具有参考价值。例如，景区可以根据主要客源市场的需求开发适销对路的产品，增强景区的竞争力。

二、市场营销角度的景区产品组合策略

从市场营销角度来讲，景区的旅游产品组合是指景区的经营者提供给市场的全部旅游产品线的组合方式。首先，我们需要了解产品组合的相关概念，如产品线、产品线的宽度、产品线的深度和关联度。

产品线是指密切相关的、满足同一类需求的一组产品。例如，景区为满足旅游者的水上娱乐需要而开发的系列产品，如竹筏漂流、橡皮艇、游船等水上娱乐项目组合

而成的产品线。

景区所拥有产品线的数量称为产品线的宽度，产品线越多，说明产品线宽度越大。

产品线的深度是指每条产品线中不同等级、规格的产品数量的多少。例如，上文描述的水上娱乐产品的产品线，若开发的项目越多，说明产品线的深度越大。

产品线的关联度是指产品线之间的关联性程度。

景区的经营者根据景区的经营目标、资源条件以及市场需求和竞争状况，对景区产品组合的宽度、深度和关联度进行最佳决策。主要有以下几种策略。

1. 全线全面型策略

全线全面型策略是指增加产品线的宽度，经营多种旅游产品以满足多个市场的需要。这种策略能满足不同市场的需要，有利于扩大市场份额，但经营成本相对较高。

2. 市场专业型策略

市场专业型策略是指向某一特定的旅游市场提供其所需要的多种旅游产品。这种组合策略对某一景区来说，由于景区本身资源、资金、管理等条件的限制，实施难度较大，但以区域旅游为整体的旅游目的地来说，开发目标市场所要求的旅游产品能维持并扩大市场份额。

3. 产品系列专业型策略

产品系列专业型策略是指旅游目的地或企业专门经营某一类型的旅游产品来满足多个目标市场的同一类需要。

4. 特殊产品专业型策略

特殊产品专业型策略针对不同目标市场的需求提供不同的旅游产品。这种策略有助于旅游者快速占领市场，扩大销售，但由于开发和销售成本较高、投资较大，因此采用这种策略需要进行严密的市场调研。

三、旅游者需求角度的景区产品组合策略

如果说上面介绍的几种产品组合是根据产品在当前市场上的特征而进行创新性的组合的话，那么景区还应从旅游者的多种休闲娱乐需求出发，遵守个性化和务实性的原则，采取相应的策略来组合景区的现有产品。一般来说，景区主要有形象链策略、关联性策略、个性化策略、差异化策略、R&D 策略和价值链策略 6 种产品组合策略。

1. 形象链策略

景区应该有一个鲜明的定位，简单地说，就是要打造出能在旅游者心中留下深刻印象的旅游形象。这种形象一旦深入人心，朝着这种定位主题而开发的旅游产品就能迅速进入市场，更容易成为旅游者的选择方向和多重选择对象，从而为景区取得可观的市场份额。

景区产品组合的形象链策略有三种基本表现形式：一是横向延伸模式，就是突出主题的轴线地位，在轴线的延伸方向选择产品组合；二是纵向延伸模式，就是围绕主题的轴线，扩充主题内涵，进行产品组合；三是扩充模式，就是上述两种模式的复合

叠加。

2. **关联性策略**

景区是具有一定空间尺度限制的旅游目的地形态，旅游者在景区中的活动通常会受到一定时间尺度的限制。也就是说，旅游者对景区产品的选择是在有限的时空条件下进行的。这种限制条件，决定了景区在进行产品组合时必须尊重旅游者的习惯游乐行为，而旅游者的习惯游乐行为是具有特殊规律性的行为。因此，旅游主题公园的产品组合必须反映这种规律性，采取关联性策略，将展示性产品、表演性产品、乘骑游乐产品、活跃气氛类产品、餐饮类产品、购物类产品等有机地组合起来，才能在满足旅游者需求的前提下提高景区的经营管理水平。

3. **个性化策略**

景区应该具有竞争者无法模仿的特色资源优势。例如，周庄的定位是独具特色的江南水乡形象，体现的是江南典雅的文化底蕴，产品的开发应与“江南水乡”特色的主题相协调，强化水乡的特色和个性。周庄产品的组合以一种专业化的组合模式来体现其独具一格的特色，还有另一种模式是以集团化连锁经营的组合模式来体现产品的个性。如迪斯尼公司在美国本土、日本东京、法国巴黎及中国香港等地开发的5个旅游主题公园都只有一个主题——神奇王国，而且主要是由美国小镇大街、幻想世界、冒险世界、明日世界等几部分组成，形成了对全球休闲娱乐形态的示范作用和冲击力。

4. **差异化策略**

由于受到多方面因素的影响，景区要想获得准确的客源市场预测极为困难。主要影响因素有：一是旅游者选择休闲娱乐形态的“自发倾向严重”；二是旅游者规模增长，不仅受旅游地建设的影响，而且受旅游客源地社会、经济的制约，还受旅游者个人偏好的干扰；三是旅游需求淡旺季差异明显；四是预测方法的局限性。为了提高旅游者的游览率和重游率，景区就会采取差异化策略进行产品组合。

5. **R&D 策略**（Revolution and Development Strategy）

随着旅游业的迅速发展和日益成熟，旅游者的休闲娱乐需求也日益提升和多样化。再加上旅游业市场竞争的日益激烈，都推动景区选择创新发展之路，不断通过更新改造来提升品质，实现可持续发展。在这种条件下，R&D 策略就成了景区进行产品组合的基本策略。

6. **价值链策略**

在满足旅游者多样化休闲娱乐需求的条件下，追求投资回报的最大化和企业长期利益的最优化，是景区实施产品组合策略的根本动力和基本目标，这是市场经济规律的客观要求。价值链策略就是以旅游者的消费行为规律和投资者的经营管理理念为指针，在提高旅游者休闲娱乐满意度的前提下，对不产生价值的差评从经营链条上舍去，增加增值性产品在经营链条上的分量，不断拓展价值链上具有成长潜力的新增长点产品，从而优化景区的产品体系。

案例分析

国内主题公园竞争加剧　同质化严重须创新思路[1]

中国主题公园行业自1989年深圳“锦绣中华”开业至今，经历了20余年的发展历程，主题公园产品已从最初的缩微景观简单陈列发展为现今以动漫、电影故事为主线，以高科技、惊险刺激游乐项目为载体，以文化故事为灵魂的综合性游乐产品，与国外主题公园差距正逐步缩小。

有关专家指出，近年来主题公园在国内各城市密集建设，导致产品同质化现象严重，亟须找准文化主题定位，实现差异化竞争；与此同时，以北京欢乐谷为代表的一批主题公园产品从硬件、软件和产业融合等角度出发，对国内主题公园的创新发展具有一定示范意义。

——国内主题公园竞争加剧

中国首个“愤怒的小鸟”主题公园将落户浙江海宁，山东济南将于2014年建成非物质文化遗产博览主题公园……主题公园这一发源于国外的新兴旅游业态正在中国各地形成一股建设热潮。

在11月15日举行的第二届中国主题乐园产业论坛上，多位业内专家表示，随着人民生活水平的提高和大众休闲需求层次的稳步提升，主题公园作为休闲旅游的一个重要载体，越来越受到广大游客的喜爱，成为旅游市场的新宠。随着大批主题公园的兴建和连锁主题公园的扩张，国内主题公园行业竞争日趋激烈。

北京欢乐谷总经理赵小兵介绍，随着今年5月武汉欢乐谷的开业，华侨城旗下的欢乐谷品牌形成了“东西南北中”的连锁战略布局；深圳华强文化科技集团旗下的方特系列主题公园以原创和动漫为主打元素，高调进军国内二线城市，目前已在青岛、芜湖、株洲、沈阳、重庆、郑州、汕头等8个城市建成主题公园，并与多个国家签约，计划整体打包出口，使中国成为继美国之后第二个大型文化主题公园出口国；广州长隆集团旗下的多个主题公园则主打度假区概念，整合陆上公园、水上公园、动物园、度假酒店等资源，走出区域化、多元化精英路线。

赵小兵表示，在硬件产品、软件配套建设等方面，国内主题公园与国外同行的差距正逐步缩小。硬件产品方面，国外先进主题公园普遍具备四大特点：第一，游乐设备与主题文化吻合。设备的选择、包装设计、设备名称等均以主题文化为核心展开。第二，游乐设备容量相对较大，能满足游客高峰期的接待需求。第三，游乐产品组合专一。如迪斯尼、环球影城等主题公园强调合家欢的设备选型方向，而美国六旗过山车公园（Six Flags）、日本富士急游乐园（Fuji-Q Highland）则偏向于刺激性的游乐项目。第四，游乐产品科技化。游乐设备和科技结合紧密，如迪斯尼乐园的Sorin，Mission Space等游乐项目均运用了高科技手段，让游客体验到娱乐梦幻的快感。

---

[1] 孙伟丽．国内主题公园竞争加剧，同质化严重须创新思路．http://news. xinhua08. com/a/20121116/1064373. shtml 2012-11-16.

在软件建设方面，迪斯尼、环球影城等主题公园在规划初期，均已拥有成形的、知名度较高的、有一定市场基础的主题形象和故事情节。巡回演出以内容为王，通过整合旗下电影人物、故事情节和场景元素，依托高科技的舞美、特效手段，凭借卓越的制作班底，为游客营造富有共鸣的、高品质的、震撼刺激或唯美梦幻的场景表演。

赵小兵说，目前国内很多主题公园在硬件产品上已能够和国外同行看齐。在软件建设方面，近年来国内主题公园的演出也开始受到欧美主题公园的影响，多举办大型“Show”风格的巡回表演、动漫情景表演、小剧场演出，开展游客和主题人物合影留念等活动。然而由于缺少能引起共鸣的主题和精良的制作，多数中小型主题公园还难以形成与国际知名主题公园旗鼓相当的品牌性表演。

——未来发展需注重文化性、差异性、融合性

专家指出，国内主题公园未来要实现良性发展应特别注重主题文化的规划和设计，突出产品特色，打造差异化优势，同时加强与文化产业、创意产业等相关领域的融合发展。

旅游规划专家王兴斌表示，不论是硬件产品的开发规划还是软件产品的设计，主题公园首先要保证园区要素与园区主题文化的关联性和一致性，在潜移默化中强化游客对公园主题文化的认可度，将景区文化内涵传播到消费者中，形成主题公园的主题品牌效应。因此，主题公园的产品设计必须要以其核心文化为导向，如果偏离了核心文化，主题公园将失去灵魂。

北京绿维创景规划设计院副院长谢邦林认为，我国主题公园大多照搬国外模式，缺乏本土化的完整设计思路和服务体系，未来应注重差异化发展。谢邦林发现，北京很多景区内销售的商品种类单一，内容相似度高，且质量参差不齐。他认为，主题公园应结合自身特色和品牌优势，打造景区特有的纪念商品。从新产品开发、评估、销售到游客反馈，建立一套完善的园内商品开发销售机制，定期淘汰质量差、缺乏吸引力的商品，逐步增强景区主题商品的品牌影响力，做到商品经营的“独家”。

思考：当前，我国主题公园发展的最大问题是什么？你有何对策？

点评：主题公园景区与文化产业、创意产业等相关领域应加强合作，充分利用景区的市场要素和游客资源支撑，进一步开拓旅游市场文化演出的市场潜力和影响力，为主题商品注入文化创意元素，丰富景区的文化内涵，为游客提供独特的文化体验。

思考题

1. 以博物馆为例，说明博物馆作为景区整体产品由哪些要素构成？

2. 什么是景区产品生命周期？分组讨论不同生命周期阶段的景区产品的创新策略分别是怎样的。

3. 老年人喜欢具有文化传统的景区，而年轻人更青睐高科技主题的景区，以国内某一景区为例，你认为应如何进行产品创新？

参 考 文 献

[1] 张凌云. 旅游景区管理（第 4 版）. 北京：旅游教育出版社，2012.

[2] 王瑜. 旅游景区服务与管理. 上海：上海交通大学出版社，2011.

[3] 王昆欣. 旅游景区服务与管理（第 2 版）. 北京：旅游教育出版社，2008.

[4] 董观志. 景区经营管理. 广州：中山大学出版社，2007.

项目五

旅游景区营销管理

学习目标

- 认识景区营销性质与内容
- 了解景区营销战略的制定
- 理解景区营销策略组合
- 了解景区营销新方向

项目架构

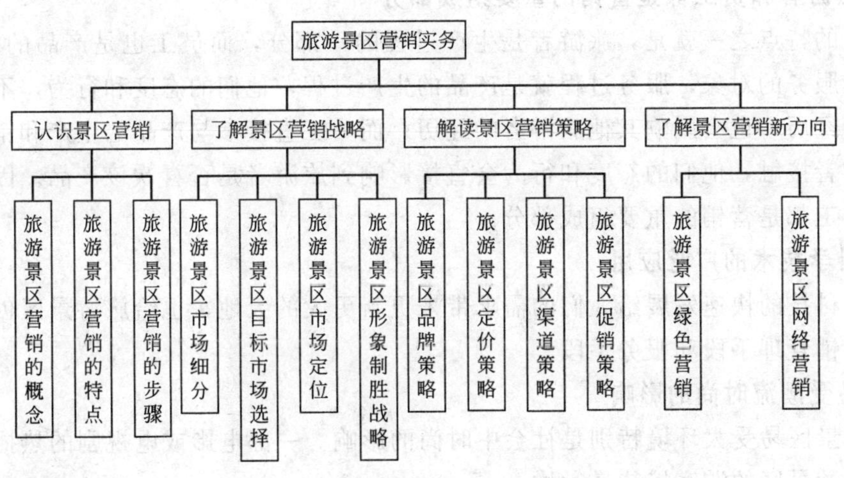

工作任务

情景：由于现在是旅游淡季，景区销售经理要利用淡季时间对景区员工举行一场关于景区营销的培训。

任务：如果你是销售经理，你将从哪些方面来准备？应突出哪些知识点？

点评：景区管理的一项重要任务就是开展营销工作，让旅游者了解景区进而产生旅游的动机。景区营销关系到景区的游客接待量，是景区的生命线，在景区管理中的重要性毋庸置疑。景区营销有哪些内容？如何制定景区的营销战略？如何对景区营销策略进行合理组合？景区营销面临哪些新的趋势？这些都是本项目将要探讨的问题。

任务一 认识景区营销

一、旅游景区营销的概念

旅游景区营销是指旅游景区为了满足旅游者观光游览、休闲度假、康体娱乐等需求，提供相应的产品和服务，以获取效益的一种活动和过程。

景区营销工作是景区推向市场的关键一步。景区作为市场的产品要素，必须获得市场的认可，得到旅游者的青睐，吸引旅游者前来参观游览、休闲娱乐，才能存活。如何才能获得旅游者的青睐呢？要通过营销活动来实现。

二、旅游景区营销的特点

1. 口耳相传的宣传方式

旅游者在购买景区旅游产品时倾向于听取亲朋好友的推荐，所以必须注重提高旅游者出游后的满意度。只有很高的出游满意度，才能有好的口碑宣传效果，这样才有利于景区的营销宣传。

2. 景区产品的共享使用权和暂时使用权

旅游产品对旅游者只能提供产品使用权的暂时性，而且是以共享的方式。

3. 旅游者和员工都是营销的重要组成部分

景区的特点之一就是，旅游者是生产过程的一部分，而员工也是产品的一部分。旅游者是服务的对象，服务过程就是产品的生产过程，他们的态度和行为，不仅会影响自己的经历，也会影响其他旅游者的经历；而员工直接参与产品的生产和销售，直接和旅游者接触，他们的态度和行为会直接影响到旅游者是否喜欢该产品。因此，旅游者和员工都是营销的重要组成部分。

4. 科学技术的广泛应用

现代科技的快速发展给人们的需求带来更新更大的天地，也给旅游景区创造了更先进的营销管理手段和服务手段。

5. 易受潮流时尚的影响

旅游景区易受大环境特别是社会中时尚的影响。一部电影或电视剧的热播可以带动一个旅游景区的游客接待量激增。

6. 明显的季节性

许多以自然资源为主的景区，由于气候等因素的影响，存在着明显的季节性波动。针对这一特点，景区营销主要目的之一就是在旅游旺季之外创造尽可能多的需求。景区营销常常是设法刺激“淡季”的需求，提高淡季时的使用率。由于旅游产品具有“不可储存性”，对淡旺季、团队与散客可以实行差价以实现经济效益的最大化。

7. 固定成本高，可变成本低

景区的初期投资通常较高，而随后经营过程中的成本却相对较低，因此旅游者数量的剧增并不会大量地增加景区成本，而旅游者数量的减少也不会大量地减少成本。

这一点认识对景区营销，特别是定价和促销策略的制定有基本指导作用。

8. 景区属性的差异化

竞争的激烈要求景区进行营销时要突出自身的差异性，进行差异性营销以突出自己独特的形象。各景区的营销目的有很大的差别，这主要取决于景区的属性。私营景区通常是追求利润和市场份额，扩大产品的销售量或取得满意的投资回报率。国有景区的目的主要不是利润，其目的很广泛，包括为社区提供更多的休闲娱乐机会、鼓励贫困人口的参与等。不同属性决定了不同景区在营销力度和对象上的区别。

9. 景区营销主体的多元化

景区营销不仅包括自己推销自己，还包括他人对自己的推销。比如，旅游经销商在其宣传册中利用景点鼓励人们外出度假；政府对国内主要景点做的宣传营销，以鼓励外国人前来游览；地方政府和旅游管理部门将景区作为旅游目的地营销的主要内容。因此，景区营销要突出其独特性和地方性，使之成为区域旅游的代表景区，借势于相关主体扩大影响，使营销工作卓有成效。

10. 开发与保护的矛盾

旅游资源是旅游景区发展旅游的基础，许多旅游资源是不可再生的。所以旅游景区营销不仅要考虑旅游者的需求，而且要考虑旅游资源保护，要将市场需求与旅游资源保护结合起来，使市场营销运行与环境保护得到协调统一发展。

三、旅游景区营销的步骤

营销活动是从市场调查分析、预测，到营销战略的制定，即确定市场细分、目标市场选择、市场定位、产品定位，再到营销策略方案的制定，即制定产品组合、定价、营销渠道和促销措施，最后是营销方案的实施，构成一个完整的营销过程。

拓展阅读

基于游客调查的黄山发展建议[1]

黄山拥有“世界文化遗产”、“世界自然遗产”和“世界地质公园”三项桂冠，具有极高的文化价值、美学价值和科学价值，是国内外闻名的旅游胜地。作为世界地质公园，黄山要接受联合国教科文组织地质公园网络四年一次的公园发展评估，也要接受游客需求更高的挑战。本文基于游客调查结论对黄山在世界地质公园网络的推广、产品体系、科普科考等方面提出了若干建议。

一、黄山游客调查分析

我公司黄山世界地质公园规划课题组于 2011 年针对公园游客人口特征、行为特征和游览反馈评价等方面进行了问卷调查，分析结果如下。

（一）游客人口特征分析

调查样本呈现的游客人口特征为：男性（52.4%）略高于女性（47.6%）；

[1] 宋宁、汪婷. 基于游客调查的黄山发展建议. http://www. venitour. com/NewsDetail. aspx? id＝779，2013-01-28.

25～44 岁的中青年人是主体人群，占 51.2%，其次为 15～24 岁人群，占 26.2%，45～64 岁为 13.7%，14 岁以下和 65 岁以上分别为 7.4%和 1.5%；受教育程度方面，62.9%的游客受过普通高等教育（本科 34.20%，大专 23.90%，研究生及以上者 4.80%），其次高中 23.30%，初中及以下者 13.60%。在游客客源地构成上，以近程市场为主，达 55.8%，其中江苏占 32.6%，安徽占 23.2%；周边省份中，浙江省和山东省所占比例较高，分别占到 10.2%和 7.5%。

（二）游客行为特征分析

对游客的行为特征调查发现：

1. 游客获取信息来源广，亲友同事的口碑宣传影响大

从游客旅游信息来源调查看，亲友同事推荐最多（占 23.3%），说明外界对黄山的口碑与评价对游客的影响很大，很多人是慕名而来；电视（占 20.8%）有着强大的覆盖率，旅行社的长期推荐（占 14.3%）都对游客决策产生了重要影响；但是网络仅占 9.4%，还没有发挥互联网庞大的信息聚集能力和全球推广性，会影响国际游客的出游选择。

2. 游客的旅游动机与消费偏好已趋于多元化发展，但倾向度不明显

黄山绝大多数（占到 89.8%）游客为团队游客，自助游占 10.2%；游客旅游动机除了传统的地质观光旅游（94.8%）外，已有部分游客产生了新的消费偏好，如科考科普（占 0.7%）、温泉疗养（占 0.2%）、艺术创作（占 0.2%）等。说明黄山旅游仍以团队观光旅游为主，多元化需求和多元化产品尚需培育。

3. 消费能力普遍较强，对现有的地质旅游纪念品兴趣有待进一步增强

从消费支出和旅游购物看，30.5%的游客在黄山消费 1000 元以上，所购买的商品首选农特产品（茶叶、香菇、笋干等），占到 34.1%；其次为拐杖、水壶、帽子等爬山必需品（占 21.7%）和根雕、竹雕等手工艺品（占 16.8%）；地质旅游纪念品（如奇石、岩石标本等）和科普读物（如书籍、音像制品、邮票、明信片等）仅占购物比例的 3%左右，地质旅游商品的吸引力还有待提升。

（三）游览反馈评价

对黄山游客游览反馈的调查显示：88%的游客愿意再次来黄山，并呈现四季均衡特征，春季占 26.8%，夏季占 18.9%，秋季占 28.7%，冬季占 25.6%。在游客组织管理方面，87%的游客评价较好，其中 13.7%的游客认为很有秩序，73.3%的游客认为人多，还算有秩序；但有 13%的游客认为人多杂乱，不能接受。游客不满意的地方主要体现为：饮食品种少且昂贵（占 34.2%）、游览拥挤（占 20.4%）、休息设施不够（占 12.5%）、住宿困难（占 11.9%）和交通不便（占 9.8%）。

另外，有部分游客反映了黄山管理、解说、保护、安全等方面的一些意见，比如休闲场所太少；山顶食宿价格偏高；景点应多增加讲解牌和科普知识；导游讲解内容少，相互干扰，个别导游普通话不标准；应限制游客量以保护自然景观；增加人员疏导人流，避免拥堵；缆车排队时间过长等。

二、建议

针对游客调查结果，对黄山在世界地质公园网络的推广、旅游产品结构优化、科考科普旅游提升和地质旅游纪念品开发提出以下几点建议：

(1) 巩固国内年龄在15～64岁的消费主体，除保持良好的口碑宣传外，有效利用新媒体平台和工具加强推广；如世界地质公园网络、欧洲和亚太地质公园网络平台等；扩大海外市场消费，尤其是欧美游客市场，需要确定若干个重点国家率先进行突破。发挥境外旅行商、四大总社驻外机构、国家旅游局驻外办事处、华人华侨商会、国际友好公园与景区的作用，全面加强与海外旅游企业的战略合作，真正使黄山成为国际旅游界的主推产品之一。

(2) 四季联动，增加多元化产品类型，满足游客新的偏好需求。在保持景区内传统观光旅游的基础上，改进科考科普的科学游览体系，开发针对青少年游客、地质科研人员及科学爱好者的地质旅游产品和针对普通大众的科普旅游产品，结合景区内外开发春夏秋冬四季产品，景区周围村镇如汤口、寨西、谭家桥、焦村等可发展休闲度假、会议商务、文化体验等旅游产品，推进黄山景区的旅游产品由观光型向复合多元化转变。

(3) 加大地质科考科普旅游推广力度，发挥黄山景区的科学价值。改善解说系统设置，景点解说要科学、通俗，人员解说要专业、精彩，成立黄山世界地质公园导游讲解队伍，所有团队游客到黄山景区后统一由景区专业讲解员代替团队导游进行地质科普讲解；培养义务讲解员；普及多语种自动讲解器，避免导游使用电子扩音器产生噪音干扰等。

(4) 提升地质旅游纪念品吸引力，增强主题化、系列化，开发有实用价值的地质旅游纪念品，设计丰富且趣味盎然的系列地质读物、地质构造模型、地质特色玩偶等特色纪念品。

(5) 增加人性化服务，提升满意度。根据人流调控景区公交车辆；增加山上休息场所；控制食宿价格，开发平价徽菜；增设帐篷露营地；实行排队的人性化服务；加强垃圾管理，减少污染等。

任务二 了解景区营销战略

一、旅游景区市场细分

旅游景区市场细分是从旅游消费者的需求差异出发，根据旅游消费者消费行为的差异性，将整个旅游景区市场划分为具有类似性的若干消费群体。

1. 按地理环境细分

所谓按地理环境细分，就是以旅游消费者所在的地理位置作为细分市场的基础，然后选择其中的一个或几个作为目标市场。从国内来看，主要有华东旅游区、华南旅游区、华中旅游区、华北旅游区、东北旅游区、西北旅游区、西南旅游区。从国际来看，世界旅游组织将全世界划分为六大区域，即欧洲旅游区、美洲旅游区、东亚及太平洋旅游区、南亚旅游区、中东旅游区。

2. 按人口特征细分

人口特征包括性别、职业、年龄、收入、宗教、家庭结构、受教育程度等，其所包含的变量十分明确，因此按人口特征进行细分的方式是市场细分中最流行的。以年龄为标准来划分，有儿童旅游市场、青年旅游市场、中年旅游市场、老年旅游市场等；按职业、文化程度划分，有商务旅游市场、职工旅游市场、科教旅游市场等。

3. 按购买行为细分

按照旅游者出游时间、旅游目的以及旅游后的感受来划分；按旅游目的可分为度假旅游市场、观光旅游市场、教育旅游市场和探亲访友旅游市场等；按旅游购买方式可分为团体旅游市场、散客旅游市场；按旅游消费者所追求的利益细分，可分为经济型、享受型、时髦型等。

4. 按心理因素细分

按心理因素细分就是按照旅游者的个性、爱好、兴趣等心理因素来划分市场。心理因素属于旅游消费者主观心态，比较复杂难测。根据旅游消费者不同的心理需求，细分市场主要有安逸者市场、冒险者市场、廉价购物者市场。如果按照旅游消费者的生活方式进行划分，可以细分为基本需求者市场、自我完善者市场和开拓扩张者市场（见表 5-1）。

表 5-1　旅游景区市场细分标准及细分因素

细分标准	细分因素
地理因素	空间位置、城市大小、经济地理环境、自然气候、人口密度、城乡分布
人口统计因素	年龄、性别、家庭人数、经济收入、教育程度、职业、宗教、国籍、民族、社会阶层
购买行为因素	购买动机、购买类型、购买形式、购买频率、品牌依赖度
心理因素	个人的性格、气质、生活方式、价值观

二、旅游景区目标市场的选择

市场细分的目的在于有效地选择目标市场。一般来说，景区的目标市场是景区准备在其中从事经营活动的一个或几个特定的细分市场。旅游景区的市场细分与目标市场的选择既有联系又有区别。景区的市场细分是按一定标准划分不同旅游者群体的过程；而目标市场的选择是旅游景区选择细分市场的结果和做出经营对象决策的过程。景区目标市场的选择是在市场细分的基础上进行的。

（一）目标市场选择影响因素

旅游景区要选择目标市场，就必须从区位、资源、成本、销售潜力、服务能力、竞争六个方面对细分市场进行分析，找出旅游景区的优势、劣势、机会和威胁进行综合考虑，选出能体现自身优势、弥补自身劣势、机会最大、威胁最小的市场。

1. 旅游景区区位，也就是旅游景区所在地理位置

主要考虑以下几个方面的问题：与客源地的距离。旅游景区距离客源近，吸引力就大；距离客源远，吸引力就小。

与相邻旅游景区的关系。如果自身产品与相邻旅游景区产品特点反差很大，则会形成互补关系，可增加对游客的吸引力；反之，则会形成竞争同一客源的关系。

与中心城市的距离。中心城市是旅游景区开发的依托中心，因此旅游景区的发展同所依托的中心城市的距离远近紧密相关。距中心城市近，则发展较快；反之，则受到一定限制。

交通条件。旅游区的交通条件，要保证让旅游者进得来、散得开、出得去。若一个旅游景区的交通状况很差，即使资源再好、再有特色，由于游客难以进入，也很难有大的发展。

2. 旅游景区的旅游资源质量

旅游资源质量，包括旅游资源特色、旅游资源功能价值、旅游资源品位等几个方面。

旅游资源特色主要包括以下三个方面：第一，美学特征的概括和抽象。旅游实质上是美学鉴赏，所以美是旅游资源的第一特征，也是特色最突出的表现。第二，单一性要突出。在旅游景区有多种旅游资源，其中有区内最突出、最重要、最有代表性的资源。第三，要素组合要合理。

旅游资源的功能价值体现在以下几个方面：观赏价值；休闲、康体和娱乐功能价值；研究价值；文化艺术价值；科学研究价值。

旅游资源品位越高，对旅游者的吸引力就越大。旅游资源品位等级一般可分为基本层、中级层、高级层和最高层四个层次。

旅游资源规模，即旅游资源的种类和数量的多少。

3. 成本

天然的景观要变成旅游企业可利用的旅游景区，其开发投入资金是很大的。景区往往要投入大量的资金兴建各种基础设施，美化、改造、修建各种景点以满足目标市场的需求。因此，开发的成本直接影响着目标市场的选择。

4. 销售潜力

旅游景区细分市场当前和未来的潜力有多大？游客的数量、人均消费量有多少？营业利润前景如何？这是选择目标市场必须要考虑的因素。市场太小，开发的成本就大，而选择这样的目标市场也就没有经济意义。

5. 服务能力

景区自身是否有足够的财力和管理能力去开发、生产、销售旅游景区的产品，并为这个市场提供满意的服务。

6. 竞争状况

该细分市场的竞争状况决定着景区的前途、命运，由于景区转产十分困难，所以必须事先充分研究细分市场上竞争者的数量和能力，制定出恰当的竞争策略。

（二）目标市场选择策略

1. 无差别市场策略

这种策略不考虑旅游者的需求差别，而只强调他们的共性。即景区只推出一种类型的旅游产品，或只用一套市场营销办法招徕旅游者。当景区营销人员经过市场分析后发现各个细分市场之间的差异比较小的时候，就能采用这种市场营销策略。

2. 密集性市场策略

指景区将一切市场营销努力集中于一个或几个有利的细分市场，采用不同的市场营销策略组合的过程。这种策略对于经济实力不够强、处于市场开拓初级阶段的景区更为实用。

3. 差异性营销策略

指景区根据各个细分市场的特点，增加旅游产品的种类，或制定不同的营销计划和办法，以充分适应不同消费者的不同需求，吸引各种不同的购买者，从而扩大景区产品的销售量。

三、旅游景区市场定位

1. 领先定位

景区在市场定位时，首先想到的应该是领先定位，但领先定位一般只适用于具有独一无二或无法代替的旅游资源的景区，这种垄断性还要分一定的区域概念，即景区可能在世界范围内或者是全国范围内或者是更小的区域内采用领先定位，这都要取决于景区旅游产品的某项特征在多大的市场范围内具有领先地位，比如5A级或者世界遗产类的景区。

2. 比附定位

比附定位是一种“借光”的定位方法。它借用著名景区的市场影响来抬高自己，比如“东方夏威夷”、“北方千岛湖”、“东方瑞士风光”等。采用这种定位方法并不是去占据比附对象的市场定位，与其发生正面冲突，而是以与比附对象有所不同的比较优势去争取比附对象的潜在旅游者群。采用这种方法的景区在区位上不可与比附对象距离太近，因为这种定位是吸引比附对象远途的潜在旅游者。另外，已经出名的旅游景区和独具风格的旅游景区不能随便采用这种方法。

3. 逆向定位

逆向定位是采用消费者的一般思维模式，以相反的内容和形式塑造市场形象的过程，他所强调和宣传的定位对象一般是消费者心中第一形象的对立面和相反面，同时搭建了一个新的易于为旅游者接受的心理形象平台。例如，“出售荒凉”的宁夏镇北堡影视城。

4. 差异定位

比附定位和心理逆向定位都要与旅游者心中原有的旅游形象阶梯相关联，而差异定位则是新开辟的一个形象阶梯。旅游点的形象定位更适合采用差异定位。差异定位的核心是树立一个与众不同并且从未有过的主题形象。四川雅安的碧峰峡景区针对其面对的主体市场，推出了“天府之肺”的形象定位。

5. 补缺定位

补缺定位是旅游景区不具有明显的特色优势，而利用被其他旅游景区遗忘的旅游市场角落来塑造自己旅游产品的市场形象。

四、旅游景区形象制胜战略

（一）旅游景区形象的概念

旅游景区形象是一定时期和一定环境下社会公众（包括旅游者）对旅游景区形成

的一种总体评价，是景区的表现与特征在公众心目中的反映。即景区形象应该包括能够被社会公众所感知的有关景区的各种外在表现。这种外在表现既包括有形的硬件设施，如景区的空间外观、标志标识、服务设施等；也包括无形的形象要素，如文化背景、人文环境、服务展示、公关活动等。这些形象因素相互融合，形成综合的感知形象，带给公众全方位的体验和感受。

景区形象是一个整体概念，向公众传播的是一种抽象概括的模糊信息，是景区经营组织本身的营销理念、企业文化、产品特色、服务品质、管理模式及社会贡献等诸多因素的综合体现，因此具有很强的可塑性和持久的影响力。

（二）旅游景区形象的构成要素

景区形象的构成是个复杂的系统，我们以景区形象的具体表现形式为依据，将其大致分为以下构成要素。

1. 景区景观形象

景区景观形象主要是游客对景区内各种景观外貌特征、自然地理成因、历史文化背景、民俗风情特色等要素的直接感知，这是景区形象的基础。例如风景名胜区的山水景观、主题公园的建筑风格等，它们是景区形象的主导吸引因素。

2. 景区的服务产品质量形象

景区的服务产品质量形象主要是指景区所提供的基础设施和服务产品质量的水平。其中服务产品质量包括两方面内容：一是对于衣食住行游购娱六大旅游要素的衔接状况所提供的服务；二是在提供服务的过程中所表现出的管理水平和员工之间的协调合作，这是景区形象的核心内容。

旅游产品的无形性决定了游客在购买前无法试验试用产品，因此景区所提供的服务产品质量成为直接被游客感知的对象。随着景区功能综合性的增强和游客需求水平的提高，塑造良好的服务产品形象成为景区良好口碑的决定因素。

3. 景区的社会形象

初到一个陌生的地方，人们往往希望感受到温暖和亲切，以消除陌生感和恐惧感。这种感知主要通过人与人之间的交往行为来实现。因此景区所在地社区的参与，包括旅游景区居民的文化素质、对旅游者的态度、社区参与旅游的保障机制等因素，都会成为影响旅游景区整体综合形象的因素。

4. 环境因素

旅游景区所在地的政治、经济和社会环境影响着旅游者对旅游景区以及整个所在地的形象认知和评价。旅游景区及其所在地的安全状况、治安条件、消费条件和水平、公共设施的完善程度、旅游业的管理水平、旅游法规的实施状况、社会的政治状况等，都会对旅游行为决策产生较大的影响。

旅游区所在地居民的文化素养、对旅游者的态度、社区参与旅游的保障机制等都影响到游客对景区形象的感知，从而决定景区口碑和重复购买的可能。

（三）景区形象定位口号的确定

旅游景区形象定位是建立或塑造一个与目标市场有关的品牌形象的过程。形象定位实质是明确旅游景区应当在消费者心目中产生何种印象、何种地位。一个独特形象和强势品牌必须以一种始终如一的形式将形象的品牌功能与旅游者的心理需求连接起来，以其鲜明的特征将旅游景区形象的定位信息明确地告诉旅游者，以达到提高旅游景区知名度和顾客对旅游景区形象和品牌忠诚度的作用。景区形象的魅力主要来自于景区向公众展示的自然、人文旅游资源的独特内涵和优质旅游服务及其体现的精神风貌。确定景区形象定位口号需对景区的文脉地格、市场特征进行分析，形象口号设计应具有广告效应、体现时代感。

1. 文脉地格分析

旅游景区形象定位口号必须是建立在对旅游景区所在区域文脉地格仔细分析的基础上，突出地方特色。所谓“文脉地格”简单地说就是一定的地理空间在地域、文化、资源等方面所形成的一种较为稳定的地方的、历史的前后相互承继的脉络关系。

2. 市场特征分析

景区旅游形象口号的制定，主要目的是向广大旅游者和潜在旅游者进行推介。所以形象口号的制定必须充分了解广大旅游者的心理需求和偏好，并针对旅游行业特征，设计出既能满足旅游者心理需求，又能充分体现旅游行业特征的形象主题口号；同时还要注意形象口号要充分体现出一种和平、友谊、交流和欢乐的吸引力。

3. 形象口号要具有强烈的广告效应

旅游景区形象口号必须能打动旅游者和潜在旅游者的心，激发他们的需求欲望，并能形成永久而深刻的记忆。所以，形象口号的设计一定要具备广告词的凝练、生动和号召力，口号的字体设计要体现充分的艺术效果，形象口号语言要具有极强的煽动性和有效传播旅游地形象信息的功能。这样，就通过浓缩的语言、精辟的文字、绝妙的创意和艺术效果以及独特的要素组合，构造出一个有吸引魅力的旅游景区形象。

4. 形象口号的制定还要体现时代感

旅游景区形象口号的设计在表达上要体现时代特征，具有时代气息，要反映现代旅游需求的特点、主流和趋势。

任务三 解读旅游景区营销策略

一、旅游景区品牌策略

旅游品牌是指旅游经营者凭借其产品及服务确立的代表其产品及服务形象的名称、标记或符号，或它们的相互组合，是企业品牌和产品品牌的统一体，体现着旅游产品的个性及消费者对此的高度认同。狭义的旅游品牌是指某一种旅游产品的品牌。广义的旅游品牌具有结构性，包含某一单项产品的品牌、旅游企业品牌、旅游集团品牌或连锁品牌、公共性产品品牌、旅游地品牌等。旅游景区品牌属于旅游品牌狭义中的一部分。

景区品牌的树立是景区产品开发的内容，也是景区形象建设的成果，这是一个长期的过程。可以从以下四个方面寻找切入点。

1. 以统一的标志、图案、颜色及格调开展市场营销

这种做法可以给旅游者和社会公众留下深刻的印象。品牌包括品牌名称和品牌标志。品牌名称是品牌中可以用语言称呼的部分，如锦绣中华、黄山等。品牌名称的确立要有利于传达旅游景区品牌的发展方向和价值。品牌标志是品牌中可以被识别但不能用语言表达的，而是由符号、象征、（图案）设计、与众不同的颜色或印字构成。品牌标志设计是在一定策略性原则的基础上，用特定的表现元素结合创意手法和设计风格制作而成。设计主要考虑表现元素和创意手法。文字名称的转化和图案的象征寓意是典型的设计方法，由此产生文字型、图案型和图文结合型三类设计形式。

2. 采取多种方式，全方位开展促销攻势

采用广告媒体（报刊、广播、电视、电影、互联网等）、室外广告（广告牌、空中广告、交通工具广告等）、印刷品广告、制作风光片、聘请旅游形象大使、策划节事活动、营销推广等开展形象宣传和产品促销。

3. 结合产品和服务手段找新闻点

吸引媒体进行正面的新闻报道，品牌宣传和促销推广的成功与否，关键在于能否善于利用各种契机不断创造新闻热点。在此可多用相关的公关手段。

4. 加强员工与公众的交流

利用各种旅游交易会、展览会、展销会、推介会、专业论坛等，开展旅游景区员工与游客、社会公众之间的交流，以增进社会对旅游景区的认同和了解，建立稳定的客户关系和良好的服务营销体系，积极参与社会公益活动，努力在公众心目中树立良好的口碑。

二、旅游景区价格策略

景区旅游产品价格，是旅游者对景区提供旅游产品所愿意承受的价格，它是由景区产品的内在价值和旅游者附着在景区产品上的心理价值组成的。

（一）景区价格决策的影响因素

1. 影响价格决策的内部因素

（1）景区产品的特点。如果景区产品具有比较强的垄断性，就可以采取比较刚性的价格策略；如果在同一区域范围内，同类旅游产品并存，则旅游者对这类旅游产品需求的价格弹性也相应增大，为实现增加销售的目的，景区就有可能实行削价竞争。

（2）景区生产成本。一般来说，在景区产品价格构成中，成本所占比重大，是定价的基础。景区首先要清楚收支平衡点在哪里，这是确定可接受范围的最低点以及定价范围的下限。在景区获得利润之前至少得弥补成本，即所谓的收支平衡。景区可以根据销售预测和当前价格估算一下能否达到收支平衡点，或者能比平衡点高出多少。

为了计算景区的收支平衡点，从景区的最新收入报告中识别出每项成本，或是固定成本，或是可变成本。固定成本是与销售水平无关的，而可变成本则随销售量而升降。

（3）景区营销目标。景区营销目标是影响景区定价的一个重要因素。不同景区的营销目标，或同一景区不同时间的营销目标是多种多样的，但归结起来有下列几种：生存、目标投资收益率、市场占有率占统治地位、景区产品的特色、阻止新的竞争者加入等。

（4）其他营销组合因素。包括景区产品的独特性、考虑中间商的利益和促销费用。

2. 影响价格决策的外部因素

（1）市场需求及购买成本。成本是制定价格的下限，而市场和需求却是制定价格的上限。在市场营销过程中，旅游者购买时，不仅会注重景区产品的价格，还会考虑景区提供的服务质量、自己获得的额外利益等因素。因而，景区为实现较高价格的销售，一般都要施之以较高水平的服务，使旅游产品的价格和相应的服务一致，使旅游者加深对旅游产品价格的理解、认可；同时景区还尽可能向旅游者提供一些额外免费的服务项目，减少旅游者的购买成本，使旅游者认为是购买了旅游产品后而带来的额外利益，从而增强对购买较高价格的旅游产品的信心。

（2）竞争对手。景区定价必须考虑竞争者的成本、价格，以及对景区本身价格变动可能做出的反应。另外景区所处的价格竞争环境不同，其可能对价格的控制程度也不同，如市场控制价格、景区控制价格、政府控制价格。

（3）政府。政府对价格决策的影响主要体现在各种有关价格制定的法规上。

（二）景区定价目标与定价方法

1. 景区定价目标

在定价之前必须首先确定定价目标。定价目标是景区营销目标的基础，是景区选择定价方法和制定价格策略的依据。由于景区营销目标有多种选择，旅游产品的定价目标也就多种多样。

（1）景区生存的需要。如果景区面临生产力过剩或激烈竞争或要改变消费者的需求，就要把维持生存作为其主要目标。比如，在景区产品同质性较高、产品竞争激烈、旅游需求变动较大、行业整体不景气且没有完善的市场机制进行规范的情况下，景区一般会选择这种低级的削价竞争。

（2）实现景区最大当期利润。许多景区想制定一个能达到最大当期利润的价格。这种定价目标一般适用于景区产品在一定时间段内具有绝对的竞争优势，价格弹性具有一定的刚性，销售量不会随着价格的升高发生比较大的变动；而且，只有那些具有较强经济实力和应变能力的景区经营者才会以这个为景区定价的目标。

（3）实现景区最高当期收入。有些景区建立一个最高销售收入的价格，制定这种价格主要是为了巩固和提高景区的市场占有率，维持和扩大景区产品的销售量。这种目标对于景区的产品与竞争对手之间具有一定的同质性，产品价格弹性比较高的情况更加适合，可以采取的措施包括降价、折扣价、招徕价等。

（4）形成景区产品鲜明的特色。景区通过定价可以在一定程度上树立起景区在市场上的特色形象。比如，定价的高低可以反映出景区所服务的主要消费群体是高端旅游消费者，还是中高端旅游消费者；其提供的景区产品是大众的普通旅游消费品，还是比较高档的奢侈旅游消费品等。

2. 景区定价方法

（1）以需求为导向的定价方法。需求导向定价法是以旅游者的需求为中心的定价方法。即根据旅游者对景区产品的需求强度和其对景区产品价值的认识程度来制定景区价格。主要有以下两种方法。

理解价值定价法，景区按照旅游者对景区产品的认识程度和感觉定价。为了实现这种定价，景区经营者一般会利用市场营销组合中的景区质量介绍、景区形象宣传、广告及其他销售促进策略等来影响和诱导旅游者，使他们在消费景区产品之前就对景区产品的质量、档次有一个大致的心理定位，然后再来确定景区的价格。这种定价方式的关键是，经过这样一系列的宣传之后，旅游者对景区的理解价值到底有多大，对于这一点景区经营者要有一个比较准确的估计，从而制定比较合适的价格。

区分需求定价法，又称差别定价法，是在特定条件下，根据需求中的某些差异而使价格有所差别的定价方法。具体差别表现在对不同的消费者制定不同的价格和采用不同的价格方式，以及在不同的时间采用不同的价格。

（2）竞争导向定价法。竞争导向定价法是以竞争为中心、以竞争对手的定价为依据的定价方法。这种定价方法主要是以竞争为中心，同时结合自身的经济实力、经营实力和发展战略等因素来确定价格。其具体做法如下。

随行就市定价法，即景区根据行业的平均价格为标准制定本景区产品的价格。在竞争激烈的情况下，这是一种与同行和平共处、比较稳妥的定价方法，可避免风险。

追随定价法，即景区以同行业主导景区的价格为标准制定本景区的商品价格。

盈亏平衡定价法，又称收支平衡定价法，是运用损益平衡原理实行的一种保本定价方法。

（3）成本导向定价法。成本导向定价法是一种以成本为中心的定价方法，也是传统的、运用得较普遍的定价方式。具体做法是按景区产品成本加一定的利润定价，也称为“成本加成定价法”。这种方法的优点在于所定价格如能被接受，则可保证景区全部成本得到补偿；计算方便；在成本没有多大波动的情况下，有利于价格的稳定。缺点在于其不能反映市场需求状况和竞争状况。

① 完全成本加成法，即以景区的完全成本为计算基础，加上一定的利润和税金来制定价格。用公式表示为：

单位产品价格＝(总成本＋预期总利润)/预期产品产量

＝(固定成本＋单位变动成本×产量)×(1＋预期成本利润率)/预期产品产量

＝单位产品成本＋单位产品预期利润

② 边际成本加成法，是短期决策的常用方法。用公式表示为：

边际成本＝(增加一单位景区产品后的总成本－原来的总成本)/(增加一单位景区产品后的产量－原来的产量)＝总成本增量/产量增量

进一步计算景区产品定价为：

单位景区产品价格＝[(原景区产品产量×原销售价格)＋边际成本]/现定生产量

3. **景区定价策略**

(1) 新产品的定价策略。

① 撇脂价格策略。这是一种高价格策略，即在新产品上市初期，价格定的很高，目的在于在短期内取得高额利润。优点：不仅能在短期内获取大量利润，而且能在竞争加剧时采取降价手段；既可限制竞争者的加入，又符合旅游消费者对待价格从高到低的客观心理反应。应用这种定价策略，要具备相应的条件：目前市场需求较高；制定高价，不会刺激更多竞争者进入市场，有助于形成新产品优质的形象；虽然有可能销售量不大而且单位成本较高，但景区仍能获得高额利润。

② 渗透价格策略。这是一种低价格策略，即在旅游新产品投入市场时，以较低的价格吸引消费者，从而很快打开市场。优点：由于价格偏低，有利于迅速打开景区产品的销路，扩大市场销量，增加赢利，还能阻止竞争对手介入，易于景区自己控制市场。缺点：有可能导致投资回收期较长，产品若不能迅速打开市场或遇强有力的竞争对手，会遭受重大损失等问题。运用这种价格策略要具备相应的条件：市场对价格高度敏感，低价有助于市场扩展；随着销量的增加和经验的积累，企业能降低单位成本；可阻止竞争者进入市场。

③ 满意价格策略。这是一种折中价格策略，它吸取上述两种定价策略的长处，采取比撇脂价格低但比渗透价格高的适中价格，既能保证景区获取一定的初期利润，又能为旅游消费者所接受，因而以这种价格策略确定的价格称为满意价格。

(2) 心理定价策略。

① 分等级定价策略。这种定价策略是指一些旅游消费者有时不大会感觉到价格的细微差别，其对许多景区产品的需求曲线呈阶梯状，因而景区就可把产品分为几档，每一档定一个价格。这样标价就可使消费者觉得各种价格反映了产品质量上的差别，并可简化其选购过程。

② 声望定价策略。这种定价策略是指针对旅游消费者“价高质必优”的心理，对在消费者心目中有信誉的产品制定较高价格。这是因为价格档次代表景区产品的质量，特别是旅游消费者在知名景区时，这种心理意识尤为强烈。因此，高价与独具特色的景区比较协调，更易显示出景区产品的特色，使景区产品给旅游者留下优质的印象或使旅游者感到购买这种产品可以提高自己的声望。当然，运用这种价格策略必须慎重，一般性的景区产品不宜采用。

(3) 折扣定价策略。

① 数量折扣。这是指景区为了鼓励旅游者或中间商购买，根据购买者所购买的数量给予一定的折扣。

② 季节折扣。这是指景区在淡季时给予旅游者或中间商的折扣优惠。由于在淡季时，景区普遍出现客源不足、服务设施闲置的情况，因而为吸引旅游者增加消费，往往制定低于旺季时的景区产品或服务价格以刺激旅游消费者的消费欲望。但是，这种折扣价格的最低优惠度不应低于景区产品或服务的成本。

(4) 招徕定价策略。这种定价策略实质上是发挥促销导向的作用，以特殊价格吸引旅游消费者，从整体上提高景区的销售收入和盈利。

① 亏损价格。景区在自己的产品或服务结构中，把某些产品或服务的价格定得很低，甚至亏损，以价格低廉迎合旅游消费者的“求廉”心态而招徕游客，借机带动和扩大其他产品的销售。

② 特殊事件价格。景区在某些节日和季节或在本地区举行特殊活动的时候，适度降低景区产品或服务的价格以刺激旅游消费者，招徕生意，增加销售。这种定价策略往往在旅游淡季时受到景区的重视。一般来说，采用这种策略必须要有相应的广告宣传配合，才可能将这一特殊事件和信息传递给广大的旅游消费者。

(5) 区分需求定价策略。景区产品以不同价格出售的策略，其目的是通过形成数个局部的旅游市场而扩大销售，增加景区的盈利来源。

① 地理差价策略。景区以不同的价格策略在不同地区营销同一景区产品或服务，以形成同一产品或服务在不同空间的横向价格策略组合。造成这种差价的最主要原因是不同地区的旅游消费者具有不同的爱好和习惯，因而各地旅游市场就具有不同的需求曲线和需求弹性。

② 时间差价策略。景区对相同的景区产品或服务，按旅游者需求的时间不同而制定不同的价格。采用这种定价策略，有利于鼓励旅游中间商和消费者增加购买的频率和力度，尤其是在淡季时更为明显。通常这种定价策略在不同时间的需求存在差异时应用。

③ 对象差价策略。景区针对不同旅游者或中间商的需要和购买的数量等因素，对同一景区产品或服务实行不同的价格。采用这种定价策略，目的在于稳定客源，维持景区基本的销售收入；有时为了开拓新的市场，增加销售收入也常常应用这种策略。

三、旅游景区营销渠道策略

景区分销渠道是使旅游者转移到旅游景区实现景区产品销售全过程中所经历的各个环节和推动力量的总和。它的起点是景区企业，终点是旅游消费者。中间环节包括各种代理商、批发商、零售商以及其他中介组织和个人，即旅游中间商。景区渠道与传统商品渠道的运动方向不同，通常是旅游者向景区移动。

(一) 景区分销渠道的策略

1. 密集分销

密集分销是指景区经营者选取尽可能多的旅游中间商推销景区产品，以扩大景区与旅游市场的接触面。这种策略的优点是能够将景区产品信息传递和产品销售渗透到更广泛的市场，缺点是营销费用要求较高，控制难度较大。这种策略一般对于大众化的观光型旅游景区更加适用。

2. 选择分销

选择分销是指景区经营者在某一地区仅仅通过少数几个精心挑选的、最合适的中间商推销其产品。这种策略适用于价格较高的旅游景区，旅游者在选择这些旅游景区的过程中一般都要经过比较慎重的考虑和选择。因此，这种策略对旅游分销商的要求也是比较高的，要求中间商具有一定的专业知识、良好的服务水平以及比较高的信誉度。

3. 独家分销

独家分销是指景区经营者在某一地区仅选择一家经验丰富、信誉度较高的中间商全面负责销售该景区的旅游产品。双方通常会协商签订独家经销合同，规定经销商不得经营竞争者的产品，以便控制经销商的业务经营，调动其经营积极性，占领市场。这种情况一般只在同一地区进行恶性竞争的景区中才会出现。

（二）销售渠道的选择形式

景区可选择的中间商或分销商的形式，在景区营销实践中主要有以下几种。

1. 旅行社

旅行社是景区分销渠道地理多元化的最佳工具，作为景区的主要客源输入点，是景区发展的生命线。虽然景区与旅行社的关系也很微妙，但随着市场竞争的白热化，两者在利益方面的冲突也日益加剧。然而，旅行社仍是多数景区的首选渠道，也是关系最稳固的一个渠道。景区应该与旅行社加强沟通和多方面的合作，以“双赢”为理念提升这一渠道的价值。此外，景区也应从自身发展的角度出发，拓展其他渠道的建设，避免这种单一渠道给景区经营带来的风险。

2. 其他旅游媒介

除旅行社外的其他旅游媒介通常包括住宿和交通运输、就餐和娱乐等。它们可以通过提供推销队伍，使景区能以较小的成本开支接近许多散客；有时可以为景区提供财务援助，如提早订货、按时付款等；由于其拥有所有权而承担了景区的若干风险；它们可以向景区和旅游者传递各种活动、新产品、价格变化等方面的信息；可以帮助景区改进其经营活动。

3. 政府旅游协会或行业协会

它的作用主要在于向市场提供信息，在全国或更大范围内促进旅游景区的发展。政府是景区营销渠道关系中最为特殊的一个，它可以为景区发展提供强有力的支持和保障。近年来，世界范围内的政府参与旅游营销已成趋势，国内许多省、市、自治区和大部分旅游城市都在进行层次、规模和水平不一的政府营销行为。

4. 预订系统

一种是全球分销系统；另一种是互联网。这两种都是新的高效的分销渠道，成本低，为景区进入世界市场提供更多的信息和渠道。

5. 景区与游客

游客是景区营销的最终目标受众，景区通过各种渠道进行营销，其最终目的都是要吸引游客。在当前旅游市场进入“散客时代”的背景影响下，以旅行社为主要渠道、专注于团队市场的营销模式和传统理念亟须转变。景区与游客之间必须建立直接营销渠道。景区必须随时关注目标市场的变化趋势，并相应地制定营销策略。景区对游客的直接营销，相对于其他营销渠道来说更具有针对性和影响力，可以提高景区的品牌知名度，加深游客对景区产品的印象，取得较好的营销成效。

四、旅游景区促销策略

景区与旅游者之间实现旅游产品交易的基本条件就是信息沟通。充分的沟通是与旅游者建立长期稳定关系的前提，是实现长期拥有游客目标的保证。

在旅游者可支配收入既定的条件下，旅游者是否产生购买行为主要取决于其购买欲望，而其购买欲望又与外界的刺激、诱导密不可分。景区促销正是针对这一特点，通过各种传播方式把景区信息传递给旅游者，以激发其购买欲望，从而产生购买行为。

1. 确定目标群体

营销信息的传播者必须一开始就在心中有明确的目标群体。目标群体可能是景区产品的潜在购买者、现实购买者、购买决策者和影响者，可能是个人、小组、特殊公众或一般公众。目标群体将会极大地影响信息传播者的决策，如准备说什么、如何说、什么时候说、在什么地方说、谁来说等。

2. 确定信息传播所要达到的目标

当确定了目标市场群体及其特点后，景区营销信息传播者必须确定寻求什么样的反应，需要知道如何把目标群体所处的位置推向更高的准备购买阶段。营销人员可能要寻求目标群体的认知、感情和行为反应。换言之，营销人员要向旅游者头脑里灌输某些东西来改变旅游者的态度，或者使旅游者产生购买行为。

3. 设计信息

期望群体的反应明确后，信息传播者就应设计制定有效的信息。最理想的状态是，信息应能引起注意，提起兴趣，唤起欲望，导致行动。制定信息一般需要解决四个问题：叙述什么信息内容、如何合乎逻辑地叙述信息结构、以什么符号叙述信息格式及由谁来叙述信息源。

4. 选择传播渠道

一类是人员的信息传播渠道，包括两个或更多人相互之间直接进行信息传播。人员信息传播渠道由提倡者渠道、专家渠道及社会渠道组成。景区可以采取的刺激人员影响渠道的措施有：确定有影响力的个人和景区，向他们提供额外工作；提供给某些人以优惠条件从而产生意见带头人；通过有影响的社会团体进行工作，如节目主持人；在广告中使用有影响的人物所写的见证广告；采用具有较高“谈论价值”的广告；发展口碑渠道来建立业务；建立电子论坛等。

另一类是非人员信息传播渠道，包括媒体、气氛和事件。大众信息传播通过两步法的信息流程来影响人们的态度和行为：概念常常从电台和印刷物映入意见带头人的脑中，再由此映入较少主动性那部分人的脑中。

5. 编制景区促销预算

景区面临最困难的营销决策之一，是在景区促销方面应投入多少费用。其常用的方法有：量入为出法：在估量本景区所能承担的能力后再安排景区促销预算；销售百分比法：以一个特定的销售或销售价（现有或预测）百分比来安排景区促销费用；竞争对等法：按部分竞争对手的大致费用来决定自己的景区促销费用；目标和任务法：

经营人员要明确自己特定的目标，确定达到这一目标而必须完成的任务以及完成这些任务所需要的费用。

6. 决定景区促销组合

主要考虑以下因素：设计景区促销工具时考虑的因素（广告、销售促进、公共关系与宣传、人员推销与直接营销），确定景区促销组合时考虑的因素（景区产品市场类型、采用推动还是拉引战略、消费者购买行为阶段、景区产品在景区产品生命周期中所处的阶段、景区的市场地位等）。

7. 衡量景区促销成果

景区促销计划贯彻执行之后，信息传播者必须衡量它对目标受众的影响。其主要方式是询问目标受众以及收集受众反应的行为数据。

8. 管理和协调整合营销传播过程

对以上环节进行动态的综合分析和监控，不断进行反馈和调整优化，以实现最佳结果。

任务四 了解景区营销新方向

一、绿色营销

所谓绿色营销是指企业在生产经营过程中以环境保护为经营指导思想，以绿色文化为价值观念，以消费者的绿色消费为中心和出发点的营销观念、营销方式和营销策略。绿色营销要求企业将自身利益、消费者利益和环境保护利益三者统一起来，以此为中心，对产品和服务进行构思、设计、制造和销售。

英国威尔斯大学肯·毕提教授在其所著的《绿色营销——化危机为商机的经营趋势》一书中指出："绿色营销是一种能辨识、预期及符合消费的社会需求，并且可带来利润及永续经营的管理过程。"

绿色营销是在人们追求健康（health）、安全（safe）、环保（environment）的意识形态下所发展起来的新的营销方式和方法。绿色营销强调在营销过程中注重地球生态环境保护，注重全社会的全局利益，促进宏观社会经济和生态的协调发展，而不是只着眼于企业本身。与传统的社会营销观念相比，绿色营销观念注重的社会利益更明确定位于节能与环保，立足于可持续发展，放眼于社会经济的长远利益与全球利益。

旅游景区给旅游者提供的产品主要是促进旅游者身心健康的绿色产品，满足的是旅游者的绿色需求，同时有利于实现社会、经济、环境效益的有机统一。因此，在营销过程中采取绿色营销理念是非常恰当的。旅游景区绿色营销的措施主要有如下几种。

（1）针对客源市场开展绿色宣传，树立景区的绿色形象。

（2）旅游接待过程提供绿色产品和服务，提倡使用低碳、节能、环保材料和清洁能源。

（3）对旅游者进行绿色教育，保护景区资源与环境，实现景区的可持续发展。

二、网络营销

网络营销（On-line Marketing或E-Marketing）就是以国际互联网为基础，利用数字化的信息和网络媒体的交互性来实现营销目标的一种新型的市场营销方式。简单地说，网络营销就是以互联网为主要手段进行的，为达到一定营销目的的营销活动。其方式有以下几种。

1. 论坛营销

论坛营销就是企业利用论坛这种网络交流的平台，通过文字、图片、视频等方式发布企业的产品和服务的信息，从而让目标客户更加深刻了解企业的产品和服务，最终达到企业宣传品牌、加深市场认知度的网络营销目标。

2. 微博营销

微博营销是指通过微博平台为商家、个人等创造价值而执行的一种营销方式。该营销方式注重价值的传递、内容的互动、系统的布局、准确的定位，微博的火热发展也使得其营销效果尤为显著。

3. SNS营销

SNS（全称Social Networking Services）即社会性网络服务，专指旨在帮助人们建立社会性网络的互联网应用服务，包括加好友、足迹、各种操作动态等。中国的SNS有豆瓣、开心、腾讯朋友等，而外国一般都是用facebook。

4. 事件营销

策划具有新闻价值、社会影响以及名人效应的人物或事件，吸引媒体、社会团体和消费者的兴趣与关注，为企业和产品提高知名度、美誉度，树立健康的品牌形象。

5. 微信营销

微信营销是网络经济时代企业对营销模式的创新，是伴随着微信的火热而产生的一种网络营销方式。微信不受距离的限制，用户注册微信后，可与周围同样注册的"朋友"形成一种联系，订阅自己所需的信息，商家通过提供用户需要的信息，推广自己产品点对点的营销方式。

6. QQ营销

QQ有着数以亿计的用户，QQ营销可以针对性地加QQ好友、建立QQ群、购买企业QQ，还可以用QQ邮箱进行邮件营销，QQ空间可以上传企业图片，发布最新消息；同时还可以在QQ签名和个人说明处添加企业的网址链接。随着QQ用户的不断增加，QQ营销也将逐渐成为一种主流的营销方式。

拓展阅读

旅游景区网络营销意义与策略[1]

旅游景区开展网络营销具有巨大的发展空间。然而，我国旅游景区管理体制不清，市场营销形式单一、模式滞后，如何利用好网络进行营销，成为许多旅游景区解决的问题。

---

[1] 驴妈妈旅游网王小松．旅游景区网络营销意义与策略．中国旅游报（电子版）2010年6月28日第六版．

旅游景区网络营销，是旅游景区借助互联网科技的发展，将电脑计算技术、电子通信技术与企业购销网络系统，运用于旅游景区分销渠道而形成的一种新型的商务活动。其中包括景区在网上传递与接收信息；订购、付款、客户服务等网上销售，网上售前推介与售后服务；利用互联网开展景区品牌宣传、市场调查分析、财务核算及旅游产品开发设计等内容。这是一种信息网络技术与商务运作程序的结合。

一、旅游景区网络营销意义

1. 网民是第一游客市场

面对日益激烈的旅游市场竞争，驴妈妈旅游网认为，谁掌握了网络营销，谁就掌握了未来的旅游市场。看看这组数据，就知道并非夸大其词，截至2010年6月底，中国网民数量达到4.04亿，同比增长56.2%。最重要的是这其中绝大部分是消费能力较高的城镇居民。

2. 游客出游路径分析

旅游需求—网络搜索—旅游相关网站—选择旅游目的地—预定—旅游。从游客出游路径可以看出，网络是游客整个出游活动中最重要的一环，通过网络，游客查询旅游信息、筛选旅游信息、预定旅游服务。通过分析游客的行为路径，我们可以清晰地知道旅游网络营销的这三个重点。

3. 让游客轻松找到

以游客行为路径和消费需求为基础，特别针对旅游市场，开发旅游SEO动态优化服务，让游客第一时间找到你。除了旅游SEO（Search Engine Optimization，搜索引擎优化）动态优化服务外，以精神策划的网络主题营销活动，也是吸引游客的重要方法。

4. 让游客乐意选择

游客找你了，你以什么样的形象出现？什么内容？什么性格？只是一条冷冰冰的信息介绍是远远不够的。应该和游客互动、交流、让游客感受到我们的服务和品牌文化。这就是我们所说的网络品牌互动。试想，顾客来店了，看到的是没有装修的店面，没有热情的服务员，没有热闹的品牌展示，他会进去消费吗？不会。游客也一样，网络就是景区旅游营销的第一站。

5. 让游客马上消费

网络另一个让人兴奋的地方是，游客马上可以消费。网络独特的即时性、消费性，是其他任何媒体和平台都没有的。换句话说，网络上的信息和服务，只要游客感兴趣，就可以马上体验和消费。所以网络对于景区来说，除了是品牌互动的阵地外，还应该是未来最重要的旅游销售渠道和平台，如果没有让游客在网上就开始消费的服务，就是抹杀了网络应有的经济贡献。

二、旅游景区网络营销三大策略

1. 网络社区互动营销策略

目前国内较具规模的社区网站或社区论坛，主要有开心网、人人网、天涯、篱笆和西祠等。借助社区网站，可以大大延伸旅游企业社区营销的触角和范围。互联网与生俱来就有跨越时空阻隔的特点，可以通过一个平台，将不同地域、不同年龄的小区住户联结起来。这样一来，旅游企业就可以因地制宜，根据不同社区情况，制定合适的线上及线下营销模式。

旅游景区也可以通过社区类的专业旅游网站，比如携程旅行网、驴妈妈旅游网等开展互动宣传和口碑营销，这是一条很有效的途径。国际上90%的旅游市场是散客市场、自助游市场。在中国，旅游市场散客化和自助化趋势也越来越明显。互联网时代的旅游，交流与分享是显著特征。对目的地的选择权，越来越集中在旅行者手中。这类社区的特点一是目标用户集中；二是会员活跃度非常高。很多会员会自发推荐各处好玩的地方，上面是有趣味的线路，下面是热火朝天的讨论和点评，这是很多人选择旅游目的地唯一可信赖的途径。

用一个不太恰当的比喻，过去社区营销，就如同传统的地面军队进攻，常常因为信息不对称或沟通不畅导致延误良机甚至失利。而和各大社区网站联合的社区营销，更如同信息化的现代作战模式，陆军、空军协同配合，中央司令部统一指挥，从而确保营销战役的高效性和精准性。

2. 口碑营销策略

据市场调查，旅游口碑营销是大多数出游者获得旅游信息并据此做出旅游决策的主要途径。互联网发展到如今，不再只是一个灌输平台，当更多的人拥有了发言权，对于旅游场所最好的营销方式其实是口碑传播，达到四两拨千斤的效果，而博客正是口碑传播天然的集散地。口碑着眼于“口碑的建立”，主体是旅游企业自身，咨询策划机构可提炼和加工，而非创造甚至捏造出口碑来；营销在此讲的是“口碑的传播”，可为旅游企业找到消费者中的“意见领袖”，并通过这些“引爆点”将某一旅游目的地的知名度迅速提升，并且流行起来。

3. 博客营销策略

博客互动性强，费用低廉，拥有无穷的创造性与极强的知识性、自主性和共享性，正是博客的这种性质决定了旅游业完全可以把博客融入旅游目的地市场营销的全过程。在游客、成本、方便和可信度等方面充分发挥博客的作用，实现旅游目的地市场营销整个流程的再造。

第一，博客能够向游客传播他们渴求的知识与信息，并且促使游客产生实地一游的愿望。在参与博客互动的基础上，在高度求知欲、成就欲的驱动下，现实与网络的界限逐渐模糊，潜在游客直接参与营销传播活动。高强度参与意味着并不仅仅是一般的“页面浏览”或随意的广告点击，也不仅仅是简单的心理参与或所谓达到“接触”，而是潜在游客带着自己的情感和兴趣去参与、去满足。这就与普通的营销方式区别开来。

第二，博客的信息传递无须直接费用，旅游目的地可以为游客大幅削减成本，从而获取竞争优势。通过介入博客营销，旅游目的地减少了对收费昂贵的相关媒体（如电视）的依赖，从而为游客降低了成本。

第三，博客的内容题材丰富，发布方式方便。潜在游客在阅读博客文章的同时，可以深入了解旅游目的地的信息。无论是天气地理、历史民俗，还是风土人情、奇闻轶事，都可能成为潜在市场转变为现实市场的契机。

第四，博客文章形式正式，可信度高。博客文章所具有的最大优势在于，每一篇博客文章都是一个独立的网页，而且博客文章很容易被搜索引擎收录和检索，这样就使得博客文章具有长期被用户发现和阅读的机会。

案例分析

金丝峡立足低碳显价值[1]

立足深山观世界，陕南秦岭深处的金丝大峡谷利用8年时间以先进的开发理念和环保、低碳运营方式使市场美誉度快速提升，被专家学者称为大秦岭旅游开发的“金丝峡价值”。

金丝峡地处素有“鸡鸣三省”的商南县，景区从开发初期就锁定在“生态型”上，并提出了所有规划、项目、开发、利用均以保护生态为前提，恪守高品位、原生态、低碳化的原则。以总规为蓝图，他们先后与西安、宁波、上海、广州等多家专业规划单位合作，分阶段实施、分类别负责景区规划与项目建设实施，同时邀请国外专家作为顾问，确保了景区建设“生态第一”的原则，通过借脑、借智引进了全新的生态开发理念。在环保道路、环保厕所、环保步道等方面的创新，正是这种生态文明理念的集中体现。

位于陕沪高速上的金丝峡出口和金丝峡服务区格外引人注目。走下高速公路18公里，原生态式的“金丝峡”大门耸立在群山环绕的绿色中间。这道大门也是碳排放与零污染的隔离门，门内是原始的峡谷和流泉飞瀑，只有因峡而筑、因树而绕、人行景移的游步道，十里长峡既无车道，也从无汽车驶入。

近年来，金丝峡引起了多方关注，令前来考察者感到最惊异的是如此大的景区中无车、无烟、无污染，生态、环保、低碳、文明是其最大亮点。由于在规划时就推行生态环保一票否决制，金丝峡景区大门内少有地未修车行公路，从踏入景区大门起，十里长峡必须靠步行体验。与此相对应，在景区外围投巨资兴建生态公路，开通了环保专车，建设了大型生态化停车场等。

金丝峡景区的“无烟”也是出了名的，无论是游客还是工作人员，在这里吸烟完全没有“环境”。入园前，每位游客都接受“环保课堂”教育。景区内随处可见禁烟提示牌，无论是工作人员还是素不相识的游客，大家都会互相提示。金丝峡有员工88人，除了部分向社会招录外，大部分是当地村镇劳动力。很多村民刚进入金丝峡工作时烟瘾很大，来到金丝峡后，为保护这里原生态的山水，很多人忍痛戒烟。目前，金丝峡的干部职工无一人嗜烟。近些年，金丝峡在环保、低碳理念的推广方面投资超过2600万元，景区管委会每年都要安排不少于10次的环保大活动，从常态化的“游客有奖捡垃圾”、“环保大签名”，到2009年9月9日9时9分的千万人环保大行动，再到2010年5月与西安大专院校联合举办的“骑车旅行”低碳行动等。2010年1月陕西省人大会期间，陕西省人大代表、金丝峡管委会主任胡金鑫提交了设立金丝峡为全省首个低碳旅游示范区的提案，希望通过金丝峡的成功实践，让低碳旅游方式在更多地方开花结果。

思考：绿色营销运营方式给金丝峡景区带来了哪些附加价值？

点评：通过借脑、借智引进生态开发理念，在景区中推行无车、无烟、无污染，生态、环保、低碳、文明等措施，金丝峡树立了“绿色”形象。金丝峡的成功为其他景区创建绿色景区提供了借鉴。在规划、开发、建设、管理各个环节注入生态思想，在生态观念指导下开发经营景区，是创建绿色景区的可行之路。

---

[1] 王晓民．金丝峡立足低碳显价值．http://www.ctnews.com.cn/lybgb/2010-07/19/content_760545.htm.

思考题

1. 旅游景区营销战略的内容是什么?
2. 如何理解旅游景区营销策略组合?
3. 旅游景区营销有哪些新动向?其发展趋势是什么?
4. 实训练习题:结合你所熟悉的某一景区,试为其制定营销方案。

参 考 文 献

[1] 郭亚军.旅游景区管理.北京:高等教育出版社,2006.
[2] 王庆国.旅游景区经营与管理.郑州:郑州大学出版社,2006.
[3] 姜若愚.旅游景区服务与管理.大连:东北财经大学出版社,2003.
[4] 王昆欣.旅游景区管理.大连:东北财经大学出版社,2003.
[5] 张帆.旅游景区管理.福州:福建人民出版社,2006.
[6] 钟永德等.旅游景区管理.长沙:湖南大学出版社,2005.
[7] 李红,郝振文.旅游景区市场营销.北京:旅游教育出版社,2006.
[8] 周玲强.旅游景区经营管理.杭州:浙江大学出版社,2006.
[9] 吴忠军.旅游景区规划与开发.北京:高等教育出版社,2008.
[10] 刘峰,董四化.旅游景区营销.北京:中国旅游出版社,2006.
[11] 王淑华.旅游景区经营与管理.郑州:郑州大学出版社,2008.

项目六 旅游景区人力资源管理

学习目标

- ◆了解旅游景区人力资源的类型
- ◆掌握旅游景区人力资源管理的具体内容
- ◆客观辨析旅游景区人力资源的特点及景区工作人员的素质要求
- ◆了解旅游景区人力资源管理的趋势

项目架构

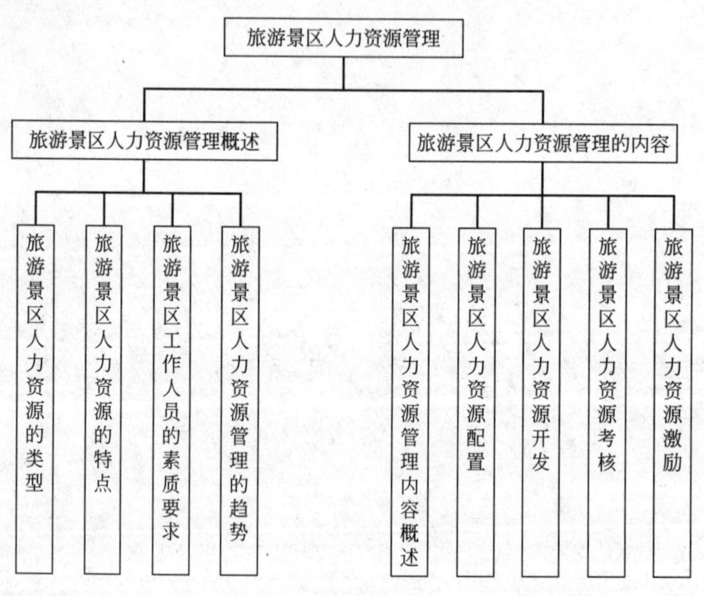

工作任务

情景：某景区近来出现游客投诉的事情越来越多。讲解员讲解不到位，部分工作人员服务态度不够好，工作积极性不高是游客投诉的主要内容。景区总经理责成人力资源部经理改变这一现状。

任务：如果你是该景区人力资源部经理，你将从哪些方面着手以改变这一现状？

点评：人力资源是旅游景区最重要的资源。旅游景区人力资源的有效管理能够增强旅游景区的凝聚力，充分发挥员工的主观能动性，使景区获得最大的经济效益和社会效益。那么，旅游景区人力资源的类型有哪些？景区人力资源的组织结构怎样划分？旅游景区人力资源管理的内容包括哪些？如何充分发挥景区员工的工作积极性，获取人力资源的最大使用价值？这些都是本项目将要讨论的问题。

任务一 旅游景区人力资源管理概述

人力资源是指一个国家或地区范围内人口总体所具有的劳动能力的综合。它是包含在人体内的、体现在劳动者身上的并以劳动者数量和质量表示的资源或资本，其总量表现为人口资源的平均数量和平均质量的乘积。

世界上一切科技的进步、财富的创造、生产力的发展，都离不开人的劳动及管理。作为最重要最活跃的生产要素，人力资源在旅游景区发展中起着十分重要的作用。我们需要关注景区人力资源利用的最优化。

一、旅游景区人力资源的类型

旅游景区员工的工作岗位种类繁多，又有不同的要求。更重要的是一个大型完整的景区所涉及的行业几乎涵盖了旅游行业中各主要企业类型及部门。比如大型景区内可包括酒店、景区内小交通、景区导游及附属旅行社等。所以要进行景区人力资源的有效管理，首先要搞清楚旅游景区人力资源的类型。旅游景区人力资源主要有以下两种分类方法。

（一）按照景区工作人员劳动分工的性质和内容分类

1. 管理人员

通常旅游景区中的正副总经理、总监、正副经理、景区管理委员会主任、集团公司总裁是景区经营管理的决策层和管理层，而主管、领班等是景区经营管理的中坚力量。

2. 服务人员

景区服务人员是指景区讲解员、电话接线员、景区绿化维护人员、工程设备维修人员等。

（二）按照景区工作人员的工作岗位和部门分类

1. 旅游景区管理人员

旅游景区管理人员在狭义上包括旅游景区总经理、营销经理、规划主管及营销和策划方面的管理专家等，广义上包括各部门经理、主任会计、经理助理、秘书等。

2. 食宿部门

在很多景区拥有客房和餐厅。食宿部门主要包括餐厅经理、领班、出纳、厨师、餐厅服务员、接线员、行李员、客房主管、主管助理、客房服务员等。

3. 娱乐部门

娱乐部门工作人员主要由旅游景区的娱乐项目决定。目前，娱乐项目主要有卡拉

OK、桌球、网球、高尔夫球、游泳、游艇等，涉及的工作人员有教练或陪练、场地维持及工程技术人员等。蹦极、潜水、滑雪等活动往往还要配备救生员。

4. **组织操作**

许多旅游景区设有旅行代理机构，涉及的工作人员主要有旅行社部门经理、票务主管、销售经理、票务员、景区导游等。

5. **基础设施部门**

基础设施部门包括交通、通信、商业、供水供电、医疗保健、维修治安等方面。

二、旅游景区人力资源的特点

1. **综合性**

旅游景区人力资源开发和管理需要全方位考虑。在综合素质上涉及政治思想、品德素质、人际交往、处世技巧、服务意识等方面的内容；在涉及领域上包括管理学、心理学、美学、礼仪、经济、文化、宗教等方面的内容。

2. **系统性**

景区人力资源开发和管理是一项系统工程。在进行人力资源开发时，要以服务的系统性标准为依据，通过一系列长效的培训和教育提高员工的服务质量。

3. **科学性**

景区人力资源开发与管理要坚持科学发展观，也就是要以科学的理论、方法、途径来发现、培养和使用人才，并且尽量发挥人才的创新性和积极性。

三、旅游景区工作人员的素质要求

旅游业代表着先进文化的前进方向。景区作为一个国家和地区的窗口，其员工队伍素质的高低在一定程度上代表了国家和地区的形象。因此，景区工作人员应通过不断的培训，适应现代旅游业的要求。

1. **景区工作人员的基本素质要求**

景区员工基本素质是指景区工作人员必须具备的基本要求和条件。景区员工基本素质的高低影响着旅游景区管理队伍其他素质的发展和提升。景区工作人员的基本素质要求如下。

（1）道德素质：包括树立正确的人生观和世界观，具备高尚的道德情操和修养，遵守职业道德三个方面。

（2）心理素质：旅游服务中更多的是与消费者面对面的服务。而且旅游企业都是把“一切为客人着想”、“游客总是对的”等口号作为旅游服务的宗旨。因此特殊的职业对景区工作人员的心理素质有着特殊的要求，如外向、勤奋、负责、热情、乐观的性格，自觉、果断、坚韧、自制的意志等。

（3）语言表达能力：景区工作人员应熟练掌握普通话和部分方言，并熟练地运用语言技能与游客交流。另外，多掌握一门外语，多了解一种文化，有助于开阔眼界，提高管理水平。

（4）基本文化素质：景区的岗位种类繁多，现代化设备使用率高，各岗位所需的专业知识不尽相同。景区每个工作人员都应具备较强的文化修养、较高的知识层次，特别是对旅游产业、本景区及本职工作有较强的把握能力。

（5）健康的体魄：特殊的职业特点使景区工作人员长期承担着高负荷、高压力的工作，而良好的身体条件是做好工作的前提和基础。

2. 景区工作人员的专业素质要求

景区员工专业素质是景区工作人员实施景区管理，保证景区工作顺利进行的必备素质。景区工作人员的专业素质要求如下。

（1）科学的管理理论：景区工作人员，尤其是经营管理人员必须具备科学的管理理论。这样才既能保证景区的日常运行，又能使景区实现可持续发展。

（2）景区业务知识：只有全面熟悉了解景区的各项业务，才能做到统筹规划、部门协调、团结发展。

（3）具备较丰富的自然和人文科学知识。

（4）具备良好的导游讲解技能、导游服务技能和处理突发事件的灵活应变能力。

（5）创新意识。

拓展阅读

景区人力资源管理存在的问题[1]

1. 员工流动率高

员工流动率高是旅游服务行业普遍存在的问题，旅游景区的员工流动率往往比旅游行业其他部门更高。原因主要是员工工作时间较长、工资相对较低、工作的社会地位低、工作性质单调，这些因素使得旅游景区很难吸引或留住优秀的员工。

2. 工作要求高、压力大

景区员工需要经常与顾客接触，在任何时候都被要求保持乐观友善的态度，要经常处理较敏感的游客投诉，在处理这些问题时必须保持积极的心态；同时，游客往往来自文化背景不同的国家，需要也有极大的差异，这不仅要求员工有较强的适应能力，而且对员工的素质要求也很高，能在这种压力环境中工作的员工本身就是很难得的。

3. 缺少培训和晋升的机会

国内很多旅游景区员工的工作资格缺乏统一的标准和要求，景区也缺乏相关的资格证书、考核和教育培训计划；同时，景区的需求具有很强的季节性，景区中相当一部分员工的工作也是季节性和临时性的，这就给员工招聘和培训管理带来一定的难度。在大多数景区中，职业结构不合理，缺乏对员工职业生涯的规划，员工很难看到自己的发展前景，优秀员工的聪明才智得不到发挥，很容易挫伤员工的积极性。

---

[1] 卢晓．旅游景区服务与管理．北京：清华大学出版社，2009．

4. 缺乏人力资源管理的专业知识

很多景区没有设置专门的人力资源管理经理，相关管理人员也缺乏人力资源管理知识，不懂得怎样招聘、培训和管理员工，不重视员工合理需求的满足，没有合理的薪酬制度，难以对员工形成有效的激励。

针对以上问题，景区必须重视和强化人力资源管理，为提升景区的服务水平打下坚实的基础。

四、旅游景区现代人力资源管理新趋势

随着现代管理理论在景区的应用，景区人力资源管理也在逐步发生变化。景区人力资源管理者开始从景区员工的“保护者”和“甄选者”向景区发展的“规划者”和“变革者”转变。传统人力资源管理仅仅包括行政和事务管理两个方面，现在的景区人力资源管理不仅包括原有的内容，而且已成为景区战略管理的一个重要组成部分。

现代景区人力资源管理是指景区组织为有效利用人力资源而进行的景区人力资源管理战略规划和制订人力资源计划，并在其指导下进行人员安排、业绩评定、员工激励、管理培训及决定报酬和劳资关系等的活动。在知识经济时代，人力资源管理的发展趋势主要体现在人力资源资本化、职业教育终身化、管理方法人性化、管理手段科学化、新近报酬绩效化五个方面。

1. 人力资源资本化

在知识经济社会里，重要的资源是知识、技术和信息。人是创造知识和应用知识的主体，因此，人力资本是知识经济时代的关键资源。景区人力资本已经成为景区发展的关键资源，成为推动旅游经济增长的主要动力。

2. 职业教育终身化

对景区员工进行终身培训是未来人力资源管理的一项重要内容。在知识经济时代，无论是从知识的重要性还是从知识的创新速度来看，景区员工都面临着需要不断更新知识和技能的压力，这种情况随着现代旅游业的发展在景区管理中日趋明显。景区只有不断加强对景区员工的培训，并促进员工自觉学习，才能适应社会的发展要求。学习将成为景区员工的终身需要。景区应认识到对员工进行培训的重要性，并制订详细的培训计划，将员工的学习情况纳入员工的工作绩效考核中。

3. 管理方法人性化

未来经济的发展取决于人智能的开发、创新能力的发挥和活力的激发。只有通过发挥人的能动性和创造性，开发人的潜能，才能推动经济的发展。因此，必须实行人性化管理。景区的人力资源管理工作者要转变工作观念和工作方法，要充分了解员工的心理需求、价值观的变化及自我实现的需要。要给员工足够的自由度，充分调动他们的积极性和主动性。

4. 管理手段科学化

科学技术的飞速发展，为管理工作带来了一场前所未有的革命。人力资源管理将

由过去被动式、经验式的人事管理，步入科学化、专业化、技术化的人力资源管理时代。与其他专业一样，人力资源管理也会用到许多专门技术知识，如人才预测规划技术、人员招聘面试技术、员工培训与开发技术、员工考核技术、职业生涯规划技术、人事诊断技术、激励管理技术等。

5. **薪金报酬绩效化**

在知识经济时代，由于景区成员以及工作模式的变化，薪资的分配模式也要发生根本变化。未来景区的组织是由全职职工和临时工、兼职工、组织以外的工人等多种形式组合而成的。在这种职工构成多样性的组织中，为保留核心竞争力，在薪资方面，全职职工与组织以外的工人将享有不同的待遇。全职职工的薪资给予，除考虑工作岗位和工作责任的大小外，还应考虑实际工作的绩效及给景区创造的实际价值。这种景区分配模式的特点是基本薪水占总收入的比例较少，而各种奖励所占的比例较大。其优点是可以把景区员工的工作绩效与景区的发展业绩联系起来，从而激发员工的工作热情和责任感，为景区的发展做出贡献。

任务二 旅游景区人力资源管理的内容

一、景区人力资源管理内容概述

景区人力资源管理的目的是通过对人力资源的有效管理，使其得到优化组合，最大限度地发挥景区人力资源的积极性，从而提高景区的经济效益和社会效益。具体来说，景区人力资源管理包括以下内容。

(1) 制定人力资源规划，实现旅游景区的战略目标。

(2) 工作分析：即对某项特定的工作作出明确规定，并确定完成这项工作所需要的知识、技能等资格条件的过程。工作分析为合理的人才、培训、绩效考评、薪酬管理提供了明确的依据。

(3) 员工招募与选拔：即旅游景区根据制定的人力资源规划，通过一定的招募途径和选拔方法，选择、雇用和填补旅游景区内具体职位的人力资源管理过程。

(4) 员工培训与开发：这不仅可以帮助员工胜任目前的工作岗位，提高职业发展需要的各种能力，还可以增强员工工作的责任感和对企业的归属感，构建健康和谐的企业文化，提高生产效率。

(5) 绩效考评：指在一定时间内对员工的工作态度、工作过程以及工作结果的评价过程，是景区组织培训、晋升、奖惩等人事决策的重要依据。

(6) 薪酬管理：包括工资、奖励和福利的分配和管理。旅游企业的薪酬制度是管理者用以激励员工最有效的手段之一。

(7) 劳动关系管理：主要指企业所有者、经营管理者、普通员工、工会组织之间在企业的生产经营活动中所形成的各种责权利关系。

二、景区人力资源配置

景区人力资源配置是指景区人力资源管理部门按各岗位的任务要求，将其招聘的员工分配到企业的具体岗位上，给予不同的职位，赋予具体的职责、权利，使他们进入工作角色，开始为实现组织目标发挥作用的过程。简言之，人力资源配置是为每个岗位配备合适人员的过程。合理的人力资源配置是景区人力资源管理的良好开端。

（一）景区人力资源配置的作用和内容

人力资源配置的作用可以从组织角度和个人角度两方面分析。

1. 从组织角度分析

保证组织机构的每个岗位都有合适的人选，使组织系统能有效地运转；为组织发展培养后备人才，尤其是管理干部；通过人员配备稳住人心、留住人才，维持员工对组织的忠诚感。

2. 从个人角度分析

通过人员配置，使每个人的知识和能力得到公正的评价、承认和运用；通过人员配备使每个人的知识和能力不断发展，素质不断提高。

景区人力资源配置的内容如下。

1. 景区机构配置

旅游景区机构设置有多种构建方式，一般由领导层和业务管理部门构成，大致可以分为行政机构和业务机构。行政机构包括人力资源部、计划财务部、企业发展部、总经理办公室等。业务机构包括市场营销部、景区市场管理办公室、后勤服务部、工程部及旅游部、旅游商品部、旅游运输部等。

2. 景区人员配置

景区人员包括景区管理人员和工作人员两部分。不同的岗位对人员的要求也有所区别，因此要根据实际需要进行配置。

（二）景区人力资源配置的原则

人员配备的主要任务是通过分析人与事的特点，谋求人与事的最佳组合，实现人与事的不断发展。景区人力资源配置要坚持以下几个原则。

1. 效率第一原则

效率第一原则即在机构设置和人员配备上要做到精简、实用，做到按需设岗、按岗设人。

2. 合理配置原则

合理配置原则即从旅游景区的现有条件和景区内工作人员的水平能力特点出发，在保证景区工作正常运行的前提下进行合理的配置。

3. 动态条件原则

指当人员或岗位要求发生变化的时候，要适时对人员配备进行调整，以保证始终使合适的员工处于合适的岗位上。岗位和岗位要求是在不断变化的，人也是在不断变化的，人对岗位的适应也有一个实践与认识的过程。一次定位，一职定终身，既会影响景区工作的顺利进行，又不利于景区人才的培养。

4. 内部为主原则

景区在使用人才，特别是高层次人才时，往往会觉得人手不够、人力不足。其实每个单位都有自己的人才，关键是景区企业内部要建立起人力资源的开发和激励机制。从内部培养人才，给有能力的人提供机会与挑战，适当造成紧张激励的氛围是促进旅游企业发展的动力。

5. 可持续发展原则

旅游景区进行人力资源配置除考虑保证景区的政策运行外，还应具有发展的眼光。通过预测景区未来的发展，可以提前配置一些对景区发展有利的部门和人员，保证景区的可持续发展。

（三）人力资源配置的过程

① 人力资源需求预测。

② 准备岗位职责与任职资格描述。

③ 选择招聘渠道和方法。

④ 获得候选人并进行简历筛选。

⑤ 选拔与评价。

⑥ 讨论并作为初步录用决定。

⑦ 确定工资水平。

⑧ 入职体检。

⑨ 正式录用决定和入职准备。

⑩ 签订劳动合同。

拓展阅读

雷峰塔导游岗位说明书[1]

岗位名称：导游员

直接上司：导游服务班主管

基本职责：

(1) 在塔内定时、定点为游客提供导游解说服务。

(2) 沿景点进行解说，随时回答游客的提问；解说要有感染力，突出塔的文化底蕴和丰富的传说背景，让游客有身临其境之感。

(3) 组织游客有序参观，保证参观的质量，适时控制游览的时间。

(4) 关注游客在参观时的安全与需要，提供最周到的服务。

(5) 在遇到意外情况时，做好游客的疏散工作，控制局面。

[1] 周玲强．旅游景区经营管理．杭州：浙江大学出版社，2006．

工作流程：

1. 散客接待

(1) 7:30 到岗，开早班会。

(2) 准备好讲解工具、器材、宣传资料等。

(3) 熟悉解说稿，以保证讲解准确、生动。

(4) 景区采用定点导游的方式，导游人员在所负责区域进行讲解。

(5) 视淡旺季和时间段不同，控制和调理每次讲解的时间及时间间隔。游客较多的时期（旅游旺季和淡季的周末 9:00—4:00pm），各在岗导游应每 20 分钟讲解一次，其余时间段导游可视情节延长时间间隔，但每次间隔不得超过 1 小时。

(6) 为游客做及时、生动、准确的讲解，并随时回答游客的提问，不许对游客问题置之不理或冷言相对。

(7) 在解说过程中维持好游览秩序，保证游览质量。对于游客在间隔休息期提出的合理要求也应尽量满足。

(8) 在每一批游客离开时，要谢谢游客合作，欢迎游客下次再来，并祝游客整个游览过程愉快。

(9) 若游客提出临时性的随行导游服务要求，导游应向领班反映，导游领班根据实际情况进行安排或向游客进行解释。

2. A 类团队接待

(1) 导游预先了解游客的基本情况，熟悉市场营销部下发的接待计划。

(2) 预先拟定参观过程中的讲解或翻译内容，必要时需提前到现场察看线路。

(3) 导游提前 15 分钟到达接待地点，并协助做好迎接准备。

(4) 协助提前到达公司的贵宾团联络员和做好准备工作。

(5) 游客抵达后，导游及时向其介绍迎接的主要领导，引导其从贵宾通道进入贵宾楼。

(6) 导游适时介绍公司景区的背景、特色、地位、价值等相关内容。

(7) 根据市场营销部接待计划和实际情况安排游览车引导游客乘坐，随时与司机沟通，确保停车、等车的时间、地点准确。

(8) 做好沿途景点的讲解及主、客宾间的翻译工作，讲解语言应生动，富有表达力。

(9) 游客参观结束后，陪同领导与接待人员送别。

3. B 类团队接待

(1) 导游根据《接待计划》提前 5 分钟到达接待地点，做好接待准备工作。

(2) 游客到达后，陪同其参观景点，做好讲解、翻译工作，并协助做好有关票务、用餐、用车等工作。

(3) 接待结束后，向游客礼貌道别。

注：具体参照《导游接待管理规定》、《游客接待控制程序》。

三、景区人力资源开发

景区人力资源开发是指景区在现有人力资源的基础上，依据景区发展目标、组织机构变化，对人力资源进行调查、分析、规划、调整，提高景区现有的人力资源管理水平，使人力资源管理效率更好，为景区创造更大的价值。人力资源开发包括人力资源需求与供给预测、人才招聘以及人力资源培训。

（一）人力资源需求预测

景区人力资源需求预测是指景区根据发展规划和内外条件，选择适当的预测技术，对人力资源需求的数量、质量和机构进行预测。

1. 旅游景区人力资源存量与增量预测

这种预测主要是根据旅游景区人力资源现状，对景区未来拥有的不同层次人力资源数量的推测与判断。存量是指景区人力资源的自然损耗和自然流动引起的人力资源的变动，增量是指随着景区经营规模的扩大带来人力资源新的需求。通过对存量与增量的预测，及时补充新的不同层次的人力资源，满足景区未来发展的需要。

2. 旅游景区人力资源机构预测

随着社会人力资源结构和经济结构的变化，旅游景区人力资源将发生相应的变化。适时对景区人力资源结构进行预测，能确保景区在任何时候都有最佳的人力资源结构组合，满足景区发展的需要。

3. 旅游景区特种人力资源预测

旅游景区对特种人才和资源需求进行针对性预测，满足景区对特殊人才的需求。对所需特殊人才可以采取特殊方法。

（二）人力资源供给预测

旅游景区人力资源供给预测是人力资源规划中的核心内容，是预测在某一未来时期，组织内部所能供应的（或经过培训可能补充的）及外部劳动力市场所能提供的一定数量、质量和结构的人员，以满足旅游景区为达到目标而产生的人员需求。通过预测，可以分析公司目前人员状况，如部门分布、技术知识水平、工种、年龄构成等；可以分析公司目前人员流动的情况及其原因，预测将来流动的态势；可以掌握公司人员提拔和内部调动的情况，保证工种和职务的连续性；可以分析工种条件（如休息制度、轮班制度）的改变和出勤率的变动对人员供给的影响；可以掌握公司人员的供给来源和渠道。

1. 预测内容

在预测未来的人力资源供给时，要明确旅游景区内部人员的特征，如年龄、级别、素质、资历、经历和技能等。必须收集和储存有关人员发展潜力、可晋升性、职业目标以及采用的培训项目等方面的信息。技能档案是预测人员供给的有效工具，它含有每个人员技能、能力、知识和经验方面的信息，这些信息的来源是工作分析、绩效评估、教育和培训记录等。技能档案不仅可以用于人力资源规划，而且可以用于确定人员的调动、提升和解雇。

2. 供给来源

从供给来源看，人力资源供给分为内部供给和外部供给两个方面。

(1) 旅游景区人力资源内部供给预测：根据企业内部人员信息状态预测可提供的人力资源以满足未来人事变动的需求。内部人力资源供给预测的方法有人员核查法(平时要做好员工工作能力的记录工作)、人员转换图、马儿柯夫转移矩形法（此方法的基本思路是找出过去人事变动的规律性，以此来推测未来人事变动的趋势，从而预测出人力资源的供给数量以及有关人力资源供给需求的平衡问题)。

(2) 景区人力资源的外部供给预测：对人力资源外部供给进行预测是必要的，尤其当内部供给不能满足需求时更有必要寻找外部供给的资源。很多因素会影响到外部人力资源的供给，比如人口变动、经济发展状况、人员的教育文化水平、对专门技能的要求、政府政策失业率等。

外部人力资源供给预测可参考公布的统计资料，如每年大学毕业生的人数、企业的用人情况等，预测某些人员的市场供给情况是供大于求还是供小于求，以便采取相应的对策。

(三)人才招聘

旅游景区往往是通过人才招聘得到所需人才。旅游景区人力资源招聘是指景区人力资源部门按照科学的方法，运用先进的手段，选择岗位所需人才的过程。

1. 人才招聘的原则

为确保人才招聘的有效性，人才招聘必须遵循以下原则：公开原则、竞争原则、公平原则、全面原则、择优原则。

2. 人才招聘的途径

旅游景区人力资源招聘途径分为内部招聘和外部招聘两种。

(1) 内部招聘：内部招聘可以为员工创造提升机会；激发员工工作积极性，减少招聘环节，降低招聘成本，充分利用现有的人力资源。但是，内部招聘不易吸引优秀的人才。如果内部招聘不公平、公正，反而会挫伤员工的积极性。

内部招聘通常以发布公告的形式向员工公布招聘信息。公告中详细说明所需的职位名称、报酬以及任何资格。员工向所在部门提出申请，景区以公开、公平为原则，按照严格的筛选程序进行人员的选拔。

(2) 外部招聘：外部招聘可以扩大招聘范围，为企业招聘到最优秀的人才，同时为景区注入新的活力和工作理念，但是也会增加景区招聘的成本。

外部招聘途径很多，常见的有大学校园招聘、员工推荐、媒体招聘、职业介绍机构招聘、人才市场招聘和网络招聘等途径。

3. 人才招聘的基本流程

旅游景区人才招聘的基本流程是景区为某个或某些部门选拔人才所制定的关于行动进程的一套完整过程。具体说明选择什么、何时选择、由谁来选择、用什么方式选择以及如何选择等问题。其具体流程如下。

(1) 确定招聘岗位：景区业务领域的扩大、业务量的增加或本身员工的离退休、升职、降级等都会产生职位空缺。这些空缺岗位会先在景区内进行调整，不能调整的可确定为将要招聘的岗位。

（2）组建招聘团队：招聘工作由分管人力资源管理部门和人才使用部门组成。人才使用部门主要从专业角度出发，多方面、深层次考查应聘者资格；人力资源部门主要负责组织初选、面试、结果分析、建议录取人员，并协助应聘者办理人事档案，协助新员工准时上岗。

（3）职位分析：根据不同部门、不同职级、不同工作类别确定招聘岗位所要求应聘者应该具备的基本条件，以便应聘者能有针对性地应聘不同岗位。

（4）发布招聘信息：发布招聘信息要考虑到覆盖面广、信息及时、针对性强。信息内容包括招聘岗位、招聘人数、岗位要求、岗位待遇、招聘时间、招聘地点、招聘程序等。

（5）应聘者的甄选：这一过程包括填写求职申请表、核查资料、初次面试、测试、任用面试、审查批准及体检等具体环节。甄选方法有专业笔试法、面试法、情境模拟法、心理测评法等。

（6）录用决定：通过甄选，人力资源部门会同用人部门最终确定录用人员。无论录用与否，景区都要本着诚信原则，及时将相关信息反馈给应聘者。录用者及时办理录用手续，办理人事档案挂靠以及签订劳动合同等。

（四）人力资源培训

旅游景区人力资源培训是指景区通过各种途径和方法对员工进行职业道德和专业技能训练和教育。培训可以强化服务意识、提高服务质量；提高工作效率、降低损耗；提高员工的工作能力，并最终达到提高组织整体绩效的作用。

1. 培训内容

（1）职业道德培训：职业道德是从事一定职业的人员在职业活动中必须遵循的行为规范和行为准则，是社会道德在职业生涯中的具体体现。旅游业属于服务行业，对职业道德要求更为注重。培训时要加强员工对职业道德的认识，在服务过程中树立正确的价值观和道德观，发扬爱岗敬业的精神，并把遵守职业道德的情况作为考核、奖励的重要指标，养成良好的职业习惯，增强员工的责任感和使命感。

（2）知识培训：知识培训包括基础知识培训和专业知识培训。对基层员工应进行适当的基础知识培训，提高员工的基本素质；对管理人员主要应进行专业知识培训，要求有一定的理论深度和广度。

（3）能力培训：能力培训是指根据不同的工作岗位所要求的能力进行针对性的培训，对管理人员重点培训管理能力、管理方法和管理技巧，对专业技术人员重点培养创造素质和工作能力，对景区员工重点培养服务能力、实际操作能力和应变能力。

2. 培训类型

（1）岗前培训：岗前培训是指旅游景区在新员工上岗前所做的培训工作，分为一般性岗前培训和专业性岗前培训。一般性岗前培训主要由人力资源部门组织实施，培训内容主要为介绍景区的基本概况、组织机构、规章制度、报酬福利等，参观了解景区的内外部环境。专业性岗前培训主要由用人部门进行针对性培训，使新员工在上岗前掌握将来岗位的工作流程和基本技能，能够很快适应新的工作岗位。

（2）在岗培训：在岗培训指景区对在职人员进行提高综合素质的不脱产培训，是岗前培训的延伸。在岗培训是一个长期、持续不断的工种。

（3）岗外培训：岗外培训是指景区为了发展和员工的职务晋升，安排员工暂时脱产进行的专门培训。一般由景区意外的专门培训机构、行业协会或大专院校组织实施。主要方式有脱产进修、参加培训班和讨论会、参观学习等。岗外培训可使员工更新观念，学习到更多的专业知识和先进经验，对景区和员工的发展起到非常积极的作用。

3. **培训工作的实施**

实施人力资源培训的过程主要有四个部分：确定培训需求、制订培训计划、实施培训、评估培训结果。

（1）确定培训需求：通过工作分析、工作访谈、问卷调查、游客反映、观察员工行为等方式了解企业和员工的培训需求。只有确定了培训需求，才能在此基础上确定培训所要解决的问题和达到的培训目标。

（2）制订培训计划：在确定培训需求的前提下，制定培训目标。培训计划是培训目标的具体化和操作化，即根据培训目标，确定培训对象、内容、形式、时间、地点以及培训经费预算等。

（3）实施培训：根据制订的培训计划实施培训，在培训实施的过程中，要及时掌握培训情况，检查培训计划落实情况，根据具体情况对培训计划进行修改。

（4）评估培训效果：对旅游景区人力资源培训进行评估是培训工作的重要环节。评估既是对本次培训活动取得的效果进行分析，又是为下一次培训工作提供经验。培训效果可以从受训员工的反映、学习的预期效果、工作岗位上的表现、对景区产生的影响四个方面进行。

四、景区人力资源考核

景区人力资源考核是指景区应用科学的定性和定量的方法对每位员工的工作行为、表现及其结构，进行考核和评价。通过考核可以看出员工对本职工作的态度、能力和业绩，以达到提高员工工资绩效的目标。

（一）人力资源考核的目的和内容

1. **人力资源考核的目的**

景区人力资源考核是检验景区员工的工作是否符合景区管理者期望的评估管理活动。具体来说，考核有以下几个目的。

① 促进景区经济效益。这是每一个企业所追求的，也是考核的根本目的之一。

② 为员工薪酬管理提供依据。

③ 为制定员工晋升、调动、辞退决策提供依据。

④ 为员工培训提供依据。

⑤ 为奖励提供依据。

⑥ 能帮助员工自我成长。

⑦ 加强上下级之间的沟通，进一步引导、激励和管理员工。

2. 景区人力资源考核的内容

考核主要包括以下内容。

（1）工作态度：要求工作态度认真，很少迟到、早退、缺勤；工作效率高；工作中不偷懒、不倦怠等。

（2）服务技巧和能力：要求熟悉自己所在职位的工作内容，具备良好的处理工作事务的能力；善于制订工作计划，并积极在既定时间内完成工作任务；工作没有差错且处事正确果断；能独立并正确完成新的工作。

（3）责任感和协调性：要求对工作有较强的责任感，勇于面对工作中的困难；做事冷静，不感情用事；与同事和其他部门积极配合并互相帮助。

（4）自我启发：要求经常检查自己的不足，并积极学习新的知识、技能；虚心听取他人的建议、意见并积极改正自己的缺点；能制定长期的岗位工作目标并付诸实际行动。

（二）人力资源考核的方法

1. 排序法

排序法是按员工工作绩效进行考核排序的一种方法。在考核之前，首先要确定考核的模块，但是不确定要达到的工作标准。对相同职务的所有员工在同一考核模块中进行比较，根据他们的工作状况排序，工作较好的排名在前，工作较差的排名在后。最后，将同一个员工不同考核模块的排序数字相加，就是该员工的考核结果。总数越小，绩效考核成绩越好。

2. 分级法

分级法是根据工作分析，将被考核岗位的工作内容划分为相互独立的几个模块，并用明确描述完成该模块工作需要达到的工作标准；同时，将标准分为几个等级选项，如“优、良、合格、不合格”等，考核人根据被考核人的实际工作表现，对每个模块的完成情况进行评估，总成绩便为该员工的考核成绩。

3. 重要事件法

重要事件法是指考核人在平时注意收集被考核人的“重要事件”。这里的“重要事件”是指那些会对部门的整体工作绩效产生积极或消极的重要影响的事件，对此要形成书面记录，根据这些书面记录进行整理分析，最终形成考核结果。

（三）人力资源考核的方式

1. 上级评议

上级评议是直接由上级领导对其员工工作的评议。管理者是员工直接的任务分配者和工作监督者，因此有可能实事求是地对员工工作进行评议。

2. 同级评议

同级评议是指同事之间的互相评议。同事之间是相互协作的关系，因此同级评议可以得到很客观的评议结果，但这种方法必须保证是在同事关系融洽的前提下。

3. **下级评议**

下级评议可以从另一个角度判断员工工作的效率，但要避免与此同时产生的种种弊端，如下级因怕被记恨或其他目的而说好话。

4. **游客评议**

景区内大部分员工服务的对象是游客，同时游客与景区工作人员之间不像员工与同事、上下级之间一样存在主观印象，因此游客的评议具有很强的说服力。

5. **自我鉴定**

自我鉴定是在一定时间内，员工根据自己的工作所做的自我评定。这也是考核的主要方式之一。

（四）人力资源考核的具体环节

考核的效果在很大程度上取决于考评系统的设计、考核方法的选择和实施过程的安排。一般而言，完整的考核实施过程包括以下具体环节。

1. **考核内容的定义**

工作岗位不同，工作要求也不同。首先要有不同工作岗位的具体特点，然后才能确定考核指标及其权重。

2. **考核方法的选择**

为了提高考核的客观性，要根据旅游景区的实际情况制定考核方法。

3. **考核者的确定**

考核工作不应被视为仅是人事管理部门的任务。为了得到来自不同方面的考核信息，以消除在考核过程中由于单一考核者的主观偏见而对员工绩效评价带来的不公正影响，考核者除了出自景区的上级人事管理部门外，还应包括同级和下级。

4. **考核周期的确定**

考核周期必须根据旅游景区的实际情况和员工的实际工作性质来确定。考核周期的长短以能够对员工工作绩效进行有效测量，又不致给员工造成过多不必要的干扰为标准。一般以每周、月度、季度、半年、年度等为考核周期。

5. **考核程序的确定**

在确定考核内容、方法后，一般应遵循以下步骤进行人才考核：考核对象述职、群众评议、分析考核结果与辨识误差、传达考核结果、根据考核结论建立人才档案。

五、景区人力资源激励

旅游景区的人力资源激励是指旅游景区通过设计适当的外部奖酬形式和工作环境，以一定的行为规范和惩罚性措施，借助信息沟通来激发、引导、保持和规范景区员工的行为，从而有效地实现旅游景区组织及其员工个人目标的系统活动。

一个好的企业必定有一整套行之有效的激励模式，通过吸引、激励和留住人才以达到企业的不断成功和持续发展。激励理论告诉我们，满足对方的期望可激发对方产生相应的行为动机，从而引致最终的行动。

（一）人力资源激励的作用

1. 激励是提高员工创造性和积极性的重要手段

只有在激励的作用下，员工才能发挥其主观能动性和创造性。景区的管理人员应充分了解不同层次、不同时期员工的需求，运用各种激励手段来激发员工更为有效地为景区工作目标而努力工作。

2. 激励是建立健全良好企业文化的有效途径

旅游景区在进行员工激励时会不断强化景区企业的价值取向，进而建立诸如以“以人为本，尊重员工”为主题的企业文化。

3. 激励可以提高员工的满意度，减少优秀员工的流失

得不到激励的员工就像是一潭死水，没有生机和活力。而激励机制健全的企业则在各方面都充分体现了员工在企业中的价值。一些优秀员工能够充分展示自己的才华，实现自己的价值。旅游企业有效的激励机制会提高员工对企业的满意度，员工会更加努力工作为企业创造更好的效益，从而形成一个良性的发展趋势。

（二）人力资源激励的基本原则

1. 目标结合原则

英国哲学家约翰·洛克认为，个体为特定目标努力的企图心是激励其工作的主要动力来源。也就是说，明确的目标可以让员工了解什么事应该做以及必须付出多少努力。此外，特定的目标也具有提升员工绩效的效果，困难且富于挑战性的目标一旦被员工接纳后，往往能比简单的目标创造更高的绩效。目标若能适时提供回馈，绩效会比没有回馈来得好。明确而具体的目标本身即蕴藏强而有力的驱动力。在激励机制中，设置目标是一个关键环节。目标设置必须同时体现组织目标和员工需求。

2. 物质激励和精神激励相结合原则

物质激励是基础，精神激励是根本。在两者结合的基础上，逐步过渡到以精神激励为主。

3. 正向激励与反向激励相结合原则

所谓正向激励，就是对员工符合组织目标的期望行为进行奖励。所谓反向激励，就是对员工违背组织目标的非期望行为进行惩罚。正、反向激励都是必要而有效的，不仅会作用于当事人，而且会间接地影响到周围其他人。

（三）人力资源激励的方法

景区员工的激励可以根据员工不同工作的要求、不同员工素质等制定不同的激励方式。在日常的景区管理中可以采用以下几种激励方式。

1. 奖励激励

奖励激励是针对员工需要而进行的激励，即把员工在乎的奖励与惩罚作为激励员工的手段。景区企业可以使用包括奖金、休假、培训、改善工作环境等具体手段来激励员工，同时惩罚更能有效地教育犯错者不再为所欲为，这也是对所有员工进行的反面教育。

2. 目标激励

旅游景区的目标是号召员工的旗帜，是景区凝聚力的核心，能够在理想和信念的层次上激励全体员工。

3. 授权激励

授权激励是让员工在工作中承担责任，拥有自主权，能够按照自己的方式完成任务。授权激励可以使员工释放出最大的工作热情。

4. 参与激励

使员工对企业的事业尽心尽力，并保持高度积极性的最好办法之一就是让员工参与企业的建设与发展。员工会把企业的目标当成自己的目标，从而做到与企业同呼吸、共命运。

5. 晋升激励

晋升激励是指景区管理者对工作能力较强、表现优秀的员工委以重任的激励。这种激励可以有效地调动其工作热情和积极性，同时也向周围员工树立榜样。

6. 情感激励

情感激励是以重视人的情绪、情感等因素为前提，以尊重员工、信任员工为基准，注重与员工的感情沟通交流，使其保持良好的工作情绪，积极主动、轻松愉快地投入到工作之中。情感激励是一种以人为本的思想管理，体现了科学发展观的要求。

人在心境良好的状态下工作会思路开阔、思维敏捷、善于合作、效率提高，使制度的遵守和流程的执行变得轻而易举。生活中的现象告诉我们，员工积极性低落不一定是因为工资太少，很可能是他的业绩没有被肯定，能力不被领导赏识。诚然，物质需要始终是人类生活的第一需要，但随着人们自身素质和生活质量的提高，金钱与激励之间关系呈淡化趋势。我们所倡导的情感激励实际就是一种精神激励，它能满足人类较高层次的需求，从深度上激发人的主动性、创造性。信任员工、关心员工、赏识员工、激励员工、让员工快乐工作应该是管理者的天职。一个称职的管理者不一定要有绝佳的口才，却一定要有关爱员工之心、让员工快乐工作之能，正所谓“得人心者得天下”。

案例分析

迪斯尼的人力资源管理[1]

众所周知，迪斯尼现在已经成为全球最大的娱乐公司之一，是娱乐业的领头羊。在它成立的80余年中，是什么促使它发展成为今天如此大的规模？归根结底和它建立的系统的人力资源管理密不可分。自从1955年华特迪斯尼在美国洛杉矶创建第一个主题公园——迪斯尼乐园以来，迪斯尼公司已经成为集卡通设计、电视网络、电影、主题公园、文化用品、服装服饰于一体的大型娱乐性企业

[1] 根据网络资料整理。

集团。作为娱乐巨头的华特迪斯尼公司拥有众多子公司，业务涉及的方面也很多，而迪斯尼将这些众多业务分为影视娱乐、主题公园度假区、消费产品和媒体网络四个大的方面，终于形成了一个综合性娱乐集团。

迪斯尼现有雇员50000余人，其中公司天天大约要雇用新员工100名，对于这些新员工，迪斯尼有自己的一套培训“宝典”。为了顺利招聘到合适的员工，迪斯尼公司提倡在专门的装饰豪华的面试中心舒心地招聘，面试中心有有趣的圆形大厅和弯路，弯路的两边镶嵌着各式壁画，介绍公司的历史及特点。通常，面试中心天天要接待150～200名初试合格的应聘者。在应聘者来临之际，公司会主动向他们发放具体列有公司雇员工作条件及规章制度的文件，及列有公司全部职务的小册子；应聘者还可以使用幻灯片、可视电话等设备与公司相关人员沟通。经过一系列的精心安排，通过层层选拔的新员工在进入公司之前就会基本了解迪斯尼的企业文化。在此基础上，迪斯尼还对这些新员工进行精心培训，要求每一个新员工都要接受由迪斯尼大学教授团的新员工企业文化练习课，以便让他们熟悉迪斯尼的历史传统、成就、经营宗旨与方法、治理理念和风格。除此之外，迪斯尼还为新员工制定了一个为期三天的特色的个性培训：第一天上午学扫地，下午学照相；第二天上午学包尿布，下午学辨识方向；第三天上午学怎么与小孩讲话，下午学怎样送货。客户站在最上面，员工在中间面对客户，经理站在员工的底下来支持员工，员工比经理重要，客户比员工重要，这就是迪斯尼企业文化一个方面的体现。

对老员工，迪斯尼也组织精心的培训，且他们需要接受的培训更多，从内容到形式都非常丰富。比如在“生涯提升周”时，员工可以选择上“未来生涯”课，这堂课会告诉员工，迪斯尼乐园中有些什么新的机会，以及该如何去准备迎接。还有一种课程叫“应征课程”，它培训员工如何做一份好的履历表，如何透过履历表推荐自己，以及如何面试。

此外，团队间诚心的沟通也是迪斯尼人力资源管理的重要方面。首先，构建了内部沟通网络，由于迪斯尼公司员工众多且工作领域分散，因此公司采取各种方法

迪斯尼乐园

以保持公司内部的有效交流，及时准确地传达相关信息。其次，一周一次公司范围内的沟通也是必要的。早在20年前，迪斯尼公司就开始实行公司范围内的员工协调会议，每月举行一次，公司管理人员和员工一起开诚布公地讨论彼此关心的问题。此外，还有每周一次的上下级沟通，一方面要求员工能够开诚布公、畅所欲言，另一方面要求主管认真倾听，给出建议。

全新的激励是迪斯尼人力资源管理经久不衰的又一法宝。让员工制订弹性的工作计划，建立员工兴趣小组，实行“导师”制度，组织大家进行休闲娱乐活动，为员工提供便利的设施和服务，同时提供各种奖励措施。

正如迪斯尼CEO迈克·伊斯纳所说的“我们不是希望将员工放在迪斯尼中，而是希望将迪斯尼放在员工心中，我们要以‘心’服人”。

思考：阅读案例，谈谈迪斯尼乐园人力资源管理方式给你的启式。

点评：目前，很多知名的旅游景区企业已经认识到人力资源管理的重要性，但仍然存在很多人力资源机构设置不够合理、培训水平不能适应景区发展需要、高级景区专业管理人才难以引进、一线服务人员素质不高等问题，这些都严重制约着景区的转型发展。迪斯尼乐园的人力资源管理给予我们很多启示，它建立了一套科学完整的人力资源管理体系，从员工的招聘、新员工的培训、老员工的再发展培训、部门之间的沟通协调、员工激励等方面都有独到之处，值得我们借鉴。

思考题

1. 旅游景区工作人员的素质主要包括哪些方面的要求？
2. 旅游景区人力资源管理主要包括哪些内容？
3. 旅游景区人力资源培训的类型有哪些？你认为对景区讲解员的培训应以哪种类型为主？为什么？
4. 实训练习：分小组深入当地景区调查该景区的人力资源管理现状，并完成一份调查报告。

参 考 文 献

[1] 高峻．旅游景区开发与管理．大连：东北财经大学出版社，2007.
[2] 周晓梅．旅游景区服务与管理．天津：天津大学出版社，2011.
[3] 卢晓．旅游景区服务与管理．北京：清华大学出版社，2009.
[4] 王瑜．旅游景区管理实训教程．青岛：青岛出版社，2008.
[5] 周玲强．旅游景区经营管理．杭州：浙江大学出版社，2006.

项目七 旅游景区游客管理

学习目标

- ◆ 熟悉旅游景区游客管理的概念及内容
- ◆ 客观辨析旅游景区的游客行为
- ◆ 动态掌握游客行为管理及容量控制的方法

项目架构

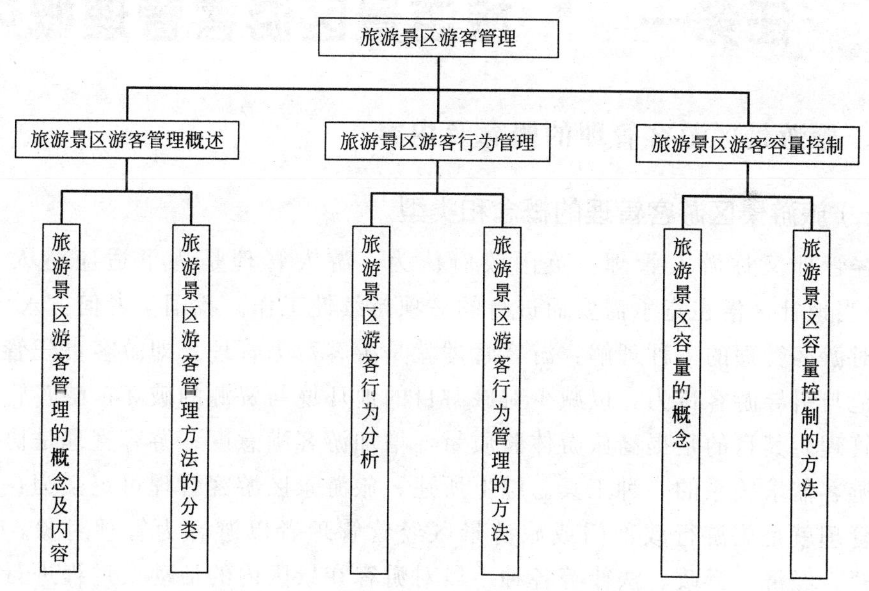

工作任务

情景：美国旅行商协会制定的生态旅游十条戒律

1. 要尊重地球的脆弱性。意识到如果不保护环境，后代可能不会再看到独特而美丽的目的地。

2. 只留下脚印，只带走照片。不折树枝，不乱扔杂物。

3. 充分了解你所参观地方的地理、习俗、礼仪和文化。

4. 尊重别人的隐私和自尊，拍照时要征得别人的同意。

5. 不要购买使用濒危动植物制成的产品。

6. 要沿着划定的路线走。不打扰动物，不侵犯其自然栖息地，不破坏植物。

7. 了解并支持环境保护规划。

8. 只要可能，就步行或使用对环境无害的交通工具，机动车在停车时尽量关闭发动机。

9. 以实际行为支持景区内那些致力于节约能源和环境保护的企业。

10. 熟读有关旅行指南。

任务： 1. 美国旅行商协会制定生态旅游十条戒律对你有哪些启发？

2. 假如你是一名景区的管理者，你会采用什么措施对游客的行为进行引导和规范？请试着设计一份景区的游客行为规范。

点评： 为取得良好的游客管理效果，景区对游客的管理不应局限于对游客行为的约束、监督甚至惩罚，应该给予游客更多的尊重、理解和关心。美国旅行商协会在充分了解游客行为的基础上制定的生态旅游十条戒律，对游客行为的规范就比较合理和人性化，且表达方式委婉，使游客更容易理解和接受，值得学习。

任务一 旅游景区游客管理概述

一、旅游景区游客管理的概念及内容

（一）旅游景区游客管理的概念和类型

游客管理又称游人管理。英国政府认为，游人管理是为了适应游人在景区（点）及当地社区潜在竞争需要而进行的一项持续性工作。我国学者何方永（2005）提出了对游客管理的三种理解：游客管理就是游客行为管理，即游客责任管理，目的是规范与引导游客行为，以减少对旅游目的地环境与资源的破坏；游客管理是游客体验管理，其目的是提高旅游体验质量，增加游客满意度；游客管理是协调环境保护与游客需求关系的一种工具。综上所述，旅游景区游客管理可定义为：旅游景区游客管理就是旅游行政部门或旅游景区经营管理者以游客为管理对象，运用科技、教育、经济、行政、法律等各种手段对游客在景区内的活动全过程进行组织和管理，来保护和强化景区旅游资源和环境、提高游客体验质量，从而达到旅游资源的永续利用和旅游目的地经济效益的最大化。旅游景区游客管理可从以下多种角度进行分类。

由管理的目标差异出发，可以将游客管理分为环境负面影响管理和游客体验管理。

根据管理不同的侧重点可将游客管理模式分为环境导向型、游客导向型、（环境）游客导向型三种。环境导向型管理模式主要适用于自然景观或文物古迹类景区，游客导向型模式主要适用于人造景区，（环境）游客导向型模式则介于前两者之间。

从景区管理的内容上看，旅游景区的游客管理还有狭义和广义之分。狭义的游客管理主要是对旅游景区中的游客行为进行控制，以保证其按照合适的方式进行游览，不致造成对自身和他人的负面影响；广义的游客管理则包括对游客行为的控制、对游客容量的控制、对游客安全的监督、对游客的服务管理等内容。本项目主要从广义的角度分析旅游景区游客管理。

课堂讨论

某旅游景区为维持景区的良好声誉，特别重视游客投诉的管理，为此成立了游客投诉中心，派专员接受并快速处理游客投诉，从而获得游客的一致好评。这属于旅游景区游客管理的内容吗？此外，旅游景区还应从哪些方面对游客进行有效管理？

（二）旅游景区游客管理的内容

1. 游客行为管理

一些游客在景区游览过程中表现出一些不文明行为，不仅对景区资源造成了破坏，而且还大大影响了其他游客的旅游体验。游客的不文明行为表现为两大类：一类是游客在景区游览过程中随意丢弃各种废弃物的行为，如随手乱扔废纸、果皮、饮料瓶、塑料袋、烟头等垃圾，随地吐痰、随地便溺等；另一类是游客在游览过程中不遵守旅游景区有关游览规定的违章行为，如乱攀乱爬，乱涂乱刻乱画，越位游览，违章拍照，违章采集，违章野炊、露营，随意给动物喂食，袭击动物、捕杀动物等。这两类行为目前在国内旅游景区都是很常见的，特别是在黄金周假期更为严重，产生了恶劣的影响，有必要采取措施进行有效的管理。

2. 游客容量控制

旅游地的资源环境难以承受游客的无限增长。为了避免旅游业的过度增长对旅游地资源、环境和社会造成不可挽回的破坏，游客容量管理就变得十分必要。虽然对游客的数量控制已被证明存在缺陷，但不可否认的是，游客的体验水平和对环境的负面影响程度与游客数量还是存在普遍相关关系的。如某些特殊景区喀斯特溶洞、石窟等，其环境和保护文物等负面影响的直接因素主要是二氧化碳、细菌含量的增多，而这种情况主要与游人数量相关，与游客行为无明显联系。这也是环境容量理论在被越来越多地发现存在缺陷后还能一直在实践中运用的缘故。对景区游客容量控制最简单的方法就是强制性限制，但考虑到对旅行社业务、游客出游计划的影响，一般还要采取建立客流信息系统、预定系统、价格策略以调节控制。为达到数量控制目的，有些景区还采用一些特别的办法。如美国黄石国家公园采取抓阄进入的办法控制每天进入公园的人数；有些景区采用适当保持或提高景区进入难度、减少宣传等手段控制游客数量。

3. **游客安全管理**

旅游安全是旅游者出行最基本的需求。近些年来，随着旅游活动的升温，特别是在我国实行双休日和延长“十一”假期所形成的黄金周以来，旅游安全问题显得更加突出。“没有安全就没有旅游”。旅游者出行安全不仅会影响到一个旅游企业的运营，更重要的是将关系到整个地区的安全信誉，影响到潜在旅游者出游动机的形成或取消。因此，旅游安全被称为旅游业发展的生命线。旅游景区管理部门在保障游客安全方面需要做更多的努力。

4. **游客服务管理**

随着游客自我保护意识的不断增强和媒体的宣传报道，游客对旅游景区的期望值也越来越高。游客不仅看重景区的资源质量，对景区服务质量的要求也越来越高。游客到某一景区游览后，常常会评估自己的游览是否“物有所值”，如果达不到预期效果或者在景区发生不愉快，就会投诉景区，而投诉原因多数是旅游景区服务收费和服务质量问题。景区应该高效合理地处理游客的投诉，将原有工作失误造成的负面影响降到最低，以提升游客体验水平，维护景区声誉。

二、旅游景区游客管理方法的分类

旅游景区游客管理可分为直接管理和间接管理两种。前者是直接改变旅游者的意志和行为，使旅游者意识到自己的行为受到一定限制。如旅游客车内禁止吸烟、林区内不得使用明火、生态旅游景区内不得采集任何野生动植物标本等。不直接改变但能影响游客意志和行为的措施和方法则叫间接管理方法，它不被游客看成是对自己意志和行为的限制。如节约用水的劝告，环境解说系统中的善意教育和引导性语言等。我国学者周峰等人（1988）曾经编译了鲁卡斯（R. C. Lucas，1984）、道格拉斯（R. W. Douglass，1982）、皮格兰姆（J. Pigram，1983）和努森（D. M. Knudson，1980）等人的论著，其中列举了游客管理若干直接或间接的具体措施，见表 7-1。

表 7-1 旅游景区游客的直接管理和间接管理

方法	技术层	具体措施
直接管理法	实施规则	加强巡视 罚款 雇用看护员 使用闭路电视或摄影机监视
	分区管理	禁止在某些区域或某些时间段内从事某些活动 关闭某些地域的活动场所
	限制利用量	限制游客数量 限制团体数量 限制停留时间
	限制活动	禁止营火晚会 禁止超出道路和游径的旅行 禁止野营 禁止带狗，或者规定必须给狗系上皮带 禁止乱扔废物 禁止游客纵容马匹啃食植物等

续表

方法	技术层	具体措施
间接管理法	物理变更	改善维护(或不改善维护)通入道路 有选择地封闭道路 新建道路 改进停车设施 改变游径,或仍保留为无游径的区域 改进通往水域的道路 增加鱼类或野生动物种群量,或不增加 开辟水体 扩大视野
	宣传	设置较多方向标志,或很少设置 利用宣传工具做旅游景区和游憩机会的广告,或不这么做 向游客介绍活动类型,特别是介绍开放的场所和时间 教育游客遵守规则 号召游客予以协助
	适当要求	收取固定入场费 根据场所和季节收取不同的费用

拓展阅读

生态旅游与生态旅游者[1]

一、生态旅游

生态旅游(Ekotourism)是由国际自然保护联盟(IUKN)特别顾问谢贝洛斯·拉斯喀瑞(Ceballas-Laskurain)于1983年首次提出。1990年国际生态旅游协会(CeInternational Ekotourism Society)把其定义为:在一定的自然区域中保护环境并提高当地居民福利的一种旅游行为。生态旅游有两个基本要点:其一生态旅游的物件是自然景物;其二生态旅游的物件不应受到损害。在全球人类面临生存环境危机的背景下,随着人们环境意识的觉醒,绿色运动及绿色消费席卷全球,生态旅游作为绿色旅游消费,一经提出便在全球引起巨大反响,生态旅游的概念迅速普及全球,其内涵也得到了不断的充实。针对目前生存环境不断恶化的状况,旅游业从生态旅游要点之一出发,将生态旅游定义为“回归大自然的旅游”和“绿色旅游”;针对现在旅游业发展中出现的种种环境问题,旅游业从生态旅游要点之二出发,将生态旅游定义为“保护旅游”和“可持续发展旅游”。了解生态旅游的内涵,有利于规范旅游者的行为,区分生态旅游者的界限,培养合格的生态旅游者,规划生态旅游环境保护的举措,促进生态旅游的发展。

二、生态旅游者

生态旅游者是旅游者生态意识不断提高的产物,是生态旅游活动的主体,是生态旅游形成和发展的关键性因素。与传统旅游者相比,生态旅游者具有如下特点。

[1] 根据网络资料整理.

1. 生态旅游者具有高度的环境责任感

生态旅游是针对环境恶化问题而产生的一种旅游方式，是一种带有责任感的旅游。《旅游业可持续发展——地方规划指南》一书中指出："生态旅游代表了迅速扩展之中的旅游者细分市场，并特别吸引那些具有高度环保意识的旅游者。"这一观点表明了生态旅游者在生态旅游业发展中的重要作用，强调了生态旅游者要具有生态意识，掌握生态环保知识，关注生态环境，在旅游活动中尽到保护生态环境的责任和义务。

2. 生态旅游者具有高素质和高品位

生态旅游是一种高素质、高知识和高层次的旅游。生态旅游者为大自然的美丽与神秘所吸引，想亲近大自然，了解大自然，希望在与大自然的接触中交流，探索大自然的奥秘，学习新知识，开阔视野，增长见闻。他们大多是知识广博，人格独立，生活品位高，同时追求新知识和独特体验的自然爱好者。

3. 生态旅游者具有高水平的消费

相对于传统大众旅游者来说，生态旅游者对旅游环境的要求更高，可进入门槛高。生态旅游者除了具有生态意识和环保知识外，还要为保护环境而支付应该承担的费用。

具体而言，生态旅游者希望获得具有深度的"真正经历"，追求身体和精神享受；渴望与当地居民交流，学习当地文化历史知识；对服务水平要求低，居住条件简单，能忍受不适，愿意接受挑战以及追求对个人和社会都有益的经历等。

任务二 旅游景区游客行为管理

一、旅游景区游客行为分析

游客行为是指旅游者从旅游活动开始到结束整个过程中所持有的心理状态的一种外在表现形式，是以旅游目的地环境映像为基础的旅游主体内在生理和心理变化的外在反应。包括旅游的决策行为、旅游景点的体验、体验评价和游后行为趋向等内容。为了对游客行为进行有效的管理，首要任务便是对影响游客行为的因素进行分析。

（一）游客个人背景对其行为的影响分析

游客的个人背景与旅游行为密切相关，它直接影响到游客对于旅游景点的选择、旅游形式的选择及旅游动机、出游的频率等。游客的个人背景主要包括经济收入、性别、年龄、教育程度、职业等。

1. 经济收入

收入水平的高低直接影响到游客的旅游购买行为。从调查中得知，旅游者以中等收入者为主，占游客总数的60.3%；高收入者次之，占游客总数的1/3；而低收入者，只占总数的6.3%，由于最高收入层的人士往往事务十分繁忙，他们反而没有时间参加更多的旅游活动，出游频率出现一定程度的下降。但一般来说，收入越多，说明其可自由支配的收入越多，在选择产品时，更注重自己的兴趣而不在意产品的价格。

2. 性别

调查发现，男性出游率略高于女性。产生的原因有：①男性比女性更富于异向型心理特质，倾向于选择刺激性产品；②男性比女性有更多的公务外出机会和可自由支配的空闲时间；③男性的体魄较女性强健，因而男性产生旅游的可能性比女性大。

在购物旅游的消费水平上，男性低于女性。产生的原因可能为：①女性的体力、冒险精神不如男性；②女性热衷于到城市购物，因此往往偏好于城市旅游地。

3. 年龄

年龄不同，旅游需求不同。如年轻人比年老者更趋向于参加旅游活动。进一步的分析还发现，对不同类型的旅游活动，不同年龄层的人参与率也是不同的。一般老年人体力有限，探险欲望低，他们旅游往往较多地选择较省力、安全的城市旅游地。

4. 教育程度

由于旅游很大程度上是一种精神消费，因此，不同的文化层次间接地造成了游客需求的明显差异。一般来说，受教育程度越高，对旅游的需求越大，消费能力越强，所选择的产品的文化含量越高。此外，高学历者对自己的旅游行为有较明确的目的性，而中等学历的人产生旅游愿望更多是受大众媒介的影响。

5. 职业

旅游者职业不同，意味着收入、闲暇时间和受教育程度不同，旅游的倾向和需求也不一样。抽样调查显示，就业情况与出游关系表现为：已就业的多以公务员、科技人员、工人、公司职员和商业从业人员为主，未就业的多以学生为主。而农民、离退休人员等因收入水平和体力限制，出游率较低。

（二）游客的人格类型对旅游行为的影响分析

它与旅游者的行为关系密切。通过对旅游者人格类型的分析，有助于旅游工作者更好地预测和引导旅游者的行为。旅游者人格类型可以从不同的角度进行划分。根据旅游者在生活中的表现或与他人之间的关系，可将旅游者划分为如下几种类型。

1. 神经质的旅游者

神经质一词更多地用在变态心理学中，指的是具有敏感、易变等不完善人格的人。神经质旅游者的特点是：厌倦的、脾气乖戾的；急躁的、大惊小怪的；兴奋的、易激动的；无礼的、事必挑剔的；敏感的、难以预测的。神经质类旅游者最难管理，对服务及管理人员来说是最大的挑战。通常情况下这类客人比例较小，但随着社会的发展，生活节奏日益加快，外在压力不断增大，人们体验到的失败感越来越多，导致神经质的旅游者有增加的趋势。从旅游业的角度来说，没有选择客人的权利，只能给客人以舒适、抚慰、尊严。

2. 依赖性的旅游者

具有依赖性旅游者的特点是：羞怯的、易受感动的、拿不定主意的。这类客人包括人格不健全的幼稚性人格者、初次出门的旅游者、年老和年幼难以自理者以及不熟悉情况的外国客人。这类客人需要更多的关注和同情，他们需要详细掌握旅游业所提供的服务项目、收费情况等。对这类客人如果不能给予充分关注，他们便难以充分享受和消费旅游业所能提供的各种产品，从旅游业角度来看也就失去了商机。

3. 使人难堪的旅游者

使人难堪的旅游者的特点是：爱批评的、漠不关心的、沉默寡言的。这类客人的心中好像有许多不平事，属于原则对外的那类人；他们只是对别人提要求，而很少理解和关心别人；他们也从不由己推人，进行心理换位。因此，对这类客人要谨慎、周到、注意细节，在服务过程中要给予更多的关注。

4. 正常的旅游者

除了以上三种类型的旅游者之外，绝大多数旅游者是属于有礼貌、理智正常的客人。对于这些正常的旅游者，服务人员可以充分发挥自己的聪明才智，把各种服务充分有效地提供给他们。

（三）游客的类型对旅游者行为的影响分析

根据组织形式可将游客分为两类：团队游客和散客游客。选择这两种不同出游方式的游客自然也会表现出不同的行为特点。

1. 团队游客及旅游行为特征

团队游客是由旅行社组织安排的，按照固定的旅游线路、活动日程与内容，在旅游地或旅游景区内进行一日游或数日游的旅游者，一般在 10 人以上。团队游客的行为往往受到较多的约束，游客的行程安排大多比较紧凑，灵活性差；团队游客在旅游地或旅游景区内大多统一行动，在很有限的时间内参观游览该区域内核心的、比较重要的景点和景物，很难深入了解、观赏旅游地或旅游景区的全貌。

2. 散客游客及旅游行为特征

散客是相对团队游客而言的自行结伴、自助型的游客。散客一般在 10 人以下，单身、情侣、单位小团体、家庭出游等。他们往往根据自己的兴趣爱好，能够按照自己的意志自行决定旅游行程和线路安排；他们在旅游地或旅游景区内逗留的时间较长，重游次数较多。个性化行为突出是散客旅游的一大特征，不确定性因素较大。

二、旅游景区游客行为管理的方法

对游客行为进行有效管理仅凭一方力量一种方法很难完成。为取得更好的管理效果，宜采用硬性与软性相结合的方法，即制度强制管理和服务引导管理相结合的方法。

（一）制度强制管理法

制度强制管理法就是旅游景区通过制定严格的规章制度来约束旅游者行为的方法。如通过制定专门的《游客游览行为管理处罚条例》，在旅游合同中增加行为约束条款、加强现场管理等措施，使游客游览行为管理法制化、系统化、自觉化和常态化。制度强制管理法的特点就是严厉和强制。

（二）服务引导管理法

制度强制管理法的惩戒只是一种手段，而并非目的，并不能从根源上解决问题。毕竟游客是服务提供者的服务对象。服务引导管理法是基于游客都有公德心、责任心、羞耻心等人性中善的考虑，通过引导游客的行为来实现目的。服务引导管理法要求在服务游客的过程中更多地加入人情味，表现出对游客的爱心，让游客意识到自己绝不仅仅是被约束、监督甚至惩罚的对象，更是被尊重、理解和关心的对象。此外，景区管理者还要在服务的过程中通过对游客某些不文明行为原因的分析来对症下药，让游客在不失面子的情况下虚心接受。相对严厉的制度强制管理法，服务引导管理法更加人性化。

1. 景区旅游解说系统引导

旅游解说系统是旅游景区诸要素中十分重要的组成部分，具有教育、导引、传播知识、加强旅游资源和设施的保护等功能。解说系统主要包括交通引导、接待设施引导及游客中心。交通及接待设施可跟随时代潮流，用一些轻松幽默的话语对游客进行提醒，引起游客注意。游客中心不但可以展示景区景观，提供相关的旅游信息，出售导游手册和相关书籍，解决游客投诉，而且会成为主要的游客教育中心。如可通过播放一些视频资料让游客学习相关知识，还可建立三维模拟体验室让游客体验环境破坏后的旅游景区，让游客切实感受到保护环境的重要性。

2. 景区环保活动引导

目前大多数景区都会面向游客开展一些环保宣传教育活动。但这些宣传基本都停留于书面，游客都是被动接受，宣传效果如何无从得知。为使环保教育更具趣味性，旅游景区可在旅游活动项目的安排中有意识地增加与环境、景观保护有关的内容，还可开展一些参与性强的环保性旅游活动，如景区垃圾清理大赛、由大人带着小朋友一起参加的植物寻找大赛等。对在活动中获奖的游客，景区可给予相关优惠及奖品，使游客一方面在活动中获得相关知识，另一方面通过优秀的表现起到示范及影响他人的作用。

3. 景区员工示范引导

作为景区的一员，景区全体员工都有保护景区环境和为游客服务的职责。景区员工除了在日常的工作中认真履行职责，热心为游客服务外，还应以自己的实际行动教育游客尊重环境，遵守规章。如黄山之所以卫生保洁好，除了到处都是石砌的垃圾箱外，还能看到清洁人员不辞劳累、默默无闻地捡拾游客留下的垃圾，于是也没人会忍心乱扔乱倒垃圾给他们添麻烦。

4. 导游示范引导

对于团队游客而言，带队导游在帮助游客了解、欣赏环境和景观的同时，还应负有“资源管理”的职责。鼓励对景区环境、景观负责的行为，预防和制止游客不文明行为。在这一方面浙江千岛湖的做法颇有借鉴意义。为保护千岛湖的良好生态环境，景区所在县旅游局强调每个导游员有责任向游客宣传千岛湖环境保护意识。该局经常为导游员举办环保知识专题讲座，把《千岛湖环境》作为导游上岗、年审培训的必修课。这些做法取得了很好的效果。

拓展阅读

国外游客管理的成功经验[1]

（一）西班牙管理经验

2005年，西班牙入境游客达5560万人次，大大超过本国人口（4200万人），创汇378亿欧元，外国游客数量和旅游收入均居世界第二位。西班牙之所以能够成为世界旅游大国，除了拥有丰富的旅游资源外，还拥有文明的旅游氛围和管理井然的旅游景点。西班牙所有的旅游景点都不准开饭馆和咖啡馆，也不准零售任何食品、水和纪念品，更不准乱停车。沿街叫卖的小商小贩在景点内是绝对禁止的，违者严惩不贷。西班牙旅游景点内不准吃东西，游客吃饭、喝水必须到城里的饭馆、咖啡馆，买纪念品必须到附近出售纪念品的商店。旅游景点里厕所全部免费，厕所布点合理，而且非常干净，洗手池、洗手液、手纸和烘干机等一应俱全，因此不可能出现随地大小便之类的不文明行为。坐落在首都市中心的马德里王宫和布拉沃古典绘画博物馆，大门口没有任何人维持秩序，但是有两排弯曲的白色栏杆引导人们前进，游客有秩序地鱼贯而入。在这样的文明环境里，人们会自觉地约束自己的行为，任何不文明的行为都会让人觉得是一件十分丢人、极其难堪的事情。马德里大街小巷到处都能在路边看到体积不大的圆形垃圾筒，相隔20～30米就有一个，方便行人将垃圾扔进垃圾筒。西班牙有关部门对个别不文明行为采取两种措施：一种是对不严重的事件用文明的劝说方式加以制止；另一种是对个别严重的不文明事件予以报警，由警方出面处理。

（二）意大利威尼斯管理经验

历史悠久的世界著名水城威尼斯是一座面积不足8平方公里的小城，城市中居住着不足8万居民，而每年平均接待1200万游客。巨大的客流量严重威胁着当地旅游业可持续发展的能力。为了保持威尼斯的吸引力、减少旅游业对当地的负面影响，当地政府以及旅游主管部门制定了一系列游客行为管理政策。

为了有效维护当地的文明旅游氛围，威尼斯政府采取了“软硬兼施”的方法，具体表现为：首先，大力开展环境保护教育和宣传活动，以培养和提高旅游者以及当地居民的旅游资源环境保护意识，形成环保内在驱动力。当地旅游政府部门以及旅游企业共同倡导旅游可持续消费理念，即倡导旅游者的消费观念、消费结构、消费行为和消费模式向有利于环境、资源合理利用

[1] 张文，李娜. 国外游客管理经验及启示. 产业观察，2007（27）.

和人们整体素质提高的方向发展。其次，在加强旅游者环保意识教育的同时，切实加强执法力度，从而有效地规范了游客行为、保护了旅游资源环境。威尼斯的旅游环保法规比较健全，除了严格执行欧盟、意大利的各种环保法规以外，还专门制定了相关旅游法规，例如威尼斯市政府为规范旅游者行为而专门出台了名为“您不能”的行为规范手册，其内容包括游客不能在街头吃午餐、不能乱丢垃圾、不能在河道里游泳、不能在城内骑车或是驾驶其他任何车辆、不能在公共场合脱衣服、不能身着泳装行走街头等。对于游客的不文明行为执法官员会不留情面地进行高额罚款，如对在圣马可广场上野餐的游客的处罚高达250欧元。

任务三 旅游景区容量的控制

一、旅游景区容量的概念

课堂讨论

我国黄金周期间各地景区都会出现“井喷”式的游客爆满现象。谈谈你对这一现象的看法及解决之策。

我国学者对旅游景区容量的概念研究始于20世纪80年代，但旅游景区容量的概念迄今为止在旅游界还没有一个定论。世界旅游组织（WTO）1981年对旅游景区容量的定义较有代表性：旅游景区容量，即旅游承载力，是在同一时间内到达某个旅游目的地最大旅游者人数，而且不会破坏当地社会、经济、文化环境，不会降低旅游者的旅游质量。国内专家从供给与需求的角度将景区容量分为如下五类。

（1）旅游心理容量：也称旅游感知容量。这是需求方面唯一的一个容量概念，是从旅游者的角度来考虑的。即旅游者于某一地域从事旅游活动时，在不降低活动质量的条件下，地域所能容纳的最大量。

（2）旅游资源容量：这是在保持旅游资源质量的前提下，一定时间内旅游资源所能容纳的旅游活动量。

（3）旅游生态容量：在一定时间内旅游地域的自然生态不致退化的前提下，旅游场所所能容纳的旅游活动量。

（4）旅游的经济发展容量：是指一定时间一定区域范围内经济发展程度所决定的能容纳的旅游活动量。

（5）旅游的地域容量：指旅游接待地区的人口构成、宗教信仰、民情风俗、生活方式和社会开化程度所决定的当地居民可承受的旅游者数量。

拓展阅读

九寨沟景区容量的数字化管理[1]

世界遗产大会负责对各国的遗产保护状况做出评估，遗产地遭到严重破坏的将被列入濒危目录。联合国教科文组织还将对中国的世界遗产进行5年一次的监测，中国的世界遗产保护问题是各方关注的焦点。旅游旺季特别是黄金周旅游高峰期，控制客流量、维修保护等方面是容量管理工作的重点，对景区可持续发展的影响也最大。九寨沟启用的数字九寨系统在景区容量管理方面发挥了很好的作用，为景区管理带来了新的思路。“五一”期间，九寨沟为缓解个别景点游客过多的压力，利用智能系统，通过安装探头、远程传送数据等方法，使景区的每一个核心景点的人流量都处于管理部门的控制中，从而疏导人流，改善游客人数分配不均的现状。对核心景点的智能监控只是数字九寨系统的一部分，这项投资达1亿多元的系统还包括电子门票、环境监测、森林防火等内容。从电子门票来说，几乎90%以上到九寨沟旅游的人都是通过网络购买门票的，通过这种方式，景区管理部门不但每天可以动态监测门票的销售情况，而且还可以实现总量控制，人数超过2.8万就停止售票。而环境监测系统则是通过搜集大气水等生物圈的数据变化对遗产地可能存在的潜在威胁做出预测。数字九寨系统还将四川遗产景区九寨沟、黄龙、峨眉山、都江堰、青城山等打造为四川世界遗产景区最佳旅游精品线，实现各景区统一营销宣传、电子门票预订等活动，有效地在大九寨旅游区内合理分布客流，增加了旅游区的容人量和容时量，延长了游客的逗留时间，取得了可观的经济效益，也提升了整个旅游区的形象，进一步增强了旅游地的吸引力。数字九寨系统的应用使得景区能够根据游客人数提前做好工作安排，合理调配观光车、工作人员、餐食等，降低管理的盲目性，降低成本，使管理更为科学、有序。通过数字九寨项目，九寨沟风景区管理局在提高管理效率上节约了大概1000万元的成本，这笔资金又用于九寨沟的环境保护和科学管理，实现了良性循环，促进了景区的可持续发展。

二、旅游景区容量控制的方法

旅游景区容量需考虑旅游地资源环境、旅游者的旅游体验这两个基本因素。旅游景区（点）如果人流量过大，一方面会影响景区环境质量，另一方面会破坏旅游者的旅游体验。旅游景区容量是一个概念体系，其大小与旅游地规模、旅游资源质量与数量、自然条件、基础服务设施等因素有密切关系。如何科学管理景区（点）容量是景区面临的最新挑战。主要有以下几方面尝试。

[1] 根据网络资料整理．

1. **合理确定景区容量**

合理确定景区容量是控制景区容量的基础。景区首先要改进传统的测算方法，学习知名景点的经验，建立旅游环境容量动态模型，确定景区的合理容量。在旅游旺季，更要加强与其他部门的协作，提出一整套应对方案，时时监测景区旅游容量。根据游客人数迅速做出调整，确保将景区拥挤、超载减到最小程度，带给游客好的旅游体验。

2. **科学实施价格分流**

为控制景区容量，景区普遍采用的方式是下调淡季的门票价格，忽视了旺季价格杠杆在容量控制上的运用。借鉴国外的经验，我们可以采取分时、分段、分区设立不同价格的方法来控制旺季的游客数量。分时，是指在每天的特定时段提高景点门票价格，限制旅游者的进入，在其他时段则降低价格，实现旅游者分流；分段，是指将游览时间分成几个时间段，通过在不同时间段收取不同的费用，来达到分流游客的目的；分区，是指对景区的不同区域收取不同的费用，以此来限制过多游客进入景区的著名景点，避免造成拥挤和景点超载。

3. **平衡规划旅游产品**

目前多数景区之所以出现游客容量问题，原因就在于淡旺季游客量差距过大。而正是旅游产品规划的不平衡才会导致淡旺季的出现。因此，要从根本上改变现状，就要合理规划淡旺季特色旅游产品；营造四季特色文化旅游。如旺季以自然风景观赏旅游产品为主，淡季则可深入挖掘景区文化内涵，开发文化深度体验旅游产品；还可引进大型节庆、赛事、会议、展销会等活动，使游客深入其中，提高景区的愉悦性。这样既有助于调节淡旺季游客量，也有助于景区创收。

4. **大力建设信息系统**

现代科学技术为旅游景区的管理提供了前所未有的便利。目前大部分景区都会有自己的门户网站，但多数景区仅在门户网站进行简单的信息发布和旅游产品宣传。实际上，信息系统的作用远不止此，在信息化平台的基础上可建设新的企业业务流程。如采用信息系统可以实施景区的预约游览，进行门票销售；还可以利用卫星定位和全球跟踪系统实时监控旅游景区的游客数量和空间分布情况，从而更加合理有序地分流、疏导游客；充分发挥科技的优势从游客进入景区前进行有效分流，从而避免出现拒客于门外的情况，同时又能提高进入景区的游客旅游满意度。

5. **持续强化各方合作**

景区应充分利用媒体、兄弟景区及旅游代理商等多方力量在游客容量控制上的作用。首先，要强化与国家主流媒体、知名旅游媒体的合作。及时发布景区信息以及接纳游客量信息，影响旅游者选择旅游目的地的行为，确保在景区合理容量内经营，实现信息分流。其次，要强化与同区域内其他景区间的合作，从而实现景点分流。在旅游旺季，合理地引导旅游者到不同的景点旅游，既缓和了热门景点的拥挤状况，也提升了冷门景点的经济效益，还使游客得到了不同的旅游体验，实现了双赢。最后，应强化与旅游代理商的合作。建立良好的沟通机制，就游客数量问题进行磋商，控制特定时期内到景区旅游的团队游客数量，实现游客出游时间的分流。

案例分析

杭州旅游景区的游客管理办法[1]

(1) 游客容量管理：杭州景区在处理季游客容量问题上有着独特的方式，免费门票和营造四季特色文化旅游是对游客容量很好的处理，减少了在旅游旺季因游客数量激增而引起游客排队时间长、可玩项目减少、满意度下降等问题；同时也增加了旅游淡季的游客量，由于西湖周边的景点免费较多，因此游客体验及排队的时间减少，从而提高了游客满意度和体验感。杭州实行低碳旅游，公共自行车、电瓶车在方便环保及低费用的同时，对游客进行了分流，也成为了杭州景区内一道特色的风景线。还有水上巴士、游船的运用，减少了部分陆地游客量，水上巴士同时还连接了西溪湿地、京杭大运河、钱塘江、西湖，形成“五水”相通的水上旅游线路，增加旅游收入。

(2) 游客满意度管理：为了提高服务质量、完善设施、规范景区服务，杭州景区每年都采用抽样问卷调查方式，对景区游客满意度进行调查、统计与分析。根据调查内容统计数据并编写出年度游客满意度分析报告，反馈给相关部门与公司领导。根据游客的需要改善环境，同时更新旅游热点，如对西湖、西溪等老景区不断进行升级改造。2009 年第二季度调查结果显示，国内旅游市场游客满意度为 78.90，在 40 个样本城市中，杭州、无锡、广州、珠海、沈阳、北京、天津、上海等城市的满意度指数较高，均超过 80。其中，杭州排名第一。2010 年国庆黄金周新推出江洋畈西湖湿地、新中东河、中山南路中华美食夜市、城北半山游步道等新景点，都吸引了大量的游客和市民，并推出游船体验。这些都是对游客满意度管理进行的调整。

(3) 游客行为管理：杭州景区对游客的行为进行管理，在景区内对游客进行规定，公园提倡尊重、理解、和谐的文明行为，禁止随地吐痰、乱扔垃圾、毁坏财物等不文明行为，如经发现后不听劝阻者，景区有权要求游客无条件离开公园；景区内严禁打架斗殴、寻衅滋事、偷窃等违法犯罪行为，景区内安保部门及工作人员有权现场制止，并协助公安部门依法处置。在夏季，西湖禁止游客跳入湖中游泳、洗澡，此不文明行为一旦被安保人员发现，先进行温馨提示及时制止，如经劝导后依然继续不文明行为者，景区通过协助公安部门依法处置。

(4) 游客体验管理：杭州景区为游客提供新、奇、特的游乐体验和安全优质的游乐服务，打造中国休闲城市。杭州西湖景区的游船体验，让游客在游船上享受从水中看西湖、在水中看杭州，并结合西溪湿地等处开通水上通道，使游客们体验不一样的旅游方式，体验水中杭州。杭州部门景区将游客观赏、体验纳入了游客旅行的一部分，如西溪湿地的采柿子节、采菱，游客们可以在秋季采摘柿子，在水上采摘菱角，感受西溪特色的民俗活动；加上西溪越剧、说大书、皮影戏、龙凤舟体验，让游客更亲近西溪，体验节庆的热闹。

---

[1] 朱少明. 旅游景区游客管理研究——以杭州景区为例. 商场现代化，2010 (10).

（5）游客投诉管理：游客对杭州景区的满意度名列我国前茅，杭州西湖名胜区以争创“投诉率最低、满意度最高”为目标，从规范市场秩序入手，从提升服务品质着眼，为旅游业发展营造良好氛围，实现低投诉率；相比而言景区的投诉较少，以前西湖边的景区集中在野导游、堵车、停车上投诉，为此杭州景区管理在处理黑车、野导方面进行了专门跟进调查，在停车场专门有负责人员管理，并进行停车电子扣费；对于无证导游，有一套野导黑名单，在投诉时可以快速查询目标，进行跟进。现已推行异地投诉，游客可通过来电、来信、网络等各种形式进行投诉。游客服务中心首先填写《游客投诉登记表》，初步判断责任归属，并做出答复。运营管理中心督导室负责对事件进行调查和处理，并拟定回复意见，答复投诉人。对网上投诉，市场部网络管理员负责将督导室的处理意见回复给投诉人，并及时向相关部门领导反馈情况。

（6）游客安全管理：杭州景区始终将安全（包括设备安全、餐饮安全、游客在景区的游玩安全以及财物安全）放在第一位。杭州景区设置的基础设施均符合国家安全标准，一些大型进口设施同时拥有国际、国内双重安全标准保证，通过了国家级、市级相关检测管理机构的认证。管理对景区内设备定期进行安全检查，定期更新一些设备，始终以游客安全为己任，对景区内的餐饮进行检查，对景区内湖边、河流边、溪边等活动特别注重游客安全管理，通知游客安全须知、漂流安全管理制度、安全警示标志、准备应急处置预案等，加强船只、游艇、皮筏的日常检查、救生设施配备、沿线安全岗哨设置、督促游客穿好救生衣、上下筏码头的安全措施等，景区内管理人员根据管理部门的建议要求完善和改进相关设施和制度。加强景区内管理、严格执法，加强山林保护和文物保护，防止山林火灾，杜绝一切安全隐患，确保游客安全、财产安全。

思考：你如何评价杭州各景区的游客管理？

点评：杭州各景区对游客的管理比较全面到位且有创意，取得了一定的成效，但仍忽略了以下几方面。

（1）景区从业人员及导游培训、管理不到位：就景区实际情况而言，杭州作为国际风景旅游城市，景区从业人员及导游的水平和素质都还未到国际级旅游城市水平，从业人员及导游对游客管理的认识还不够全面，在游客管理方面考虑不周全；同时很多导游都属于兼职员工，导致导游水平参差不齐。

（2）人性化管理不够全面：在针对游客不文明行为发生的时候，多数采用硬性化手段处理，缺乏通过教育、引导游客改善不文明行为的人性化处理手段；进入西湖景区内很少有停车场地，在寻找车位上存在着很大困难；杭州实行公共自行车无疑减少了车子进入西湖景区，既保护了西湖资源环境、减少污染，同时也增加了游客旅行方式，而一旦到旅游高峰期，很多景区边的停车位置不是缺自行车就是无法归还自行车。

（3）夜游景区安全性欠缺：杭州部分景区推出夜游景区，夜游也成了很多游客喜欢的方式之一，但在夜游景区内通常夜游指示牌不明显，缺少适当的照明指示，导致夜游西湖景区或是其他景区找不到厕所、出口等现象，迷失了方向；在夜间需要帮助时，不太容易找到服务人员，只在出口处见到几位管理人员，夜间管理人员巡逻少，一旦在湖边、溪边、河边发生不安全事故不容易得到救助。

思考题

1. 分组讨论景区游客管理的重要性及具体管理内容。

2. 景区游客行为管理的方法和措施主要有哪些?

3. 评析目前景区普遍采用的游客容量控制的方法，并尝试提出你自己的方法。

4. 实训练习题：以小组为单位，选择当地某一景区，调查其游客管理现状，指出问题并提出对策。

参考文献

[1] 何方永．城市游客管理研究．四川大学硕士学位论文，2005.

[2] 郭亚军，曹卓等．国外旅游者行为研究述评．旅游学刊，2009，23（2）：38-42.

[3] 张文，李娜．国外游客管理经验及启示．产业观察，2007（27）.

[4] 保继刚，楚义芳．旅游地理学．修订版．北京：高等教育出版社，1999.

[5] 朱少明．旅游景区游客管理研究——以杭州景区为例．商场现代化，2010（10）.

项目八
旅游景区社区管理

学习目标

- ◆ 客观辨析社区与景区的关系
- ◆ 掌握旅游社区、 旅游景区社区管理的概念
- ◆ 熟悉目前旅游景区社区管理的内容
- ◆ 动态掌握景区社区管理的主要模式

项目架构

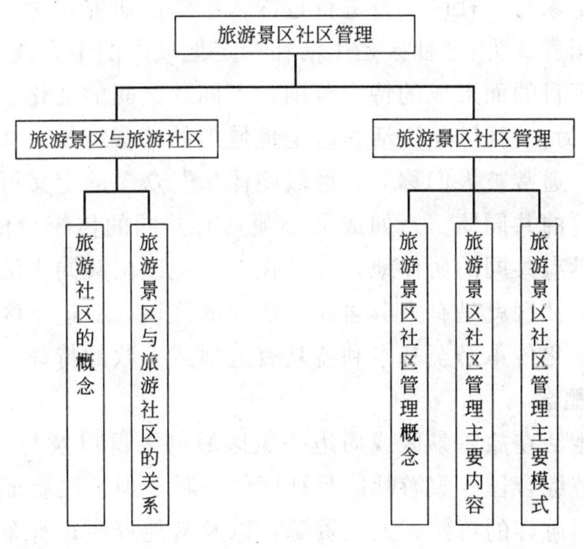

工作任务

情景：××市准备开发所属山区的少数民族聚居村，打造少数民族风情游。为了得到少数民族社区居民的支持和配合，使开发工作顺利进行，市政府要求旅游局派工作人员前往少数民族村，与其商讨旅游开发与社区管理方案等事宜。

任务：1. 市政府对旅游局的要求有道理吗？谈谈你对这个问题的认识。

2. 如果你是旅游局相关工作人员，你主要将商谈哪些方面的问题？

点评：社区与景区是相辅相成的关系，景区与社区关系处理得如何直接关系到景

区的和谐与顺利发展。景区为什么要进行社区管理？如何对社区进行管理？这些都是本项目将要探讨的问题。

任务一 旅游景区与旅游社区

一、旅游社区概述

景区是旅游学中的一个基本概念，而社区是社会学中的一个基本概念，两者本是依据不同维度建立的两个独立系统。但景区的社区化及社区的旅游化则使得这两个系统都发生了变化，成为一种较复杂的耦合关系，进而成为需重新审定与总体考察的新系统。

1. 社区的概念

“社区”是德国社会学家滕尼斯于1887年在《社区与社会》中最先提出来的，他认为社区是进行一定的社会活动、具有某种互动关系和共同文化维系力的人类全体及其活动区域。在中国古代并无“社区”一词。1933年，以费孝通先生为首的燕京大学一批青年学生，在翻译美国著名社会学家帕克（1864—1944）的论文集时，才第一次将英文Community翻译成“社区”，并逐渐成了中国社会学的通用术语。

我国很多社会学家对“社区”曾进行过深入细致的研究，对“社区”一词的理解各不相同。例如范国睿认为：“社区是生活在一定地域内的个人或家庭，出于对政治、社会、文化、教育等目的而形成的特定范围，不同社区间的文化、生活方式也因此区别开来。”田雨会认为：“社区是生活在特定地域内的社会组织，并且社会组织地域之间有着明确的界限，通常被人们称为‘地域团体’。”众多的定义可归为两大类：一类强调精神层面（人群的共同体——如成员必须具有共同的传统价值等），另一类强调地域的共同体（即具有共同的居住地，即“在一个地区内共同生活的人群”）。对社区比较一致的看法是：社区就是有人群居住、活动的区域，在这个区域内，人们的经济活动、生活方式和文化传承乃至基本利益具有近似或一致的特征。

2. 旅游社区的概念

旅游社区是指生活在旅游景区或周边一定区域的人群以及与其直接相关的村庄、居民区、街道等系统综合体。旅游社区是社区的一种。但社区要成为旅游社区必须具备三个条件：有吸引游客的自然、人文资源，以及其他资源；有布局完善、功能齐全的旅游生活服务网点；有满足游客丰富多彩的消费需要的旅游产品生产能力。在旅游社区内，大多数有劳动能力的人都从事旅游业或者其他第三产业。

二、旅游景区与旅游社区的关系

（一）景区与社区系统的构成条件

作为两个独立的系统，当景区与社区间出现旅游开发活动时，两者便会产生交集。但要形成有耦合关系的系统则还需要具备以下条件。

① 景区与社区在空间上有毗邻、交叠甚至重合几种位置关系，如图 8-1 所示。

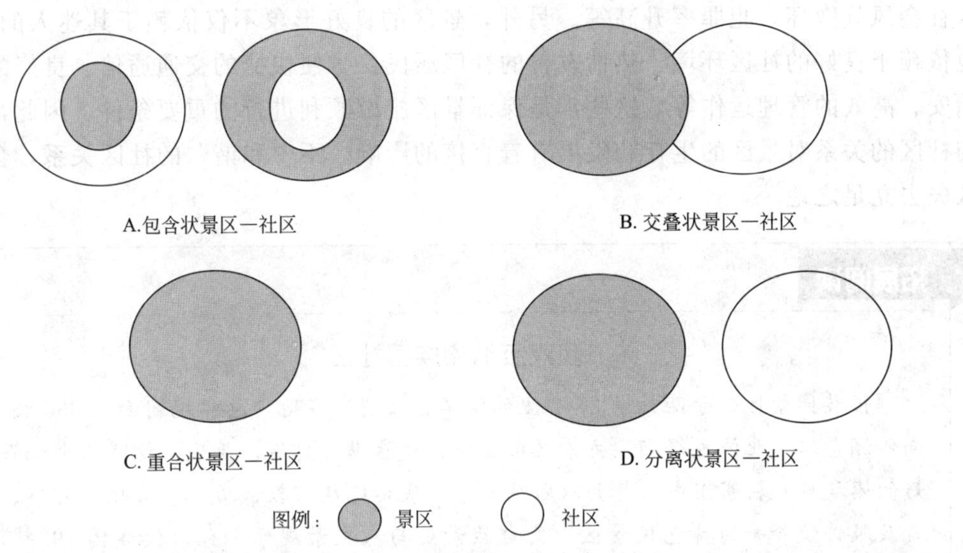

图 8-1 景区与社区的空间关系

② 景区与社区的相互关联已经对彼此产生了深刻的影响。

③ 景区与社区的发展需要对方的支持和协助。

④ 景区与社区的协同发展可以带来比单体发展更多的利益。

（二）景区与社区的关系

1. 景区与社区相互依存的关系

（1）社区是景区生存的基础条件。社区为景区的建设提供了丰富的劳动力资源，成为景区生存的重要力量。社区为景区提供了各种所需的能源和资源，如供电、供水、供热等。此外，社区还为景区提供各种必要的社区服务，如治安、交通、卫生、邮政、电信、商业等。景区建立在社区基础之上，离开了社区，景区将无法运转。此外，具有特色的社区往往会成为旅游景区景观的一部分，甚至会成为景区的主要吸引力，如凤凰古城周边的苗寨、路南石林周边的彝族村落等具有鲜明民族特色的社区往往会成为景区的主要吸引物。

（2）景区是社区发展的功能延续。景区在社区的开发增加了社区的旅游功能，参与到旅游发展中来，一方面促进了当地经济发展，另一方面为当地居民提供了大量的就业机会。景区发展旅游，必然会有大量的资金投入来改善基础设施设备，使当地居民在日常生活中可以无偿使用或比较经济地使用一些基本设施，这无疑对当地居民的生存条件是一个巨大的提高。景区为社区带来了很多丰富多彩的旅游活动，丰富了社区日常生活。旅游景区在为社区带来经济效益的同时，对社区的特色文化、精神文明也起到了很大的宣传作用。大众的聚焦也促使当地政府对特色社区的精神文明建设投以更多的目光与资金。

2. 景区和社区相互影响的关系

不恰当的景区开发不但会对旅游社区的资源与环境造成一定程度的破坏，旅游开发所带来的外来文化也会给社区传统文化带来很大的冲击。如外来各种价值观的进入会使当地居民价值观扭曲，传统文化加速变异。外来文化带来的不良示范效应会使社区社会风气败坏，犯罪率升高等。另外，景区的良好形象不仅依赖于其迷人的景观，也依赖于良好的社区环境、热情友善的社区居民、方便快捷的交通通信、良好的社会治安、高效的管理运作等，这些都是保证景区旅游顺利进行的重要条件。因此，景区与社区的关系对景区的生存和发展有着直接的影响。不“和谐”的社区关系，会使景区失去立足之地。

拓展阅读

西双版纳傣族园社区❶

傣族园景区位于距景洪27公里的勐罕镇政府所在地，总体规划面积336公顷，南傍澜仓江，北依龙得湖。主景区由曼将、曼春满、曼乍、曼嘎、曼听五个保存完好的傣族自然村寨组成，是西双版纳州集中展示傣族宗教、历史、文化、习俗、建筑及服饰饮食等的特色风景区，集自然景观与人文景观于一体。傣族园1999年8月1日正式营业，2001年被评为国家AAAA级风景旅游区。自开业至2003年共接待国内外游客130多万人次，旅游收入1983万元。傣族园的游客构成中主要以团队为主，散客的数量呈现逐年增长的趋势。傣族园公司现设有景管部、环境部、工程部、演艺部、导游部、民族事务部等10个部门，公司员工总数为249人。傣族园将五个自然村寨的全部生活区和部分生产区划归景区，景区是以社区为背景建立起来的，景区和社区叠合在一起，是一体化的。社区生活是景区主要的构景要素，傣族的宗教、民族文化、生活习俗、干栏式建筑特征是景区景观的重要组成部分，村寨社区的生产、生活也成了旅游活动和展示的一部分。这五个村寨在行政上由勐罕镇下属的曼听村委会管辖，2002年共有村民314户，1487人。其中，傣族1476人，占99.26%；汉族11人，占0.74%。共有水田3049亩，人均2.05亩；旱地810亩，人均0.54亩；橡胶1479亩，人均0.99亩。当年人均纯收入为2315元，高于全镇2051元的水平，在勐罕镇属于比较富裕的村寨。

任务二 旅游景区社区管理

一、旅游景区社区管理的概念

课堂讨论

通过旅游景区和社区关系的学习，谈谈你在景区管理上受到的启发。

❶ 孙九霞，保继刚．社区参与的旅游人类学研究——西双版纳傣族园案例．广西民族学院学报，2004（6）．

众多旅游景区发展的实践证明，在旅游开发给社区带来利益的同时，如果不协调好景区与社区系统的关系，旅游业的快速发展必然会对社区的资源、环境、文化、社会秩序等带来极大的压力，从而造成不同程度的破坏。为保证景区旅游工作的顺利展开及社区居民的生活稳定，旅游景区社区管理势在必行。

1. 社区管理

在我国，社区管理的概念是由传统计划经济体制向市场经济转轨时期，伴随着改革的不断深化，社会结构、人们的生活方式、思想文化以及行为方式等各方面的变化而提出来的。社区管理，是指一定的社区内部各种机构、团体或组织，为了维持社区的正常秩序，促进社区的发展和繁荣，满足社区居民物质和文化活动等特定需要而进行的一系列自我管理或行政管理活动（汪大海，2011）。从社区管理的含义可以看出，社区管理具有下列特点。

① 社区管理的地域和人群相对固定。

② 社区管理的组织形式多样化，以街道党工委和办事处为主，其他政府职能机构的派出机构为辅。

③ 社区管理的性质侧重于群众性的自我管理和自我服务，强调社区群众的参与。

2. 旅游景区社区管理

旅游景区社区管理是旅游景区管理与社区管理的结合，它是伴随着我国旅游开发深入居民居住地而出现的新名词。旅游景区社区管理是指旅游景区管理者联合社区各方面的力量，在政府及其职能部门的指导和帮助下，为促进旅游社区的发展和繁荣，维持其正常秩序，满足景区经营者及社区居民物质和文化活动等特定需要，而对社区内的各项公共事务和公共事业进行规划、组织、指挥、控制和协调的过程。因此，旅游景区社区管理是需要各利益相关方共同努力才能完成的任务。

二、旅游景区社区管理的主要内容

1. 社区资源与环境管理

政府、旅游景区由于对社区旅游资源开发过度，必然会出现社区资源问题。同样，由于旅游资源开发建设不当或失误对社区造成了不利于自然生态和人类自身发展的影响与后果从而使生态环境趋于恶化，则必然会造成社区环境问题。社区资源与环境管理就是为解决社区与政府、景区经营企业之间在社区资源与环境问题上发生的冲突与不协调采取的有效措施。这两个问题归根结底要求不论是政府部门、景区经营企业还是社区居民都必须本着走可持续发展道路的理念来认识、利用和管理社区内的一切资源与环境，使得社区内的旅游资源与环境得到有效的利用和保护。

2. 社区精神文化管理

每个旅游社区都拥有自己特色的文化、历史传统、民俗风情和生活习惯。这也往往是旅游开发者选择社区开发地的主要原因。然而，随着社区旅游业的开展及旅游者的大量涌入，外来文化不可避免将会与社区文化发生冲突，这种冲突将潜移默化地给社区居民带来不良影响，甚至导致犯罪行为的发生。此外，还有可能将某些有特色的社区精神文化同化，使其失去旅游开发时依赖的原本特色，这将会给社区旅游发展带来不可预期的后果。因此，在社区旅游发展过程中，必须秉承“扬弃”的原则，在吸收外来文化精华的同时，还要采取一系列措施保护和弘扬社区传统文化与特色精神文化。

3. **社区社会秩序管理**

社区社会秩序主要是指景区的市场秩序与社会治安问题。旅游景区市场秩序对旅游社区的和谐和景区的长远发展有重大影响，关系到地方文化旅游产业和景区的整体形象。社区治安的好坏不仅影响游客的去留也影响社区居民的正常生活，同样关系到景区的长远发展与整体形象。这两个问题如不得到很好的处理，不仅会损害社区居民的利益，也会损害旅游者的利益，进而妨碍景区的发展。旅游景区必须将这两个问题作为景区管理的重要方面，为社区居民和旅游者提供有效的安全保障。

三、旅游景区社区管理的主要模式

旅游景区社区管理越来越受到政府、景区经营企业及社区居民的重视。根据旅游景区的类型及社区管理主体角色的不同，目前旅游景区社区管理模式主要有政府主导型、社区自治型及社区参与管理型三种模式。在三种模式中，运用最为普遍也最被推崇的是旅游社区居民参与管理型。也就是景区利益相关方三方即政府、景区和居民共同管理模式。

1. **政府主导型**

目前我国公共资源景区和一些传统旅游目的地普遍采用的是政府主导型管理模式。如风景名胜区归属于国家建设部管辖，属国家事业单位，因此其景区规划、基础设施建设、政策法规制定、引进和利用外资等问题都由政府主导。政府对社区一般是通过建立管理分支机构、为社区制定规划、建设基础设施等方式进行统一管理。四川九寨沟风景区就是这种社区管理模式。

2. **社区自治型**

目前采用社区自治型模式的景区相对较少。采用这种模式的一般是政府和企业尚未介入目的地的开发，仍处于自发开发状态，到此地的游客也多为自助旅游者。没有政府和企业的力量，社区对旅游目的地一般进行的是较原始和粗放的经营与管理，如云南香格里拉的雨崩村。

3. **社区参与型**

社区参与，是参与的概念在社区中的应用，专指对社区范围内的公共事务或过程的参与。公共事务或过程涉及个体利益，但又不限于个体利益。它既可以是社区内各类成员的参与，如居民个人、社区各级各类组织、驻社区单位的参与；也可以是社区外组织或个人深入社区内的参与，如政府、各类社会团体、企业、公民个人到社区内的参与。社区参与已开始广泛应用于各个领域，近年来在旅游业中的作用也逐渐强化起来。

社区参与旅游景区管理模式就是社区居民共同参与旅游景区的规划、开发、管理方案的决策、实施和评估的过程。要求全过程都充分考虑所在社区及社区居民的合理意见和要求，并将这些意见和要求考虑进旅游的发展过程，将他们视为开发主体和参与主体，以在实现旅游发展的前提之下能实现社区的发展。与其他管理模式相比，它特别强调发挥社区居民在景区管理中的主动性，而非一味地听从政府或景区经营企业的调动。社区居民参与的内容只有渗透到政治、经济、文化、环境等各个层面才能真正体现过程参与原则，达到参与之预期目标。具体体现在以下几个方面。

（1）参与建立“景区社区共管”组织机构。为了落实各方管理责任，把社区参与意志内化为社区权力，上升为主管机构的决策，赋予社区居民参与景区发展的真正决策建议权，景区可设立专门的隶属于当地旅游行政部门的景区社区共管机构，由“景区社区共管委员会”来行使管理权利，履行管理职责。为保证共管机构的代表性，增强管理效果，共管委员会应由各利益相关群体代表共同组成。社区居民代表可由其居委会或村委会代表加入，并可享受行政待遇，还可聘请相关专家学者作为委员会顾问，让共管委员会真正起到社区居民与景区或政府之间的桥梁作用。

景区社区共管机构强调的不仅仅是倾听居民对发展旅游景区的希望与看法，并将这些意见纳入政府和景区的决策之中，更强调的是居民的旅游决策权。已有研究表明，旅游地若能充分考虑居民要求并使其受益，则居民会表现出支持旅游进一步发展的倾向，并以更积极的姿态继续介入。

（2）参与景区发展经济利益分配。为保证经济利益分配的公平与公开，可采用的一种方式是景区和社区共同成立一个旅游利益协调委员会，相关利益主体都有代表参加，人数比例由各方协调决定，以确保各个利益主体的利益不受侵害。尤其是相关社区居民的利益，因为他们往往是当地的弱势群体，其利益容易受到侵害。政府可以在中间起到引导、协调的作用，但不是利益主体。另一种方式可成立集体性质的股份制公司，所有的社区居民都从中获得一定的经济利益，分配原则由相关人员商定。

社区居民获取经济利益很大一部分是从商，包括通过开办家庭旅馆、制作及销售工艺品、提供餐饮等获得利润。所以政府和景区应鼓励本地居民和本地企业的商业行为，尤其是鼓励、引导本地居民从事旅游商业活动，为他们提供优惠条件。如帮助当地居民筹措开展经营活动所需的资金或提供低息贷款，从而让社区居民真正参与到景区旅游发展所带来的利益分配中。社区居民的商业行为不仅可以繁荣旅游地的经济，而且也可以提高当地居民的收入，同时可以缓解接待地发展过程中的一些基础设施不足的状况。家庭旅馆是社区居民参与旅游景区发展利益分配的一大重要形式。

（3）参与建立社区文化传承与保护。为防止民族历史文化虚无主义，增强社区认同感和归属感，减少旅游文化交流中对社区社会文化和生活方式的异化，应强化社区传统文化的传承教育，确保传统文化核心的传承。景区和社区可共同建立社区文化传承与保护，政府可协助其制定相关保护措施，并鼓励社区居民开展文化宣传活动，奖励对社区文化传承与保护有特殊贡献的社区居民。

（4）参与建立环境保护委员会。旅游景区环境好坏关系到社区居民生活的健康和景区的顺利发展。保护环境人人有责，但仅靠景区的一些环卫工人、少数的工作人员监督是远远不够的。因此为了保持社区生态与环境平衡，营造和谐良好社会环境，社区和景区可共同建立景区环境保护委员会，让社区居民参与旅游地环境政策的制定，监督环境政策的实施，参与环境保护设备、设施、机构的组织和活动；并敦促旅游企业在开发和经营活动中减少对环境的破坏和污染，监督游客对环境的破坏和污染，致力于形成良好的保护环境的社会氛围。

（5）参与有关旅游知识的教育培训。有关旅游知识的教育培训主要包括两个方面，一是为提高居民旅游意识和环境观念而进行的教育。主要由旅游行政管理部门或行业协会牵头实施。通过教育培训最终达到这样的目标：由受教育前居民被动接受环境保护的教条而与环境形成的主—客体受动关系转化为受教育后居民主动的、自觉的环保观念而与环境形成的主—客体对等关系。也只有这样，居民的参与才有实际意义，才能产生实际效果。二是为增强居民在旅游发展中的生存能力和技能而进行的培训。基础性培训针对所有社区居民，包括基础的礼貌礼节、本地旅游资源的介绍、环境保护等。为增加社区居民的旅游知识，可定期举行旅游知识竞赛、旅游技能竞赛、普及与旅游相关的礼仪礼节、将旅游基础知识和规范汇编成小册子，采用各种形式进行学习。专门性培训包括导游、英语等，具体根据各地旅游业发展的需要而定，主要针对从事旅游行业的社区居民，这类旅游行业包括旅游企业中的服务行业、个体经营的家庭旅馆、个体经营的商店或地摊等。这部分社区居民与旅游者直接接触，更直接地代表接待地社区的形象，除了为他们提供技能性培训外，还应提供基础性培训及社区意识教育。

案例分析

社区参与旅游典型案例[1]

1. 洛克泰尔湾社区参与模式

洛克泰尔湾位于南部非洲自然保护区内，私营部门增加了立足当地的自然资源管理和优先发展贫困农村地区经济的非政府组织项目，社区被纳入赢利项目的受益体系（该社区参与模式见图 8-2）。

2. 哈玛谷社区参与模式

哈玛谷是云南省迪庆藏族自治州香格里拉县建塘镇尼史村下属的一个自然村，坐落在纳帕海自然保护区南端。哈玛谷村在开展生态旅游过程中，担心外来公司利益导向而导致过度开发，拒绝外来公司的投资要求，自主开发哈玛谷的生态旅游（该社区参与模式见图 8-3）。

3. 哈里曼山国家公园社区参与模式

哈里曼山国家公园是印度尼西亚爪哇岛现存最大的低地山地林。为了保护生态环境，充分利用自然资源和原生文化的独特性，由风险投资者成立了哈里曼山国家公园生态旅游开发团。于 1995 年成立了以当地社区为基础的生态旅游企业，该企业由五个机构组成：生物科学俱乐部、国际野生动物保护联盟、哈里曼山国家公园管理局、印度尼西亚大学以及印度尼西亚麦克唐纳饭店。其工作目标就是在哈里曼山国家公园开展以当地社区为基础的生态旅游，并以此赢利（该社区参与模式见图 8-4）。

[1] 刘静艳，韦玉春等．生态旅游社区参与模式的典型案例分析．旅游科学，2008，8（4）：57-58.

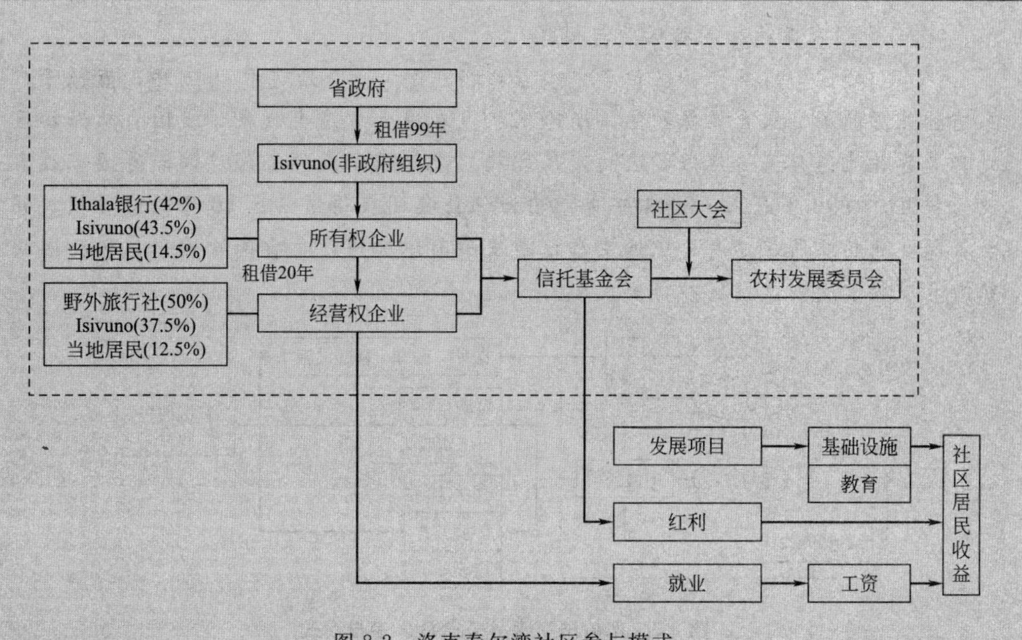

图 8-2 洛克泰尔湾社区参与模式

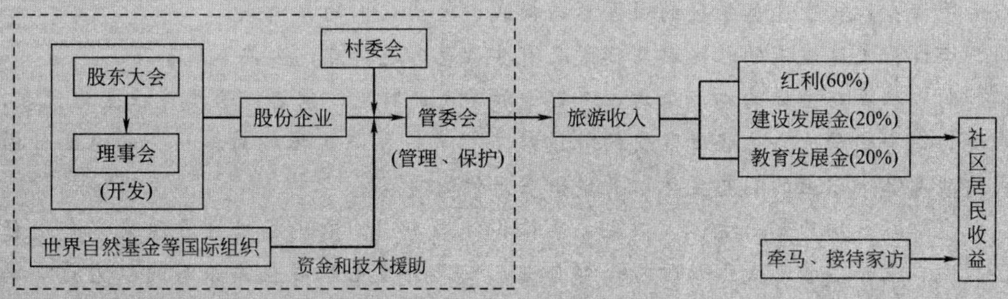

图 8-3 哈玛谷社区参与模式

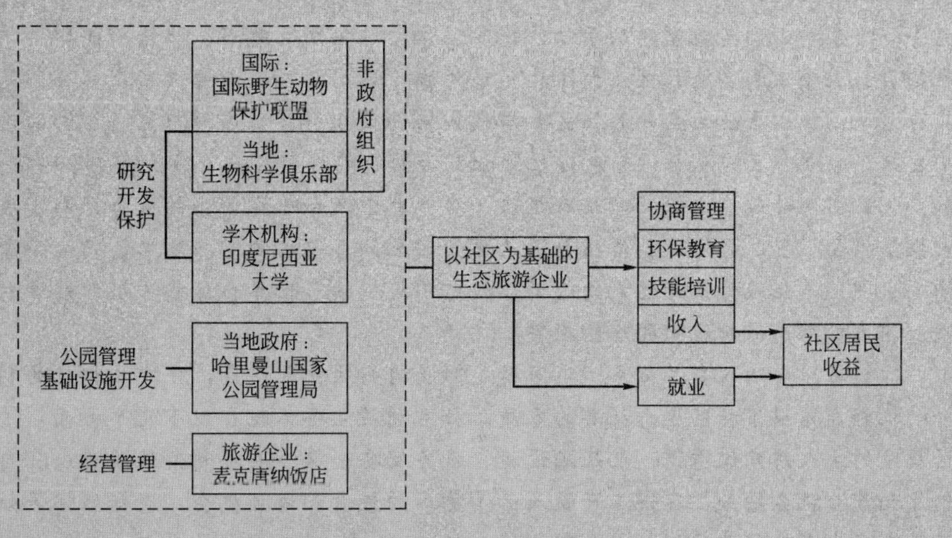

图 8-4 哈里曼山社区参与模式

4. 南岭国家森林公园社区参与模式

广东南岭国家自然保护区位于广东省北部。作为一个始建于 1984 年，直属于广东省林业厅的国家级自然保护区，南岭保护区在很大程度上代表了我国自然保护区尤其是森林生态类型自然保护区的发展现状。南岭国家森林公园（即南岭国家级自然保护区）1993 年成立。2004 年香港中恒伟业集团获得该景区 50 年的经营权，并与乳阳林业局共同组建南岭中恒生态旅游发展有限公司，负责南岭国家森林公园的旅游开发和管理（该社区参与模式见图 8-5）。

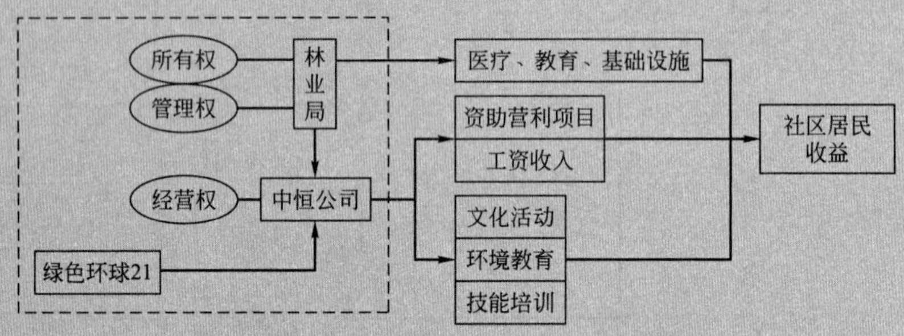

图 8-5　南岭国家森林公园社区参与模式

思考：比较上述各景区的社区参与模式，找出它们的异同点。

点评：上述案例的社区参与模式既有共性也各有特点，主要表现如下。

(1) 从参与主体的构成来看，有单一和多元的特点。前者以哈玛谷社区为代表，表现为完全由居民自主经营开发的社区参与模式，参与主体相对单一。其他 3 种模式均涉及 3 个以上的参与主体，表现出多元化的特点。

(2) 社区均为参与主体，但主导地位和作用不同。哈玛谷社区表现为完全由社区居民自主。尽管形式上是股份合资企业，但其开发哈玛谷生态旅游的权力是哈玛谷村委会授权，社区享有决策权。洛克泰尔湾表现为由非政府组织主导。当地居民虽持有所有权和经营权双重股份，但份额较小，从属于 Isivuno 非政府组织的统一指导。哈里曼山则是典型的基于社区的多主体参与模式。政府、非政府组织、学术机构、旅游企业和当地社区几大主体角色清晰，各司其职。南岭国家森林公园是比较典型的以旅游企业为主导的社区参与模式。企业在引导社区参与生态旅游的过程中发挥了重要作用，从社区角色定位到社区活动的实施都占据了明显的主导地位。

(3) 引入非政府组织。非政府组织在洛克泰尔湾和哈里曼山的生态旅游发展中占据了重要位置，无论是总体指导还是更为密切的参与，都对当地发展产生了深远影响。即使是拒绝外来开发商的哈玛谷村也积极申请了世界自然基金组织的资助款项和国内外生态保护组织的理论指导。

(4) 社区被纳入受益体系。不同模式都强调关注社区利益，并建立相应的利益分配机制，体现了社区生态旅游的本质。社区利益主要体现在以下几个方面：①社区居民的主人翁意识增强；②基础设施、服务及安全等公共福利条件改善；③自主创业和就业机会增加，获得工资收入；④更多的教育和培训机会，包括环保等知识的学习和生存技能的培训；⑤红利收入。

思考题

1. 辨析景区、社区及旅游社区的概念，并分析其关系。

2. 简述景区社区管理的重要性及景区社区管理的具体内容。

3. 评析书中提出的各种社区管理模式，并尝试提出你自己所认为最好的模式。

4. 实训练习题：选择当地一景区，调查分析其社区管理现状，指出其问题并提出相关对策。

参 考 文 献

［1］ 孙九霞，保继刚. 社区参与的旅游人类学研究——西双版纳傣族园案例. 广西民族学院学报，2004（6）.

［2］ 汪大海. 社区管理学. 北京：北京师范大学出版社，2011.

［3］ 刘静艳，韦玉春等. 生态旅游社区参与模式的典型案例分析. 旅游科学，2008，8（4）：57-58.

项目九
旅游景区设施与安全管理

学习目标

- 掌握旅游景区设施的特点及分类
- 对比认识旅游景区各类基础设施、 接待服务设施及娱乐活动设施
- 熟悉旅游景区设备管理实务
- 掌握旅游景区设施安全管理的工作内容

项目架构

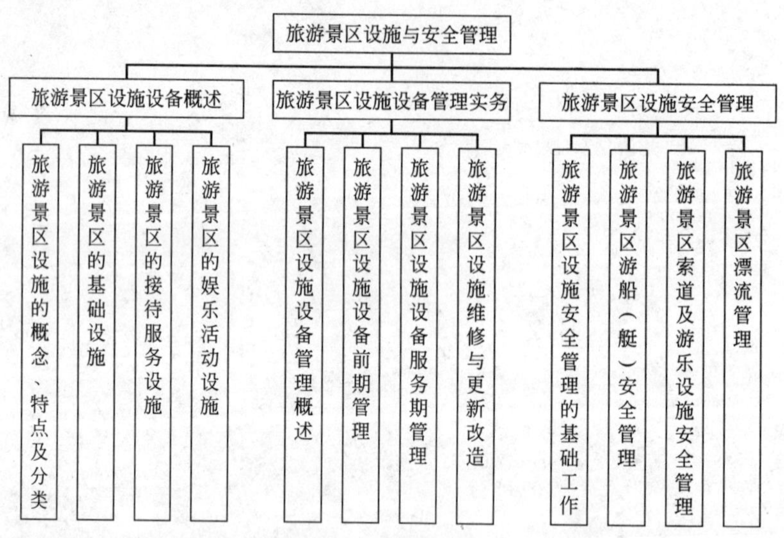

工作任务

情景：1999 年 10 月 3 日上午 10 时 20 分左右，借国庆放假，广西 3 家旅行社组织的游客聚集在贵州省黔西南州兴义市马岭河峡谷谷底唯一的缆车乘坐点，等待乘坐缆车去山顶吃午饭，然后还要去“西南第一漂”——马岭河漂流。11 时 10 分，一阵难以想象的拥挤后，面积仅有五六平方米的缆车厢竟满载了 35 名乘客，又一次缓慢上升，10 多分钟后到山顶平台停了下来。工作人员走过来打开了缆车的小门，准备让车厢里的人走出来。就在这一瞬间，缆车不可思议地慢慢往下滑去。有人惊叫起

来："缆车失控了!"风景区一位工作人员当时正在平台旁吃午饭，见此情形大吃一惊，立即跑进操纵室猛按上行键，但已失灵。他又想用紧急制动，仍然无效。不得已拉下电开关，以为可以让缆车停下来，但缆车还是无可救药地向下滑。缆车缓慢滑行了 30 米后，便箭一般向山下坠去，一声巨响后重重地撞在 110 米下的水泥地面上，断裂的缆绳在山间四处飞舞……

任务：1. 上述案例给了你什么警示？谈谈你对景区设施设备管理重要性的认识。

2. 如果你是景区管理人员，请为景区设计一个设施设备管理方案。

点评：旅游景区设施设备类型繁多，投资较大，对景区设施设备管理的要求也就相应较高。加强旅游景区设施设备管理，使其经常处于良好的状态，是实现优质服务、保证景区正常经营活动的基本条件。设施设备的管理，是旅游景区服务与管理的一项重要内容。

任务一 旅游景区设施设备概述

设施设备是旅游景区进行旅游接待活动的基础。旅游景区设施类型繁多，投资较大，设施设备的管理要求也就相应较高。旅游景区在设施的前期管理、服务期管理、维修与更新管理以及安全管理等方面都必须予以高度重视，保证设施设备处于良好的运行状态。

一、旅游景区设施设备的概念、特点和分类

(一) 旅游景区设施设备的概念

旅游景区设施设备指的是构成旅游景区固定资产的各种物质设施。它是提供旅游服务，进行服务活动的生产资料，是旅游景区从事经营活动及为旅游者提供服务或者其他旅游产品的物质基础。

(二) 旅游景区设施设备的特点

1. 种类多

随着旅游景区功能的不断扩大，旅游景区已经发展成为集吃、住、行、游、购、娱于一体的综合性企业。而景区所提供的综合性服务，又是以设施设备为依托的，所以现代旅游景区的设施设备种类繁多、门类齐全。

2. 投资大

旅游景区为满足旅游者游览的多种需求，服务项目和功能越来越多，对设施设备的要求也就越来越高，所以旅游景区的设施设备投资也往往较大。

3. 维护费用高

由于旅游景区的设施设备种类繁多、复杂，所以要保持高效能的设施设备运转，维护检修费用就比较高。

(三)旅游景区设施设备的分类

课堂讨论

中国香港太平山的登山缆车是香港最古老的景区交通工具，亦是世界最古老的登山缆车。请问中国香港太平山的登山缆车属于哪一类景区设施？

旅游景区的设施设备，根据其不同的用途可分三大类：旅游设施、娱乐活动设施和游览服务设施。见表9-1。

表 9-1 旅游景区设施分类表

类别		设施内容
旅游设施	基础设施	交通系统：停车场、景区交通干线、游览线路（步行小径、水路游览线）
		供水系统：储水系统设施、输水管道设施
		排水系统：污水处理系统设施、排水系统设施
		供电系统：电力系统设施、预备供电系统
		通信系统：电话网、移动电话基站、电传
		绿化系统：树木、花卉、草坪
		安全系统：防火设施、保安设施、防盗设施、医疗救护设施
	接待服务设施	住宿设施：包括各种服务设施及建筑设施
		餐饮设施：餐饮建设设施及餐饮服务设施
		商业设施：商业网点建设及商业服务设施
		康体设施：康体建设及辅助服务设施
娱乐活动设施	水上	浴场、游泳池、游船、游艇、垂钓池、水上游乐园、漂流等
	陆上	动植物园、娱乐中心、游览车、索道、儿童乐园、博物馆、展览馆、高尔夫球场、滑雪场、速降、蹦极、攀岩等
游览服务设施	导游服务设施	引导标志、导游全景图、景区介绍牌、标志牌、旅游信息触摸屏、游客中心设施等
	游览游乐设施	安全警告、标志、危险地带安全防护设施、特色交通工具、游乐设施、救护设施设备等
	环卫服务设施	旅游厕所设施、垃圾桶、垃圾收集站、垃圾处理设施等

根据旅游景区设施的分类方法，中国香港太平山登山缆车是为观赏沿途风景所用，属于陆上娱乐活动设施。

二、旅游景区的基础设施

旅游景区的基础设施主要包括交通、给排水、电力及通信、绿化及建筑等设施。根据游览方式及服务要求的不同，旅游景区的基础设施也会有所不同。

(一)交通设施

旅游景区的交通设施主要有专用停车场、景区内部交通道路及运输设施。

1. 旅游景区停车场的建设要求及相关服务设施

(1) 旅游景区停车场的建设要求。要求停车场面积的大小应根据旅游景区游客接待的容量合理建设。停车场的地面应平整、坚实。停车场的地面根据景区的具体情况可分别建设成平整、坚实的生态硬化地面、沙砾地面、泥土地面等形式的停车场。生态停车场是指有绿化停车线和绿化停车面或绿化隔离线的停车场。停车场的设施、建筑要与整个景区的景观相协调，否则会影响或破坏整个景区的景观。

（2）停车场的相关服务设施。停车场上须设立停车线，以便汽车按车位停车。要对每个车位进行编号，以便做停车服务和车辆管理。在停车场上应进行分区，一般分为大车停车区和小车停车区。大车停车区主要是供大型旅游车、大型公交车和卡车停放；小车停车区主要是供轿车、中巴车等小型汽车停放。为了使停车场里的车辆出入有序，不发生混乱、堵塞现象，须设立明显的回车线，使司机能根据回车线的指示有秩序地在停车场里出入。回车线主要采用地面硬化指示或灯光指示两种方式设立。景区的停车场须分别设立汽车的出口和入口，以便汽车有序地从入口进入和从出口出去，同时也便于停车场管理人员对进出汽车进行服务和管理。大型的旅游景区可在停车场设立一个汽车维修、保养点，主要是为到景区的旅游汽车提供汽车维修及汽车保养服务；同时，在维修点上设立汽车清洗服务，为自驾到旅游景区旅游的游客提供免费清洗汽车服务。对于大型景区的大型停车场，须在入站口设立游客下车站，游客先在该站点下车，下车后司机再去停车；同时，在出站口设立游客上车站点，游客游览出来后司机将车开到上车站点，游客在此上车。这样可避免因游客在停车场里走动而带来的一些安全隐患。按消防要求及规定，停车场须设立数量足够的消防设施设备，以便在发生火灾时能及时灭火。另外，保安部必须定期检查防火、灭火装置及设备，并训练停车场的员工掌握灭火设备的使用方法和灭火技能。

2. 景区内部交通道路建设要求及服务设施

旅游景区的道路一般分为景区主要干道和步行游览道路。

（1）景区主要干道的建设要求及服务设施。旅游景区内主要干道用于景观间的游客运输和供应运输。这种游览道路必须建设平整、无尘土，符合行车安全要求。景区主要干道的服务设施包括：各景观点设立的供游客上、下车站牌及车站；根据道路情况设立的交通标志；景区内部的交通工具主要使用电瓶车、液化汽车，以利于景区的环境保护。

（2）景观内步行游览道路建设要求及服务设施。旅游景区里各个景观内的道路一般以步行为主，对这种游览道路的建设有以下要求：游览线路要做到有入景、展开、高潮、结尾。入景要新奇，引人入胜；展开即在景象特征、景观类型、游览方式和活动上不断变幻，起伏跌宕，使游客流连忘返；高潮是在游览中使游客感受最集中、最突出、最有特色的景观，应利用游览线路对主景进行泄景，使之若即若离，待成熟时达到高潮效果；结尾即游客回头时，感到回味无穷。游览线路对反映主题的景物应多设计几个观景点，从不同角度重复观赏，以强化游客的感受。游览线路应选择最佳的观赏点，有最佳的视角和距离，以扬景观之长，避景观之短。游览线路宜曲不宜直，宜险不宜夷，宜狭不宜宽，宜粗不宜平。根据景观的自然特点，保持自然风貌，使游人在游览线路上有登山、有越涧、有穿林、有涉水，不断变幻空间、变幻视线，能体会到游览线路上的游览乐趣。根据游览线路的长度和攀登的高度，适时设立休息点，使游客随处可安，灵活行止。休息点要设立观景的亭、台、廊，以及供游客休息的椅子、凳子等设施。景观的游览线路可有多条，有险，有平，以供不同年龄、不同兴趣的游人选择。景观的游览线路尽量为环形，不要走回头路，使游客有新奇感。每个景观的游览线路需要有进口和出口，以利于游客的疏散。对景观内步行游览道路主要应采用生态性材料建设，如用木头、木板、竹板、卵石、砾石、石板等铺设，以利于生态和环境保护，但铺设要体现地方及民族特色。

(3) 景观内游览道路服务设施。景观内游览道路旁要设置足够的与景观相协调的垃圾箱，并且有明显标志。在游览线路上须设置一定数量的公用电话设施。在游览线路旁建设适当数量而且造型、色彩、格调与环境相协调的公共厕所，并设立醒目的引导标志。要根据游览线路的情况设置箭头、指示牌等引导游览标志，特别是在游览线路的交叉路口更应注意。引导标志上的文字必须有中英文对照，有必要的还要有中、英、日、韩四种文字对照。引导标志的设置牌最好与景观环境相协调，建议使用当地的生态性材料制作。

拓展阅读

牡丹江市生态公园之文化主题公园道路设计方案[1]

牡丹江生态公园位于黑龙江省牡丹江市南部即将建设的兴隆组团中，由文化主题公园和自然主题公园组成，其中文化主题公园占地 32.54 公顷，自然主题公园占地 18.11 公顷。公园建成后，将成为整个兴隆组团生态环境的重要组成部分。

三条横向道路分别代表牡丹江在全省乃至全国都占有重要位置的三大矿产资源：煤炭、花岗岩、石墨。

煤之路：运用黑色、灰色的广场砖铺地，表现煤之色彩，设有景点“又新生”。

岩之路：整条路由不同材质的花岗岩铺筑，在西入口处堆放一些大块整砌的花岗岩，利用气势给人以震撼的感觉。岩之路处于公园中央地带，连接景点较多，形成东西走向的主要通道。

墨之路：黑色花岗岩地面砖表达出石墨的质感，一些展示场中不仅有石墨的标本，同时还有一些工业机械，通过它们人们可以清楚地了解到石墨在现代工业中的重要作用。

林荫道：以东侧的竖向道路为中心设有密林活动区，一些极具地方特色的乡土树种大面积栽种在这里，形成牡丹江特有的林区景观带；树上的标牌告诉人们它的树种和用途，更主要的是唤醒人们的环保意识；一些道路被故意设成死路，也是为了提醒人们破坏自然是行不通的。

---

[1] 卢晓．旅游景区服务与管理．北京：清华大学出版社，2009．

（二）给排水及排污设施

为保证游客在旅游景区内顺利开展旅游活动，水是不可缺少的重要条件。在景区内必须有足够的水源或蓄水、提水工程设施，有完善的供排水干管系统设施。为保证不污染环境，还必须有污水处理设施及污物排放处理的工程设施。旅游景区给排水及排污设施有如下要求：给排水设施要能满足景区供水和排水的需要；污水处理设施处理过的水要能达到国家要求的排放标准。

（三）电力设施

旅游景区电力设施系统的基本原则是满足用电要求和安全用电。景区集中了大量现代化的生活设施和设备，这些设施和设备大部分都用电力作为能源，所以必须有可靠的、能满足要求的电力供应系统。旅游景区电力负荷分为照明和动力两部分。照明部分包括服务、工作、广告照明及家用电器等；动力部分有水泵、娱乐设备及加工设备等。

（四）通信设施

旅游景区电话通信网由四个部分组成：一是交换设备；二是传输系统；三是邮电系统安装的IC卡电话；四是移动电话基站。景区对通信设施有如下要求：方便游客使用IC卡打电话及用手机与外界联系；通信设施建设要与景区景观相协调。

（五）绿化设施

在旅游景区内有一些绿化是为了满足功能的要求，或起到风景效应以及兼有风景效应的作用。这些既可观赏也可隐蔽、遮掩有碍景观的建筑，还可服务于景区的绿化，我们也把它看作旅游景区的基础设施之一。

1. 绿化在景区建设中的作用

(1) 草坪、花木是景区风景的素材之一。无论是以建筑、文物、山石及水体为主题的景区，还是以花木、草坪为主题的景区都要进行绿化建设，美化景区环境。

(2) 绿化可以丰富景点构图。景区的山石、房屋色调单一，而绿化后配以草坪、花木可以改变景点构图，调整单一色彩。

(3) 绿化使景区景点产生时空变化和生气。由于植物的花、叶随季节变化，一年中有春花、夏绿、秋叶、冬雪，因此旅游景区的山石、建筑在绿化植物的陪衬下被赋予了变化的景致，使旅游景区四季有景、四季景异。

(4) 绿化具有分割空间和隐蔽有碍景观建筑物的功能。旅游景区常常用花木、草坪把空间划分为若干个独立空间，便于游人游览。旅游景区中有的建筑观赏效果差，可用树木隐蔽，形成完整、美妙的观赏环境。

2. 旅游景区花木选择要求

① 景区绿化选择花木时，以选择本地树种为主，因为本地树种易存活、成长快，与景区特色相符。

② 在绿化时要考虑季节的变化，合理搭配种植花木，使旅游景区四季有景、四季景异。

（六）建筑设施

景区内的建筑设施主要是一些公用服务建筑、观赏建筑设施，如景区大门、游客中心、餐馆、饭店、商品销售点、园林建筑、民俗建筑等。旅游景区对建筑的要求如下。

① 建筑物占景区面积比率应控制在20%～25%。

② 建筑物高度不能超过4～5层。

③ 建筑物外形要求运用景区传统或历史的建筑风格，使建筑与景区环境相适应，体现民族性和地方性特色，并尽量使用当地的生态性建设材料建设，体现景区当地的建筑风格。

（七）安全设施

为了保证到旅游景区游览的游客的安全，需要按规定建立消防、救护、保安、安全等一些安全设施。危险地带安全防护设施主要包括安全防护栏、水上拉网等设施。消防、防火、医疗救护设施主要包括消防栓、保安设备、消防设备、医务室、医疗救护设备等。

（八）卫生设施

为了保持旅游景区环境整洁、卫生，需建立足够的卫生设施。景区卫生设施的设置应本着方便、实用和美观、协调的原则，合理安排数量和布点。方便和实用是最基本的要求，但又必须与美观和协调原则相结合。美观是指各种卫生设施的外形要体现旅游区特色，具有一定的艺术美。协调是指要与旅游区的整体形象特别是要与相邻的景物相协调，甚至可在建筑设计上融为一体，内部功能具有实用性，外观形象上又可成为景观的一部分。景区主要有以下卫生设施。

1. 旅游厕所

旅游厕所要建设在隐蔽，但易于寻找、方便到达，并适于通风排污的地方。厕所的外观、色彩、造型应与景观的环境相协调。另外，可采用水冲式厕所或生态厕所。

2. 垃圾箱（桶）

垃圾箱（桶）应美观、整洁，与环境相协调，可根据景观环境特色专门设计造型。

3. 垃圾处理设施

按照国家有关规定建立垃圾处理设施，按要求处理垃圾。

三、旅游景区的接待服务设施

1. 住宿设施

住宿设施是指旅游景区内为游客提供住宿服务的宾馆、饭店、疗养院、度假村、民居旅馆、野营地等设施。

2. 餐饮设施

餐饮设施主要指景区内为游客提供食品、酒水饮料的快餐店、中餐厅、西餐厅、风味餐厅、咖啡厅和酒吧等设施。

3. 商业设施

在一个旅游景区内除分散的一些饮食服务网点和购买食品及旅游商品的网点外，一般还应有一个商业服务设施较为集中、完善及标准较高的商业服务中心，以满足游客不同的购物需要。

4. 康体设施

康体设施主要是指那些为游客提供康乐、休闲服务的健身房、高尔夫球场、室内外运动场等。

四、旅游景区的娱乐活动设施

1. 水上娱乐设施

主要是指旅游景区内的浴场、游泳池、游船、游艇、垂钓池、水上游乐园、漂流等设施。

2. 陆上娱乐设施

主要是指动植物园、娱乐中心、游览车、索道、儿童乐园、博物馆、展览馆、高尔夫球场、滑雪场、速降、蹦极、攀岩等设施。

任务二 ⇨ 旅游景区设施设备管理实务

设施设备的管理是旅游景区一项非常重要的管理内容。加强旅游景区设施设备管理，使其经常处于良好的状态，是实现优质服务、保证景区正常经营活动的基本条件。

一、旅游景区设施设备管理概述

（一）旅游景区设施设备管理的概念

旅游景区设施设备管理就是对景区各种设备从规划、选购、验收、安装开始，经过使用、维护、保养、修理到更新改造为止全过程的系统管理活动。

（二）旅游景区设施设备管理的作用

1. 直接影响景区服务质量的好坏

旅游景区是以提供旅游服务为主的经济单位。满足旅游者的需求、使游客满意，是景区经营服务的宗旨。旅游景区设施设备是否合理使用、是否科学布局，将直接影响到旅游景区的服务质量。这些设施设备是否舒适、可靠、安全、美观，能否为游客提供游览的愉悦，是旅游者对景区服务管理的满意度、美誉度进行评判的一项重要指标，是提高旅游景区服务质量的保证。

2. 影响着成本、价格、利润等财务指标

设施设备的投入、运行、维护都需要大量的资金。设施设备的贷款利息支出及运行、维护、保养、修理等费用，是构成景区经营成本的重要组成部分。盲目投资将大量增加设施设备的维护费用、贷款利息等，直接使景区的利润减少，影响到企业的经济效益。另外从门票价格方面看，只有以完好的设施设备作保证才能为游客提供优良的服务，才能有良好的声誉，景区才能制定较高的门票价格。

3. 设施设备的安全直接影响着景区的声誉

设施设备管理是保证旅游者旅游安全的必要手段。保证游客安全是第一位的，只有在保证游客安全的基础上，才能创造经济效益，提升景区的知名度。安全有效的设施设备，有利于旅游景区客源的稳定，有利于对旅游景区形象进行宣传。如果景区的设施设备经常运转不灵，存在安全隐患，甚至发生安全事故，不仅不能令游客满意，增加事故处理费用，而且还严重影响到旅游景区的形象，造成负面宣传效应。

（三）旅游景区设施设备管理的特点

由于旅游景区必须适应市场的不断变化以满足游客的需求，所以旅游景区设施设备管理有其独特的特点。

1. 综合管理能力强

旅游景区设施设备投资额大，维护保养费用高，而且设施设备种类多，这就要求管理者的管理能力要强，否则不能把旅游景区的设施设备管理好。

2. 技术水平要求高

由于旅游景区的设施设备越来越先进，结构也越来越复杂，对设备的操作人员和修理人员要求也越来越高。这就要求景区管理人员要加强对员工的培训，使他们能操作和维修先进的设施设备，保证景区各种设备的正常运转。

3. 管理效率高

旅游景区的设施设备往往是为游客提供服务使用的，这就要求这些设备不能出现故障和缺陷，一旦出现问题，必须立即修复。景区对设施设备的维修工作一般有具体的时间限制。所以，管理者必须能高效率、高质量地组织员工排除设施设备的故障，使游客满意。

（四）旅游景区设施设备管理工作的任务

景区设施设备的管理工作主要是由工程部负责，其管理工作任务如下。

1. 负责景区设施设备的配置

不论是开发新旅游景区还是改造旧旅游景区，只要增加新设施设备，工程部都要遵循“技术上先进，经济上合理，经营上可行”的原则负责选购、运输、安装和调试设备。

2. 保证景区设施设备的正常运转和使用

使景区的各项设施设备处于良好状态是保证旅游景区正常运转的前提条件。要保证设施设备处于良好状态就要使操作者和使用者了解设施设备的性能、功效和使用方法，以便能正确操作。

3. 景区设施设备的检查、维护保养与修理

景区设施设备的检查、维护保养与修理是景区日常管理的重要部分。通过检查可以发现设施设备的问题并及时处理，以防止事故发生。通过维护保养，可以提高设施设备的使用率，延长其使用寿命。

4. 景区设施设备的更新改造

对老的设施设备进行改造或更新的管理工作主要有：制订更新改造计划；对要更新改造的设施设备进行技术经济论证；落实更新改造资金来源；合理处理老设备。

5. 景区设备的资产管理

旅游景区资产管理是对设备进行分类、编号、登记、建档等管理，以避免资产流失和管理混乱，使设备管理规范化。

6. 景区各种能源的供应管理

在保证各景区、各部门用电、用水的同时，工程部管理者要编制能源使用计划和管理计划，降低能源消耗，以提高景区的经济效益。

7. 对景区一定规模建设项目及设施改造的管理

景区大规模的设施建设由景区董事会或总经理统一管理，而一般小规模的建设项目由工程部直接负责设计施工。景区的设施改造无论大小都主要由工程部经理负责管理。

8. 景区设施设备材料及零配件的采购管理

景区设施设备的各种运转、维修、保养都需要相应的材料和配件，这些材料和零配件的采购、保管均由工程部负责管理。

二、旅游景区设施设备前期管理

旅游景区设施设备前期管理的基本内容，主要包括设施设备的规划，设备的选购、安装、调试等管理。

(一)旅游景区设施设备的规划

旅游景区设施设备的规划内容包括：设施设备方案的提出、市场调查研究、投资决策和编制计划。

1. 设施设备方案的提出

景区设施设备的设置方案是根据景区的特色、当前游客的需求及景区经营的方针制定出来的。设施设备的设置要遵循“技术上先进、经济上合理、经营上可行”的原则，要适合游客的需要和景区的实力。

2. 市场调查研究

根据提出的设施设备设置方案，要进行技术、经济综合分析和对各种方案的比较论证，并要对市场进行调查研究，掌握详细而准确的市场调查研究资料。调查研究的内容主要有以下几个方面。

(1) 景区方面。现有设施设备的利用率和潜力情况、安装设施设备的环境条件、能源和材料供应情况、资金来源、操作和维护的技术水平及人员配备。

(2) 设施设备建设和制造方面。设施设备建设和制造方面的技术水平、信誉情况、售后服务情况，设施设备的规格和技术性能，设备供应状况等。

(3) 费用方面。设施建设价格，设备售价，安装费，培训费，经营成本，修理、折旧费等。

3. 投资决策

景区管理者根据调查研究的材料，结合本旅游景区的经营方针、景区旅游资源特色以及现有资金和能源供应等方面的实际条件进行综合分析，从多个可行方案中选择最佳投资方案，作出最后的投资决策。

4. 编制计划投资方案

获得批准后就要由景区设备管理部门会同有关部门组成建设购置小组，编制方案实施计划。计划内容包括：设施建设进度、施工原材料的供应、设备购置和安装调试进度、施工队伍的协调和组织、水电和交通等条件的配合，并根据各阶段进度安排，定出资金使用情况。

（二）设备的选购

设备的选购是指新建景区景点时的设备购置和经营过程中的设备更新购置。设备的购置应根据景区的发展目标，有计划地进行增添和更新改造。由于设备投入的资金较多，使用期限较长，对景区的经营活动影响较大，关系到企业的经济效益和长远发展，所以选购设备时应进行充分的调查研究，对多种方案进行经济技术论证，比较设备的寿命周期和综合效益，根据具体需要，作出科学的购置决策。具体选购设备时，应从以下几个方面来把握。

（1）适应性。景区的设备选择首先要考虑是否适应当前市场的需求，能否满足旅游者的游览要求。

（2）安全可靠性。景区设备的安全可靠是景区声誉和效益的重要保障，必须放在突出地位。因为设备的安全与否直接关系到游客的人身安全，也关系到景区工作人员的人身安全，所以选购时要特别注意设备的安全可靠性。

（3）方便性。选购的设备的使用要灵活方便，能适应不同的工作条件和环境，并能减轻操作者的劳动强度，改善劳动条件；同时，还要方便修理，能够保障景区以最少的时间修理有故障的设备，以避免游客的反感和抱怨。特别是那些直接供游客使用的设备更应如此。

（4）节能性。采购设备时，应注意其节能性。节约能源会给景区带来直接的经济效益，因此要选用节能性好的设备。

（5）环保性。是指要避免设备的噪声和排放的有害物质对环境的污染。噪声会影响游客的游览，有害物质会对游客以及景区环境造成污染。景区应严格按照环保的标准来选择设备，否则会给景区的正常经营及服务质量带来不好的影响。

（6）配套性。指设备单机要与景区设备管理系统配套，以便进行技术管理。其包括要考虑技术上兼容、性能上互补、管理上协调等因素。

（7）特色性。根据景区的特色采购具有特色的设备，这样既能吸引客人，又能和景区特色相统一。

（三）设备的安装调试

景区设备的安装调试是影响设备今后运行效果的一个环节。无论是旅游景区自行安装，还是由供应商、厂家等专业安装单位安装，都应派工程技术人员监督其质量、进度，做好安装数据记录。验收时双方均应在现场，并办理书面交接手续。验收过程中发现问题，由设备主管部门落实解决，验收交接报告以参加验收各单位共同签订的竣工验收单为准。设备竣工验收后，由财务部门立账，建立固定资产管理账目。设备管理部门根据设备统一编号，填写设备登记卡，记入台账，然后移交至使用部门。根据设备移交单备案后，使用部门才能启用设备。

三、旅游景区设施设备服务期管理

旅游景区从开始接待游客起，其设施也就投入了服务。从规划到施工安装、设施完工属于设施管理的前期。设施从开始服务于游客，对设施的维护和保养也就开始了，这属于设施的服务期管理。如果在此期间旅游景区设施管理不善，那么，不但会在经济上给旅游景区带来巨大损失，而且还会严重影响旅游景区的声誉，产生不良影响。

（一）设施管理的人员系统

设施管理是以人为中心的管理。人员系统结构合理化、人员素质现代化，从根本上保证了设施管理的最佳化。它包括如下人员系统。

（1）管理层人员。他们承担设施管理的规划决策、制度系统的建立、计划的制订和组织实施。这一层人员是人员系统的核心，其素质的高低决定着景区设施管理的水平。

（2）运行操作人员。他们根据规定的操作规程和管理制度负责设施的管理和操作。

（3）维护检修人员。他们进行设施设备的维护检修，经常检查设施设备是否出现故障，若有故障则进行维修和及时报修。

（4）日常操作监督人员。他们主要是服务工作人员，组成设施各个环节的设备需要这些做具体工作的服务人员进行日常清洁维护和出现故障时及时报修。

（5）设施服务对象。设施服务对象主要是指游客，他们在消费过程中，往往要直接和间接使用某些设施设备。服务人员应为游客提供舒适称心的服务，同时又必须防止他们由于使用不当而造成对设施设备的损坏。

（二）设施设备的使用管理

1. 设施设备使用规范管理

（1）对运行操作人员的规范化管理。运行操作人员必须学习和掌握设施设备的运行原理、结构、性能、使用、维护、维修及技术安全等方面的知识。

（2）对服务人员的规范化要求。服务人员必须参加常用设施设备的使用操作学习培训，向游客介绍设备使用方法和注意事项，对游客使用过的设备进行清洁维护和报修。要有明确的岗位责任规范。

2. 设施设备使用管理规章制度

设施设备使用管理的规章制度包括：运行操作规程、维护规程、设施设备运行人员岗位责任制和设施设备管理表格等。建立和健全旅游景区设施设备使用管理规章制度有助于实现科学管理，消除工作中的混乱现象；有助于提高设施设备的综合效益，延长使用寿命，减少维修费用，降低能耗；有助于充分调动员工积极性，更好地完成工作任务。为确保管理制度的严格执行，必须坚持定期检查和考核。要搞好检查、考核工作，就要抓好三条：一是抓标准。标准是考核的依据，没有标准就会好坏不分。二是抓考核办法。考核办法是否科学，关系到考核是否正确。三是在考核的基础上奖罚要分明。该奖的必须奖，该罚的一定罚。只有搞好检查、考核、奖罚工作，才能促进管理制度的有效实施。

3. 使用设施设备的基本要求

旅游景区设施设备数量多、分布广、使用范围大。要搞好设施设备的使用管理，就要推行“设施设备全员管理”制度，做到谁使用谁维护。要达到这个目的，首先必须抓好设施设备操作基本功和操作纪律的培训。

(1) 服务人员的“两介绍”。

① 向游客介绍设施设备使用方法并示范操作。

② 向游客介绍使用设施设备的安全注意事项。

(2) 对设施设备使用部门的“三好”要求。

① 管好设施设备：每个部门必须管理好本部门的设施设备，重要设施设备要定机定人操作，未经领导同意，不准他人随意使用。

② 用好设施设备：对所有设施设备的使用、操作必须要求相关人员严格按照操作规程使用，不得超负荷使用和不文明操作。

③ 保养好设施设备：景区服务人员对旅游景区内所有供游客使用的设施设备，不仅要管好、用好，还要保养好，使它们保持完好的状态。如有损坏，应积极配合维修人员修好设施设备。

(3) 对操作人员的“四会”要求。

① 会使用：操作人员应事先熟悉每一个设施设备的用途和基本原理，学习掌握设施设备的操作规程，学会正确使用每个设施设备。

② 会维护：学习和执行设施设备维护规程，做到设施设备维护的四项要求：整齐、清洁、润滑和安全。

③ 会检查：了解自己所使用设施设备的结构、性能；了解设备易损零件的部位；熟悉常规的检查项目、标准和方法，并能按规定要求进行点检。

④ 会排除故障：旅游景区的工程管理部门，要懂得所有设施设备的特点，能鉴别设备正常与异常情况，懂得拆装方法，会做一般调整和简单故障的排除。自己解决不了的问题要及时报告，并协同维修人员进行检修。

(4) 操作者的“五项纪律”。

① 实行定人定机、凭证操作制度，严格遵守安全技术操作规程。

② 经常保持设施设备清洁，按规定加油。要做到没完成润滑工作不开机，没完成清洁工作不下班。

③ 认真执行交接班制度，做好交接班记录及运转台时记录。

④ 管理好工具、附件，不能遗失、损坏。

⑤ 不准在设备运行时离开岗位。

（三）设施设备维护制度

旅游景区设施的维护工作必须以专业管理与游客管理相结合，依靠运行操作人员、检查维修人员和服务人员共同维护好设施设备，同时要取得游客的合作和支持。建立维护制度目的是让景区内各方人员在维护工作中有章可循，各负其责，从而真正形成设施设备的使用维护保证体系。设施设备维护必须达到四项基本要求：整齐、清洁、润滑和安全。我们把维护制度按层次划分为：日常维护、定期维护、区域维护和计划维护几种。

1. 日常维护

日常维护又称例行维护，是全部维护工作的基础，特点是经常化、制度化。对于服务设施、娱乐设施、交通设施等一些大型设备应做到在每天工作前必须检查电源以及电气装置是否安全可靠；各操纵机构是否正常良好；安全保护装置是否齐全有效；在运行中是否有异常情况。停工后设施设备要保持清洁，如有损坏和故障，应及时报修。

2. 定期维护

定期维护是在日常维护基础上，规定在一段时间后对设施设备从更深层次上进行维护，以便消除事故隐患，减少设备磨损，保证设备长期正常运行。

3. 区域维护

除一些大型设施外，还有部分小型设施设备和基础设施分布在旅游景区各处，这就需要对这些设施划分区域进行维护。区域维护小组或人员要认真执行负责区域巡回检查制度，对供排水设施的管道、照明供电、电线电缆线路、绿化设施、游路等基础设施以及一些分散的小型服务设施进行巡回检查，科学安排巡检路线，发现故障损坏要及时处理或报修。

4. 计划维护

计划维护又称指令维护，它是以全部设施的维护任务计划为基础，通过向维护人员发出指令，维护人员根据指令完成指定维护任务的一种维护管理方法。

四、旅游景区设施维修与更新改造

（一）设施的维修

旅游景区设施的维修管理是设施设备服务期管理的一个重要部分。在设施设备服务期间，如有故障发生，必须由专业维修队伍采用不同维修方式，延缓劣化过程，及早使设施设备恢复良好的服务状态，为游客提供安全优质服务。

1. 设施维修的方式

（1）定期维修。定期维修是一种以时间周期为基础的预防性维修方式。定期维修一般用于服务与时间（季节）相关的主要设施设备上，如滑冰、滑雪设施及一些水上娱乐设施。

（2）状态监测维修。状态监测维修是一种以设备技术状况监测和诊断信息为基础的预防性维修方式。这一方式的特点是及时掌握时机，使维修工作安排在故障可能发生又未发生的时期，这是最为合理的。这种方式适用于利用率高的一些设施的重要设备上，如空调、电视、缆车、电梯、水上电动游船等。

（3）更换维修。更换维修是在掌握了设备故障发生周期的前提下，用具有同种功能的部件更换下旧部件，进行检查维修。这种维修方式的特点是能现场操作，维修时间短，并能避免部件故障发生在设备运行时。这种方式适用于设施内的电气设备和提供给游客的一些设备。

（4）事后维修。事后维修也称故障维修，是设施设备出现故障时的非计划性维修。事后维修可以同更换维修结合起来采用。这种方式适用于简单低值和利用率低的设备。

2. 设施设备修理的类别

旅游景区设施设备修理的类别可按维修内容和工作量大小来划分。各种维修方式都可能有不同规模的修理类别。具体可分为：大修、中修、小修、项修（项目修理）、计划外修理。

3. 设备维修策略

旅游景区必须根据自身特点，正确制定设施设备维修策略。具体可以选择的策略是采用维护保养—检查检测—日常小修、项修—技术改造的设备管理技术路径。对于一些小设备可放弃项修和改修。设施设备的大修项目可通过专业维修公司或设备厂家来承担；同时，景区要培养全能维修队伍，提高设施设备管理和维修的效率和质量。从发展角度来看，状态监测维修是设备维修的发展方向。从旅游景区的特点来看，定期维修有利于按季节气温特点安排设施设备维修工作。

因此，可取的策略还是根据季节特点安排定期维修，创造条件开展状态监测维修，多种维修方式并存。

4. 设备修理计划的编制

设施设备修理计划编制工作的目的是安排必要的维修资源，以便以正确的方法、在预定的时间内从事预定的维修工作。设施设备维修计划分为修理任务计划和作业进度计划。从计划中可以清楚地看到景区设施管理部门每个季度每个月份的维修任务。

（1）年度维修计划。年度维修计划指导着旅游景区全年的设施管理工作有条不紊地进行。从计划中可以清楚地看到景区设施管理部门每个季度每个月份的维修任务。

（2）季度维修计划。季度维修计划是根据年度维修计划，结合设施设备使用情况和维护保养状况编制的。季度计划是对年度计划的细分和补充，同时又根据情况的变化对年度计划给予适当调整。

（3）月度维修计划。月度维修计划是体现季度计划执行进度的执行性作业计划。月度计划必须具体规定修理工作的日程进度。

（二）设施的更新改造

设施设备的改造，是指运用科学技术的新成果和现代设施设备，改变原有设施设备的技术面貌。设施设备的更新，是以比较经济、完善的新设施设备替代物质上不能继续使用或经济上不宜继续使用的设施设备。

设施设备的更新形式主要有两种：一种是原样或原水平的去旧换新。即当设施设备磨损到不能继续使用的程度时，以相同的设施设备进行替换。这是一种简单的设施设备更新，在科学技术进步很快的条件下，应尽量减少这种简单的更新方式。另一种则是新水平的去旧换新。即用效能更高、性能更完善的先进设施设备，取代技术上不能继续使用、经济上不宜继续使用的陈旧设施设备，这是设施设备更新的主要形式。只有通过先进的设施设备更新，才能不断提高旅游景区的技术装备水平，为旅游者提供最满意的服务。

旅游景区在进行设施设备更新改造时，还应注意以下几方面的问题。

① 制定设施设备更新规定时，应有计划、有重点、有步骤地进行设施设备更新工作。注意克服服务工作中技术上的薄弱环节，提高综合服务能力。

② 把设施设备的更新和现代化改装结合起来。

③ 做好更新过程中旧设施设备的利用工作。对替换下来的旧设施设备，尽量采取改装使用、降级使用、有偿转让或拆卸、利用主要零部件等方法，以充分发挥老旧设施设备的剩余潜力。

④ 讲求经济效益，做好设施设备更新的技术经济分析。

拓展阅读

圆明园遗址公园改造实例[1]

为进一步提高圆明园遗址公园的综合管理和保护建设水平，全面提升景区的服务质量、环境质量和游客满意度，根据国家旅游局有关文件，在北京市旅游局、海淀区旅游局等上级单位的指导和支持下，圆明园管理处依据《旅游景区评定管理办法》和《旅游景区质量等级划分和评定》的要求，结合自身实际情况，制定《圆明园遗址公园质量等级评定设施方案》，深入开展创建AAAA级旅游景区活动。

自2006年11月启动AAAA级旅游景区争创工作以来，园内的基础设施、服务设施得到了很大改善，如随墙门无障碍设施、残疾人无障碍洗手池、语音导游机、环保垃圾箱等细节的设置。依次撤除了法慧寺商品店、线法山商亭、南门广场商亭等影响主要景观和生态环境的经营网点；更新改造流香渚和展览馆厕所进行维修改造；维修油饰园内桥涵10座、四方观景亭3座和绿色长廊；完善安防设施，安装电子监控系统，更换防盗锁；新购置两台消防泵，更新部分灭火器；更换园内路椅、果皮箱、垃圾桶；在区环卫中心和区财政局的支持下对园内区环卫中心管理的绿油门、黄花阵、东门等4个厕所按三星级以上标准实施改造；按国际标准改造园内牌示、无障碍设施；按照AAAA景区标准在绮春园南

[1] 卢晓．旅游景区服务与管理．北京：清华大学出版社，2009．

门修建游客中心，增添电子触摸屏、语言导游机、影音播放系统、轮椅、童车等设施设备；维修、粉刷、油饰黄花阵墙体、翠柳园墙体、绮春园二道门墙体和随墙门；修缮油饰荷花区风荷楼，维修装饰三园交界展厅，翻修春泽斋房屋 3 间；维修园路；在东门、二宫门、满门安装电子显示屏；改造游船码头、东门和南门票房，新增 6 座仿古式售票亭。

此外，二宫门和南门生态停车场改造、经营网点调整、环卫设施规划、电子门票、广播照明系统等改造项目也正在筹划之中。通过环境和服务设施的改善与提升，大大提高了圆明园的环境质量，努力为游客营造出自然、优美、和谐的游览环境。

任务三 旅游景区设施安全管理

没有安全就没有旅游。旅游景区的安全问题主要包括自然灾害、人为灾害、安全事故、治安管理等方面。这里我们主要讨论旅游景区设施的安全问题。

一、旅游景区设施安全管理的基础工作

旅游安全事故的发生不但给游客带来损伤，旅游景区本身也会有经济、信誉、业务、设备、原料等方面的损失，严重的还会追究景区主要负责人和直接责任人的刑事法律责任。所以，加强日常管理是避免损失最为经济、有效的办法。

（一）建立安全管理组织体系

旅游景区应设立安全保卫委员会（简称安保委），直属最高层管理。设立安保委办公室，与“安全管理处”合署办公。设立顾问组、教育组、计划与发展组、监察执行组（或监察大队）。具体可根据景区容量大小和任务量而定。

（二）建立健全安全标志系统

在游客集散地、主要通道、危险地带等区域要按照国家规范的安全标志符号设置安全标志系统，用以提醒游客注意安全。安全标志是用于表达特定安全信息的标志，由图形符号、安全色、几何形状（边框）或文字组成。国标 GB 2894—1996 将安全标志分为四大类型。

1. 禁止标志

用于禁止人们不安全行为的图形标志。包括禁止吸烟、禁止烟火、禁止带火种、禁止触摸、禁止跨越、禁止攀登、禁止跳下、禁止入内、禁止停留、禁止通行、禁止靠近、禁止乘人、禁止抛物等 23 种标志。基本图形为带斜杠的圆边框。

2. 警告标志

用于提醒人们注意周围环境，避免发生危险的图形标志。包括注意安全、当心火灾、当心电缆、当心落物、当心坠落、当心坑洞、当心塌方、当心车辆、当心滑跌等

28 种标志。基本图形为正三角形边框，边框内有不同内涵的象征图形。

3. 指令标志

用于强制人们必须做出某种动作或采用防范措施的图形标志。包括必须戴防护眼镜、必须戴安全帽、必须穿救生衣等 12 种标志。其基本图形为圆形边框。

4. 提示标志

是向人们提供某种信息（指明安全设施或场所）的图形标志。包括紧急出口、避险处等 4 种类型。其基本图形为正方形边框。

旅游景区在建立健全安全标志系统时需注意以下事项。

① 由于旅游景区可能接待来自不同国家和地区的旅游者，所有标志一定要按照国际规范制作和悬挂，不但利于推广，还可以让所有游客都能看得懂。

② 标志不但要有中文文字，还要有其他国家的文字。因为图形标志由于有一定的隐含效果，单纯的图形符号是不能让游客获取正确信息的，还必须配文字。

③ 标志牌一定要置于明显位置和明亮环境中。不可有障碍物影响视线，也不可放在移动物体上。

④ 标志牌的材质除满足坚固耐用、遇水不变形的特点外，还要因地制宜，与旅游景区的资源环境相协调。如山地景区内用石质材料、森林景区内用木质材料等。

⑤ 旅游景区的各种标志牌是景区的形象构成要素之一，必须制作精良。表面不得有任何瑕疵，如空、洞、毛刺等。

⑥ 放置高度应与视线齐平，最大观察距离时的夹角不得超过 75°。

⑦ 为保证效果和防止出现纠纷，安全标志牌要至少每半年全面检查一次，对不符合要求的破损牌子应及时更换或维修。

（三）加强旅游安全宣传、教育与培训

旅游景区安全宣传教育既要面向游客，也要面向旅游地社区和旅游从业人员。对前者可通过旅途中的各种告示及解说系统和旅游从业人员的安全建议等进行宣传；对后者的安全宣传教育包括两部分，一是加强安全教育与培训，二是严肃旅游安全事故的处理。

（四）建立旅游安全预警系统

这一工作可依托旅游安全预警组织或人员进行。包括建立旅游景区安全监测网络，提高旅游景区安全监测的技术含量，如在森林旅游景区和山岳景区运用全球定位技术进行安全监测。

（五）强化旅游安全过程管理

旅游景区自身要加强景区内部体制的建设，应根据游客普遍所需的安全要求，结合景区的实际情况，制定出各个场所、各项服务工作的安全标准和安全保卫岗位责任制。设立专门的旅游安全管理机构，由专人负责，保证各项安全管理工作的安全标准和责任制能得到贯彻实施，有效地控制安全事故的发生；同时，可建立由旅游行政管理部门牵头、由旅游地居民、旅游从业人员、治安人员、消防、保险等多部门、多人员参与社会联动机制。这一方面能够有效地抑制旅游安全问题的发生，另一方面能动

员社会力量共同解决安全问题，把安全问题造成的破坏和损失降到最低限度。

（六）完善安全救助应急系统

旅游景区内应组建一支健全的抢险和医疗应急反应队伍，并开展一系列服务活动，如运送急救药品，就地处理，及时送往医院并安排需住院的游客入住，入院后的追踪服务，尽快与游客亲友进行联系等。配备专门设备如紧急电话专线、救护车等，加强事故发生后的应急营救能力，以便将损失降到最低限度。

（七）旅游保险

这一工作可依托旅游安全救助组织或人员进行，这是为做好安全事故善后工作，保障游客合法权益的保证。旅游景区应和保险业联合研究，制定出适合不同景区情况的各种旅游保险险种，并能针对不同游客和特殊游客群体如女性游客、老年游客的需要，制定出相关实用的保险险种并提供配包的保险服务。

二、旅游景区游船（艇）设施的安全管理

国家旅游局曾经出台了《关于内河旅游游船星级评定管理办法》，规定了游船设施和服务质量的等级。其中一个非常重要的方面就是安全性指标。这一规定的出台，对于有效减少游船安全事故的发生具有积极意义。

湖泊、河流等以水文景观为主体资源特征的旅游景区，游船（艇）成为游客主要的游览工具，其安全管理越显重要。如果管理体制不完善造成多头管理，很多部门不愿放弃权力，似乎谁都可以管，但又不深入具体管，出了事故又都相互推诿，导致问题时有发生，最终受损的是旅游景区和广大游客。

1994年千岛湖“3·31”事件发生以前就是这种情况。由于管理混乱，加上游船通信等技术设备落后，最终导致了恶性事件的发生，给杭州的旅游业带来巨大的打击。事后浙江省和杭州市十分重视，协调淳安、建德两县（市），重新调整了游船管理体制，取得了很好的效果。

拓展阅读

千岛湖游船安全管理机制与措施

（一）管理机构及模式

实行千岛湖水面统一管理。千岛湖景区综合管理处是千岛湖旅游船（艇）的经营管理机构。该机构由旅游、公安、航管三个部门联合办公。管理处下设六个管理站（售票口），具体负责辖区内游船（艇）管理。

管理模式实行“四统一”：统一接待、统一售票、统一调度、统一结算。

（二）审批管理

游船（艇）审批机关：淳安县千岛湖风景旅游管理局批准并颁发经营许可证；实行年检。

游船（艇）基本条件：经船检部门检验合格，取得适航证书，船上工作人员取得适任证书；涉外游船必须是经航管部门核定的甲、乙类游船，配有专职保安和持有全国导游证书的导游人员；遵守法律法规和交通、公安、旅游卫生防疫等部门的行业规定，防火、防护、安全设施按规定装备齐全，必须配备通信设施，并保持联络畅通。

（三）违规处置

经营业主如果出现无故不服从接待中心调度，或有超载、船员不足、证照不齐等违规行为，按有关规定给予罚款、停航直至吊销营业执照等处罚。

（四）安全保障措施

① 在景区内 20 多个景点设立安全监控站。

② 为每一位来自中国台湾的游客投保 100 万元人民币。

③ 加强水上安全管理，由航管、公安、渔政三部门组成专门人员 24 小时在水面昼夜巡逻护卫。

④ 由杭州市交通局负责，建成了全国第一个现代化水上救助中心。投资 300 余万元的水上全球定位系统（GPS）集通信、定位、报警功能于一身，通信救助中心的卫星总控室实行 24 小时值班制度，游船装有卫星通信电话可直接与总控中心通话。

三、旅游景区索道及游乐设施的安全管理

索道，作为旅游交通运输工具，为游客游览名山大川提供了便利，也为景区增添了亮点，在旅游业中起着不可忽视的作用。据国际缆索运输协会统计证明：客运索道是所有交通工具中最安全的。但没有任何一种设备可以保证永远百分之百地安全运行。近年来国内外一些索道接连发生重大、特大安全运营事故，引起了人们对客运索道的高度关注。另外，有些景区为改变单纯依靠观光打天下的局面，贴近群众，增加游客的游览兴趣，在景区内特定区域设置了游乐设施，布局于室外或室内，如滑行车、碰碰车、水上自行车、儿童木马等。由于这些设施极易发生故障，因此日常管理和维修意义重大。

索道及游乐设施安全保障措施要求如下。

① 参照执行中华人民共和国《游乐园（场）安全和服务质量》国家推荐标准(GB/16767—1997)。其中客运索道要严格执行国家有关部门制定的技术标准。

② 树立安全第一、预防为主的思想，配备必要的、充足的和有效的安全设施，确保运转安全；建立健全各项安全管理制度、安全操作规程；建立完善的维修、保养制度，有专人、专职负责，确保游客生命财产安全。

③ 建立健全安全管理体系。

④ 开展经常性的安全培训和安全教育活动；定期组织安全检查；建立安全工作档案，有历次检查的原始记录并由负责人签字。

⑤ 员工应具有相关专业技术上岗证；员工要按规章作业。

⑥ 在游客游乐活动开始前应当让游客了解安全性注意事项，掌握安全要领；特殊项目要有要求，如年龄限制、健康要求等要有公示牌，工作人员也要随时提醒和有效控制；如果发生意外事故要按规定程序采取救援措施。

⑦ 安装报警电话、灭火器、避雷装置、急救设备等安全设施设备。

⑧ 索道和游乐设施一律不得超载和带险运转，严禁在大风、雨雪等恶劣天气下运转。

四、旅游景区漂流管理

漂流项目因给人以强烈的身心刺激而越来越受到旅游者的欢迎。但是，作为一项特殊的旅游项目，其危险性较高，加强管理就更为重要。

① 要认真贯彻国家旅游局《漂流旅游安全管理暂行规定》，有布置、有落实。

② 严格审批漂流旅游项目，对提报的经营项目进行细致审查，不成熟的一律不批；同时要建立市、地、县旅游行政管理部门负责本地区内漂流旅游活动的安全监督管理机制。

③ 制定漂流旅游安全和服务标准，经营企业具备旅游部门和企业相关部门认可证书，对漂流工具进行登记管理。

④ 经营企业设置专门安全管理机构或确定专人负责，对从业人员进行安全教育和安全培训，持证上岗。

⑤ 漂流工具安全可靠，严格执行核定的载客量，严禁违章操作；漂流水域符合安全规范要求，航道标志明显。

⑥ 码头设施完善，救生设施齐全；漂流安全宣传方式详尽，制定有效、合理的意外事故应急办法并易于实施。

旅游景区的安全工作要特别注重旅游高峰期的安全管理。旅游高峰期安全隐患最大，而且由于游客众多，管理难度也最大。景区应切实保证旅游设施尤其是机械游乐设施的安全，制定切实可行的安全措施，彻底消除安全隐患，给游客创造一个安全的旅游环境。

案例分析

广西发生热气球燃烧坠毁事故4死3伤

2009年10月14日上午，广西荔浦县境内发生一起热气球燃烧坠毁事故，造成4人死亡，3人受伤，其中4名死者和1名伤者是荷兰籍游客。两名中国籍驾驶员和1名荷兰籍游客幸免于难，4名死者遗体经公安部门最终鉴定，确认为2男2女。事故发生后，广西桂林市以及涉及事故的荔浦县、阳朔县全力、及时、妥善处置这起事故。

热气球出事地点为桂林市荔浦县马岭镇，距离最近的公路也有2公里。事发地周边道路不畅通，必须要步行前往，给营救工作增加了很大难度。记者远远望去，离山面屯约800米的山坡上围着一群民警，旁边区域已经被拉起了警戒线。

记者用镜头拉近距离看到，民警正在勘查遇难者的遗体。山上有一些五颜六色的物体，山下的群众认为是热气球的残骸。

中国航空运动协会14日发布公告说，经初步判断，事故是由于风速超过标准和飞行员操作不当引起的。公告说，由于风速过大，热气球着陆时重重撞击地面，造成燃料管道泄漏并引起燃烧，两名中国驾驶员和一名男性乘客从热气球吊篮内跳出。还在燃烧的热气球因重量减轻，又快速反弹升空，吊篮内剩余4名游客因恐惧而在高空跳出吊篮，坠落地面后当场死亡。根据有关专家的初步判断，事故是由于风速超标和飞行员操作不当造成的。

思考：广西热气球坠毁事故给该景区带来了哪些不良影响？如何避免？

点评：我国景区的游艺机和游乐设施的种类层出不穷，且不断向高空型和快速型发展。近年来，旅游景区的人身伤亡事故时有发生。究其原因，主要有以下几点：首先，游艺机和游乐设施的安全质量存在隐患；其次，游乐场所经营者对游艺机和游乐设施的运营管理不善，不能及时维护；还有操作人员缺乏相关安全培训；此外，监管部门"不出事不管，一出事就禁"。因此，景区管理人员要重视游乐场的安全管理问题，做好事故的预防和处置工作。

思考题

1. 旅游景区主要有哪些设施设备？如何进行分类？
2. 旅游景区设施设备管理的基本内容有哪些？
3. 如何进行旅游景区设施设备的日常维护工作？
4. 实训练习：分小组深入当地不同的旅游景区，了解各景区设施设备管理工作情况，并形成报告进行交流。

参 考 文 献

[1] 王昆欣．旅游景区服务与管理．北京：旅游教育出版社，2004.

[2] 彭淑清．景区服务与管理．北京：电子工业出版社，2010.

[3] 卢晓．旅游景区服务与管理．北京：清华大学出版社，2009.

[4] 王瑜．旅游景区管理实训教程．青岛：青岛出版社，2008.

[5] 周玲强．旅游景区经营管理．杭州：浙江大学出版社，2006.

[6] 禹贡．旅游景区景点经营案例解析．北京：旅游教育出版社，2007.

项目十 旅游景区环境管理

学习目标

◆ 理解旅游景区环境的概念及构成

◆ 熟悉旅游景区环境管理的主要内容

◆ 掌握旅游景区卫生环境管理的内容及管理措施

项目架构

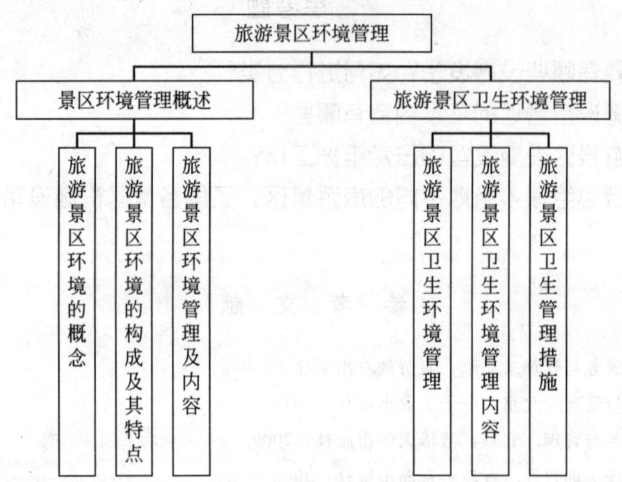

工作任务

情景：2012 年“十一”黄金周的最后一天，有网友以图文形式发表博文《垃圾上的泰山》，介绍自己黄金周期间在爬泰山沿途中的见闻：“10 月 3 日下午 1 点坐旅游车到中天门，之后徒步登山。下车后迎面扑来阵阵恶臭，游客接踵摩肩，垃圾处处环绕。路面上、山沟里、树枝上、岩石上、花盆里、泥土里，甚至是碑文上都无一幸免，布满垃圾。”另外，泰山景区相关工作人员却说：平常泰山景区共有 347 名专职保洁员。黄金周又临时增加了 200 人，各驻泰高校也有 100 多名大学生在山上做志愿者，清理垃圾。但黄金周人挤人的状态让清洁工们无从下手，平时只要 1 个小时就能清理完的垃圾要 2 个多小时还不行。

任务：如果让你为泰山摆脱这种局面出谋划策，你有何想法？

点评：景区良好的环境是景区旅游价值的重要体现，也是吸引游客的关键因素。而景区的卫生状况是旅游景区环境质量最直接的表现，直接影响到游客的消费体验和消费质量。作为景区管理者，必须深知景区环境管理内容，国家关于旅游景区卫生状况的标准和要求，加大环保的宣传和管理力度；作为旅游者，要养成良好的出游习惯，为景区的可持续发展尽一份力量。

任务一 旅游景区环境管理概述

一、旅游景区环境的概念

旅游景区环境指的是旅游景区赖以生存和发展的自然和社会条件。从游览、观光的角度讲，是开发游览观光活动所必须依靠的各种社会和物资条件的综合体。旅游景区环境是景区旅游价值的重要组成部分。一个拥有良好的旅游环境的景区必然具有较大的旅游价值以及对游客有较大的旅游吸引力。

二、旅游景区环境的构成及其特点

（一）旅游景区环境的构成

旅游景区环境是一个系统，主要由下列要素构成。

1. 旅游吸引物

旅游吸引物是景区环境的中心要素，也是旅游景区环境系统中的重要因素。它是旅游景区发展旅游业的基础，主要包括自然旅游资源和人文旅游资源。在旅游景区环境中，旅游吸引物是相对变动的要素，它容易受到各方面的影响，当旅游吸引物受到的损害超过临界点后，就会反过来作用于旅游环境系统中的其他要素。

2. 社会人文环境

旅游景区的社会人文环境是指对游客体验产生影响的社会因素，对游客体验产生影响的社会因素主要有如下几项。

（1）旅游者。旅游者是旅游景区环境系统中最活跃的因素之一，景区的所有工作都是围绕旅游者展开的。旅游者进入景区后要与环境系统中的各种要素发生关系，如旅游经营者、当地居民等。旅游者的行为和数量对景区环境有重要影响。

（2）旅游经营者。旅游经营者是旅游景区主要的旅游服务提供者，他们在旅游景区资源的开发和利用过程中，其开发的程度和经营方式都会对景区环境产生影响。旅游经营者的经营行为是为了追求经济利益，而利益的最大化必然会增加旅游景区资源的利用强度，从而对景区的环境造成一定的损害。

（3）当地居民。当地居民是旅游景区的原始居住者。其中有些居民在旅游景区开发后或参与景区经营活动，或从事与旅游业相关的活动。他们与其他利益群体的关系会对景区环境产生直接影响。

（4）当地政府。在我国，当地政府是旅游景区的主要管理者，而非主要经营者。政府制定的旅游法规和政策会对旅游业的可持续发展和景区环境产生重要而长远的影响。政府在鼓励当地旅游业发展的同时，首先应做好旅游业的总体规划、旅游景区的开发和环境保护规划工作，并制定以保护为主的旅游景区资源开发及保护措施。

3. 自然突变要素

自然突变主要是指自然界中所发生的突发事件。这些突发事件可能会改变景区的景观特征，如地震、泥石流、洪水、山体滑坡等。自然突变的发生可能使景区环境发生重大变化，甚至不再适合旅游业的发展。

（二）旅游景区环境的特点

1. 系统性

旅游景区环境的六大主要要素共同组成一个开放的系统，它不断地与外界发生信息、物质及其能量的交换。

2. 复杂性

旅游景区环境系统是复杂的，它由许多相关的因素构成。其中旅游吸引物、旅游者、旅游经营者、当地居民、当地政府、自然突变等是这一系统中的主要因素，它们之间相互影响、相互作用。

3. 自适应性

旅游景区环境系统与其他环境系统一样具有自适应性。这种自适应性可以使系统在受到外部干扰时进行自我调整，以使系统维持相对稳定的状态。

三、旅游景区环境管理及内容

旅游景区环境管理就是要在充分认识旅游活动对旅游景区环境影响的基础上，综合运用经济、法律、技术、行政、教育等手段，提高旅游景区环境质量，增强旅游景区的吸引力，并对一切可能损害旅游景区环境的行为和活动施加影响，从而协调旅游景区经营活动与环境保护之间的关系，为游客营造一个高质量的旅游景区环境，以实现旅游景区经济效益、环境效益、社会效益的有机统一。旅游景区环境管理内容主要如下。

（一）自然生态环境管理

1. 树立环境保护为主的理念，引导自然环境保护、利用和培育三者的和谐统一

旅游景区必须达到国家制定的景区环境质量标准，当开发与保护发生冲突时，开发利用应让位于保护和培育。良好的自然生态环境是景区健康持续发展的保证，旅游景区开发应以自然生态保护和培育为基础，从而达到综合效益的最佳化。

2. 合理规划布局

旅游景区应遵循“区内旅游、区外服务”的原则。尽可能把旅游服务设施建设在自然景区之外，保护完整的自然景观，使植被、水体、土壤免受大规模的破坏；合理规划旅游路线和各种线性设施，如游道、索道、电线网等，避免穿越生态敏感区。例如九寨沟管理局于 2001 年 5 月关闭了景区内所有饭店，代之以景区唯一一家环保餐厅，游客一律在“沟内游，沟外住”。

3. 确定旅游生态环境容量

通常可采用收集资料、现场调查、遥感等多种调查方法，对旅游景区的自然环境进行细致的调查、统计、分类和规整等，以使旅游规划开发中的承载容量与环境相协调，从而避免对环境不必要的破坏。

（二）人文环境质量管理

当地社区不仅是受影响最大的景区利益相关者，同时也是景区环境管理工作最大的影响施加者。旅游景区社会人文环境的管理不仅需要通过让社区获益，增强社区文化自豪感，从源头上解决问题，也需要通过采取综合治理和专项整治等强制性措施进行调控，优化景区综合环境。

1. 社区参与，回馈社区

旅游景区往往曾是社区居民世代居住的家园，景区居民及其所负载的文化是景区的重要吸引力因素。景区经营中必须照顾社区的利益，鼓励社区居民参与到旅游活动中来，从旅游业获益。

2. 加强地域文化的开发和保护

旅游景区为增强吸引力，烘托旅游氛围，凸显地域特色，增强竞争力，往往要大力开发地域文化。景区在地域文化旅游开发的过程中，要妥善保护文物古迹等有形文化资源，无形的文化风情、民俗、传统表演艺术等的开发要避免舞台化、商品化对传统文化价值的贬低。旅游景区在鼓励社区保留传统文化的同时，也要教育游客尊重社区的文化和习俗，如宗教信仰、民族礼节、传统禁忌等，以减少文化冲突。

（三）旅游氛围环境管理

旅游氛围是景区的旅游资源、旅游设施、自然生态环境、旅游服务等综合作用于旅游者，旅游者通过视觉、听觉等感知，产生联想、联觉所形成的主观感受。景区的氛围环境管理主要是识别影响景区氛围的因素，突出景区特色，营造旅游氛围，采取有针对性的管理措施。

1. 旅游设施合理规划

旅游开发的实质是在自然山水或原有景区的基础上添加人工建筑，使之适应旅游活动开展的需要。旅游设施建设项目的规划不当或过度开发，会使当地原有的景观环境遭到破坏，即所谓的“开发污染”。

2. 旅游服务组织状况的管理

首先，应注意对旅游地性质和整体景观相融合、直接影响游客感官效果的多种接待服务元素进行精心设计，如服务人员的服装、背景音乐的格调等，形象设计越丰富全面，影响力就越大，景点的旅游氛围就越浓厚。例如，在一些具有独特民族特色的景区，游客从身着民族服装的服务人员那里获得的感受，要远远好于从西装革履的服务人员那里获得的感受。其次，应严格规章制度，并合理调动导游、景区保洁和安保工作者等各种服务人员的积极性，杜绝不文明现象的发生。

拓展阅读

九华山文明燃香新风成常态为文明景区增光彩[1]

近期正值池州市九华山旅游高峰期，众多中外游客朝山礼佛、游览观光，景区燃香秩序井然，曾经烧高香和大把大把烧香的现象现已了无踪迹。

九华山是中国佛教四大名山之一，是首批以佛教文化和自然与人文圣境为特色的国家重点风景名胜区。长期以来，九华山香火旺盛，当地居民靠山吃山，从事香烛生产、经营等旅游副业活动的人很多。

曾经，在香烛市场异常活跃的同时，市场秩序不够规范、不够文明的现象在九华山时有发生。2009 年 6 月，国家旅游局等 6 部委联合出台了《关于进一步规范全国宗教旅游场所燃香活动的意见》，九华山被列为全国首批 10 个试点单位之一。经过三年多的不懈努力和积极实践，九华山香烛市场秩序明显好转，香类产品年燃烧量得到有效控制，燃香方式趋向文明，礼佛行为更加规范。

“为巩固规范燃香活动成果、探索建立长效机制，景区从生产、流通、使用等环节入手，加强日常监管，努力实现文明燃香制度化、常态化、规范化。”池州市宗教局相关负责人介绍说，2012 年以来，九华山风景区在前期规范燃香活动基础上，以大愿文化园开园及九华山传统庙会等大型活动举办在即为契机，再次组织开展文明燃香“回头看”活动。

在文明燃香“回头看”活动中，九华山宗教部门联合其他行政执法部门，针对少数不法商家在产品包装上打主意、香烛产品变相过度包装、豪华包装等现象，重新核准了全山香烛生产经营户数量，发布实施了佛事香烛生产包装规范，并组织编制配套的宗教旅游场所燃香安全规范，进一步巩固扩大文明燃香成果，使文明礼佛、健康旅游渐成常态化。

“风景区还以天台沿线寺庙为试点，探索建立香灰集中清运处置机制，巩固文明燃香活动成果。”九华山质监分局相关负责人告诉记者，7 月下旬，九华山质监分局、宗教局、佛教协会联合开展了文明燃香国家标准进寺庙宣传贯彻活动，加强寺庙燃香安全管理，深入推进标准实施。

在九华山宗教旅游场所，记者看到，由九华山佛教协会设立的文明燃香公告牌上：“文明敬香、诚敬礼佛、三支为上、多则成障”四句标语甚是醒目，游客、香客们手捧的香烛长度都没有超过 50 厘米。

漫步九华山，昔日烟熏火燎的场面不见了，文明、安全、环保、有序的燃香新风，进一步提升了九华山的旅游形象。

---

[1] 邓杜. 九华山文明燃香新风成常态为文明景区增光彩. http://ahcz.wenming.cn/whjs/201208/t20120809_309275.htm 2012-08-09.

任务二 旅游景区卫生环境管理

旅游景区卫生环境主要指旅游景区的卫生状况，如景区干净整洁程度、垃圾处理情况、社区居民的健康状况，如地方病、流行病的情况等。旅游景区卫生环境管理是旅游景区环境管理中最基础性的管理工作。由于卫生状况是整个环境状况中的一个常变量，不像生态环境、设施环境那样有时间上的稳定性，因此，景区卫生管理就成为旅游景区环境管理工作的一项特殊内容。

一、旅游景区卫生环境管理概述

（一）景区卫生环境管理的重要性

1. 卫生状况是旅游景区环境质量的重要表现

旅游者进入旅游景区首先感受到的是景区的卫生状况，而且卫生状况自始至终都影响着游客的整个游览过程。清洁的路面、干净且分布有序的各种设施设备、服务人员的整洁仪表等，都能给游客以舒适美好的感受，同时还能增加游览的兴趣，提高精神享受的程度。因此，卫生状况是旅游景区环境质量最直接的表现，直接影响到游客的消费体验和消费质量。目前，我国国家旅游局对旅游景区开展质量等级划分与评定，其依据的标准《旅游区（点）质量等级的划分与评定》中对景区内餐饮场所、文化娱乐场所、游泳场、垃圾箱、公共厕所的卫生状况都有明确的要求。

2. 卫生状况反映了旅游景区的管理水平

在我国《旅游区（点）质量等级的划分与评定》等国家标准中，卫生环境是重要组成部分。其质量不仅是旅游景区管理水平的重要体现，也是旅游景区管理者和员工、旅游目的地整体形象的重要表现之一。要提高旅游景区和旅游目的地在旅游者心中的形象，增强旅游景区的市场吸引力，提高景区环境卫生质量是必不可少的手段之一。

3. 卫生状况对旅游景区吸引力有着重要的影响

影响旅游者对旅游景区评价的重要因素之一就是景区的卫生状况。一个拥有良好卫生状况的旅游景区必然会受到旅游者的青睐，增加其旅游市场吸引力；相反，如果具有较高价值的旅游资源的景区卫生状况不好，游客对其评价就不会高，结果导致景区吸引力下降。

（二）景区卫生环境管理的特点

结合旅游景区产品及服务的特殊性，景区的环境卫生管理活动具有以下特点。

1. 全面性

景区的环境卫生贯穿于旅游活动的各个环节、各个部门、各个岗位。在纵向上，卫生工作任务应从决策层逐级落实到各个基层岗位；在横向上，卫生工作应扩散到各部门。因此，景区应做到上下结合、统一布置、统一规划、统一行动。

2. 连续性

旅游者在景区的活动是一次连续的、完整的旅游体验，因而景区的卫生管理工作应实现空间和时间上的流畅性。任一环节出现卫生问题，都将影响到其他部门的卫生质量甚至是整个流程的卫生质量。如采购的蔬菜瓜果不新鲜，任凭服务人员如何进行细致规范的操作，旅游者享受到的都将是不卫生的食物。

3. 多样性

由于旅游者需求的多样性，其对卫生的要求程度也不同。旅游者需求的多样性决定了景区场所的多样性。各种不同功能的场所要求符合不同的卫生标准。各国根据本国的实际情况，针对同一项目又有不同的标准，各景区也必须根据地区的经济技术状况制定切实可行的卫生标准。

4. 季节性

旅游业的经营活动具有很强的季节性，在不同的季节，景区对卫生的要求也不同。在旅游旺季卫生工作要做到“勤”，在旅游淡季卫生工作要做到“精”。

5. 超前性

在旅游者进入景区之前，景区服务人员应做好卫生工作，迎接客人的到来，为旅游者营造安静舒适、清洁卫生的游玩环境。

6. 及时性

景区一旦发现卫生问题，须及时给予处理。一旦有旅游者的投诉，须及时找出问题，尽快改进。一旦发生卫生事故，须及时给予解决，吸取经验，防止类似事件再次发生。

(三)旅游景区卫生设施

设施是卫生管理的必要条件。旅游景区的卫生设施可分两类：一类是公共卫生设施，包括集中式垃圾箱、路边垃圾箱、公共厕所和排污设施等；另一类是专门卫生设备和工具，主要是卫生工作人员使用的卫生清扫工具，如垃圾运输车、垃圾清扫车以及其他专用工具。

旅游景区内卫生设施的设置应本着方便、耐用和美观、协调的原则，合理安排数量和布点。其中方便和实用是最基本的要求；美观是指各种卫生设施的外形要体现旅游景区的特色，具有一定的艺术美；协调是指卫生设施要与旅游景区的整体形象特别是与相邻的景物相协调，最好在建筑设计上融为一体，内部功能具有实用性，外观形象上又成为景观的一部分。

二、旅游景区卫生环境管理的内容

(一)景区自然环境卫生

1. 大气卫生

随着现代工业的发展，一些大工业区和大城市的空气质量正在逐步下降，而人们游览旅游景区时，希望呼吸到清新的空气。对景区来说，洁净的空气也是一种旅游资源。

景区大气污染物的来源主要可分为天然来源和人为来源两大类。按旅游者的活动内容划分，景区人为引起的大气污染来源主要有：①旅游交通工具排放尾气造成的空气污染；②由于使用煤做燃料造成的空气污染，如景区内的生活锅炉、茶炉的使用，饭店、餐厅、个体饮食业摊点炉灶的使用，冬天一些景区内取暖设备的使用等都会对大气产生污染；③大量垃圾堆放，经风一刮，都可能将化学性污染物（如铅、汞等）和生物性污染物（如结肠杆菌等）转入大气中；④景区饮食业油烟的排放等。

除了景区内人为活动造成的污染外，景区周围工业企业燃料的燃烧、生产过程中排出的污染物，居民生活燃料的燃烧以及其他一些意外事故如工厂爆炸、火灾、油田失火等都会严重污染景区的大气环境。

景区防治大气污染的对策主要有：①进行环境卫生知识的传播，加强旅游者环境保护意识，正确引导旅游者的行为；②控制景区内交通工具的尾气排放量；③减少使用煤等易造成空气污染的燃料；④加强景区的绿化；⑤采取高效的垃圾处理措施，如加强跟踪式清扫力度、设置生态型垃圾箱、加强垃圾清运等；⑥景区周边合理安排工业布局和城镇功能分区。

2. 水体卫生

景区水体包括景区的观赏水体和饮用水体。景区水体卫生是景区经营得以维系的根本。特别是以水景为主角的景区，如黄果树瀑布、九寨沟、有水乡之称的周庄等，水体卫生显得更为重要。影响景区水体水质的因素主要有如下几项。

第一，景区不合理开发对水体的破坏。如在景区水源区大量砍伐木材以用于景区的建设；在溪流旁边不合理布局及不合理的游览交通路线；忽视池塘、沼泽等湿地景观等。

第二，景区经营过程中造成的污染。部分景区在经营过程中，直接排放未经处理的污水；在水边或水上不合理地设立影响水体卫生的娱乐设施设备；在未对海滩作出详细的生态调查前，过度利用海滩，以致超过海滩的环境容量；忽视水源周围的绿化等。

第三，旅游者造成的破坏。旅游者缺乏环境保护意识，在景区的水体内任意丢弃垃圾、有毒物品，不仅破坏了水体的美观，而且一旦污染物的数量超过水体的净化能力，将造成水质的恶化。

第四，景区外的污染。景区周围的工业废水、生活污水、农业污水、居民生活垃圾、商业垃圾等有害物质排入水体，随着水体的流动，都将影响到景区的水体卫生。

3. 土壤卫生

景区中的土壤卫生管理主要是对固体废弃物污染的管理。景区的固体废弃物是在旅游设施运营中和旅游者旅游活动中产生的。随着景区旅游者接待量的递增，固体废弃物的排放量也将增加，如果管理不当，将给景区的环境带来极大的危害。

不再需要而丢弃的固体、半固体和泥状物质，包括生活废弃物、废纸、织物、家用杂物、废旧塑料制品等。存在于固体废弃物中的有害物质经过风化、淋溶及地表径流的侵蚀，很容易渗透进土壤，不仅会使土壤中的微生物死亡，还会导致土壤盐碱化、毒化，导致植物死亡；在适度的温度下，废弃物中的有害物质还会蒸发及发生化学反应而释放出有害气体，影响景区的生态环境；废弃物中的颗粒、粉末随风飘扬，加重了大气的粉尘污染；固体废弃物的大量堆放会影响景区的形象。

4. 噪声

噪声指的是声波的频率和强弱变化毫无规律、杂乱无章，使人不同程度地产生烦躁、不安情绪的声音。景区的噪声主要来自交通工具、娱乐设施、景区周围居民等。

噪声不仅会影响旅游者的身心健康，影响其旅游体验，还会对景区周围的动植物产生影响，如强噪声会使鸟类羽毛脱落、植物枯萎等。一些古老建筑如古塔、鼓楼、教堂等也会因长期的噪声污染而受到破坏。对噪声的控制应采取综合措施，如消灭声源、减弱强度及采取防护措施。

除了上述几方面外，景区自然环境卫生管理还包括动植物的卫生状况、光污染、热污染、放射性污染、电磁污染、振动污染等。

（二）游览环境卫生

1. 游览场所卫生

按功能分，景区游览场所主要包括观赏区（如景区、图书馆、博物馆、美术馆、展览馆）、娱乐区（如酒吧、咖啡吧、KTV）、购物商业区、休息区、康乐健身区（如健身房、游泳池）等。游览场所的环境卫生管理应按照国家卫生部颁发的相应公共场所的卫生标准执行，包括场所的空间大小、空气质量、噪声、墙壁的清洁、装饰材料的卫生标准、通风设备、地面的清洁、限制的客容量、使用消毒过的配备品、规范旅游者的行为等。景区在制定场所卫生制度时，可参照卫生部已颁发的《文化娱乐场所卫生标准（GB 9664—1996）》、《体育馆卫生标准（GB 9668—1996）》、《商场（店）、书店卫生标准（GB 9670—1996）》、《游泳场所卫生标准》等公共场所卫生标准，并结合景区实际情况。

2. 设施设备卫生

景区的设施设备按其在景区中的作用可分为基础设施、接待服务设施、娱乐游憩设施。设施设备卫生管理内容如图 10-1 所示。

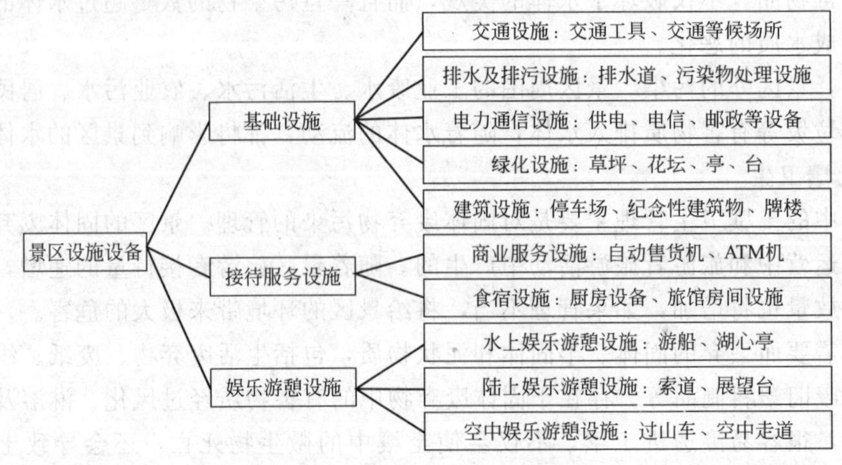

图 10-1　景区设施设备卫生管理内容

3. 公共卫生

景区的公共卫生管理主要指景区公共场所的卫生管理，包括景区门口、接待室、厅堂、通道、走廊、草坪、内庭花园、景区周围环境及虫害、场所消毒等内容。

4. 卫生设施

景区卫生设施主要有公共厕所、垃圾桶、废弃物处理设施、公共盥洗室等。公厕和垃圾桶的卫生管理是重点。

景区厕所应尽量达到“六有”和“六无”标准。“六有”是指达到有水、有纸、有篓、有挂钩、有专人值守、有残疾人厕位的星级标准；“六无”是指厕所标识醒目，干净卫生，无污垢、无堵塞、无异味、无破损、无滴漏、无垃圾。同时公厕的设置应与景区环境相协调。

按垃圾的可否回收，将垃圾桶分为可回收垃圾桶、不可回收垃圾桶及有害垃圾桶。旅游者应按照垃圾的类别，投入相应的垃圾桶。垃圾桶应做到标识明显，数量能满足需要，布局合理，造型美观、实用，与环境相协调。

（三）服务人员卫生及餐饮卫生

大部分景区将饮食卫生的管理列为景区卫生管理的重点之一。饮食业不仅要保证本身的食品质量，还要将其对景区环境的影响降到最低限度。餐饮本身的卫生管理主要包括厨房的装饰材料、设施设备的配备及其卫生、食品原材料的采购、食品的运输、食品的贮存、食品的加工过程、服务流程的卫生、服务人员个人素质及卫生、周边的环境等内容。随着饮食业的发展，油烟、生活污水、食品残渣等排放量的增加在一定程度上影响着景区的环境质量。景区的全体服务人员应有较强的环境保护意识、卫生意识、服务意识，要以身作则，为旅游者塑造良好的示范效应。

（四）旅游者行为卫生

拥有清洁卫生、舒适安静的景区环境不仅是景区经营者的责任，旅游者在景区的活动也会给景区的环境质量带来影响。可以说，旅游者的行为与景区环境质量的维护是互动的过程。旅游者的不良卫生习惯、薄弱的环境意识、不遵守景区的环境规范等将使景区的环境受到破坏。而良好环境素质的旅游者则会保证景区的环境质量。

拓展阅读

风景名胜区环境卫生管理标准[1]

一、组织管理

1. 风景名胜区主管单位设有环境卫生管理机构，根据国家有关规定，负责风景名胜区的环境卫生和饮食服务卫生管理工作。

2. 按照国务院《风景名胜区管理暂行条例》和有关环境卫生法规，制定出环境卫生管理办法和工作制度。

3. 有环境卫生专业队伍，负责环境卫生清扫、垃圾粪便的处理以及对游人

[1] 建设部建城字第 812 号文。

污染环境行为的管理。

二、环境卫生管理

1. 风景名胜区内按规划设置公共厕所、垃圾箱、果皮箱等公共设施。定期清理、保持清洁卫生。

2. 主要景点的公共厕所为深坑无害化厕所或水冲厕所，并有专人管理。做到基本无臭味、无蚊蝇、无蛆虫、无随地便溺现象。

3. 妥善处理粪便、污水，对垃圾等废弃物做到日产日清，对粪便和垃圾要设立处理场。

4. 风景名胜区的废水、废气、废渣等有害物质要按国家有关标准经过处理后排放，无随意排污现象。

5. 风景名胜区内道路完好、清洁。

6. 主要游览区无牲畜粪便，绿地中无垃圾和其他废弃物。

7. 驻景区单位、住户落实“门前三包”，经常保持周围环境整洁。门前无乱搭、乱建、乱堆、乱挂。

8. 驻景区居民有良好的卫生习惯，不随地吐痰，不乱丢污物，不乱倒垃圾，不乱泼污水，不随地大、小便。

三、容貌管理

1. 各类自然景物、人文景物保存完好，无破败荒芜现象，周围环境经常保持整洁、清新，无损坏景物、污染环境和影响观瞻现象。

2. 景区内的道路、公共场地上无违章堆物、搭建，施工场地围栏作业，做到工完场清。

3. 景区内供游人游览、休息的设施、建筑物保持完好、整洁、无残垣断壁。景点的山石、树木以及各处墙壁上无乱刻、乱画、任意钉凿、涂抹迹象。

4. 景区内的景点介绍说明牌、标志牌需在指定地点设置。做到定期维修、油饰，保持图文清晰，清洁美观。

5. 景区河、湖等各种水域无倾倒废弃物和超标排放污水现象。做到定期疏浚，保持水流畅通、水面清洁。

6. 景区内的工作人员及从业人员仪表端庄，衣着整洁。

四、行业卫生管理

1. 风景名胜区内各行各业环境清洁卫生，室外绿化、美化，室内地面、四壁、顶棚清洁，食堂卫生，厕所内外干净，粪便清运及时。

2. 饮食服务行业和食品加工单位严格执行《食品卫生法》及有关卫生管理条例，不出售有害、有毒、受污染以及腐烂变质食品，无鼠害、虫害污染。经县级以上卫生防疫部门检验，卫生合格率达百分之九十以上；餐具、茶具消毒合格率达百分之九十五以上。

3. 饮用水要经过消毒、净化，达到国家生活饮用水标准。

4. 旅馆、招待所、客房各类用具有清洗消毒作业制度，室内无苍蝇、臭虫、虱子、跳蚤、蟑螂，被单、褥单、枕套一客一换。

5. 个体摊贩要定点挂证经营，商品摆放整齐，经常保持摊位及周围清洁，无尘土污染和虫蝇。

6. 经允许进入景区的车、船等交通运输工具保持整洁容貌，无漏油、排污等影响环境卫生现象。

三、旅游景区卫生管理措施

旅游景区卫生环境管理是一项系统工程，需要采用各种方法进行综合管理。目前，旅游景区卫生管理主要方法如下。

（一）严格执行国家有关标准

目前，我国国家旅游局制定出的《旅游区（点）质量等级的划分与评定》标准中，对五个等级旅游区的卫生管理质量都做出了明确的规定。各旅游景区应将标准落实到实际工作中，使景区卫生管理工作步入正轨。

（二）建立卫生管理责任制、奖罚分明

旅游景区将具体任务和指标落实到景区内各企业、摊点和部门，人人明确责任，并建立起相应的奖惩制度。

（三）完善景区卫生设施

完善景区卫生设施重点应做好以下两方面的工作。

1. 景区厕所管理

公共厕所是景区基础设施的必要组成部分。在现代社会里，厕所，尤其是公共厕所早已不仅仅是人类生理代谢简陋而随意的场地，而是兼有卫生整理、休息乃至于审美、商业、文化等多种功能的场所。公共厕所是景区经济发展水平和城市居民生活质量的重要标志，是现代景区文明形象的窗口之一，显示着一个民族的文明素质。

过去，我国绝大多数旅游景区的厕所都是传统暴露式蹲坑厕所，外国旅游者对旅游景区厕所卫生状况反映最强烈。为此，国家旅游局曾多次拨出专款解决旅游景区厕所问题，同时为了规范我国旅游厕所建设和管理，提高旅游厕所建设和管理水平，更好地为国内外旅游者提供服务，优化旅游环境，国家旅游局于 2003 年制定了《旅游厕所质量等级的划分与评定》标准，该标准将旅游厕所质量等级划分为 5 个星级。各景区应根据实际情况，逐步完善厕所及其他卫生设施。

（1）重视规划设计与选址。景区厕所的选址、设计与建设，要尽量做到与周围环境和谐，实现数量与质量、适用与美观的统一。重要旅游区的厕所还要适当增加文化内涵，在为旅游者提供方便的同时，发挥赏心悦目的功能。

（2）体现环保理念。建厕工作对水源要求较高，同时又有可能引起环境污染，因此在建设过程中要体现环保意识。无上下水系统可供依托的山岳型景点厕所，应尽量建在能使污物自然化解、不造成环境污染的合适地点。加强自然通风措施，并采用“生态厕所”、“沼气化粪”等先进技术，以保证厕所外观整洁，内部干净，使用安全。

（3）表现人文关怀。景区厕所的设计与建设，还必须按照与国际接轨的要求，对

特殊人群给予关注，如适当增加女厕厕位的数量，有专门适应儿童的厕所，为残疾人提供位置判断方便、进出方便、使用方便的专门设施。

(4) 景区厕所卫生标准。《风景旅游区服务质量标准操作规范》中对厕所卫生有以下规定：所有厕所在开门接待客人前必须打扫干净，做到地面无污物、尘土、积水，便池无污物、不堵塞，墙壁门窗无蛛网、无乱涂乱画现象，无积土，无明显异味，纸篓倒净；在游览时间内，厕所清扫人员要随时或定时清扫；每一位清扫人员下班之前，其负责的厕所必须达到卫生标准；按以下顺序进行厕所保洁工作：墙壁、天花板和门窗，厕位和便池，纸篓，地面；收费厕所有专人全日服务，视厕所等级提供卫生纸、洗手水、烘干器、肥皂、擦手纸等。

拓展阅读

亲近自然风格各异 旅游厕所成海南景区新景点❶

小厕所，大脸面。在2010年海南国际旅游岛建设开局之年，海南省委、省政府就把旅游厕所的建设列入开局之年十件大事。全省各旅游景区（点）利用海南一流生态美景，精心做好旅游厕所规划和设计，建设和改进了一批新颖美观、热带风格突出的旅游厕所，使景区（点）旅游厕所自成“一景”。

因地制宜各具特色

位于大小洞天景区入园处的五星级旅游厕所是一幢园林式建筑，从屋顶到窗户全部敞开，将屋外的美景引入屋内，让游客在如厕时还能欣赏到屋外美景，令人赏心悦目。厕所配备宽敞的残疾人和母婴专用洗手间，从细微处体现景区人文关怀。

南湾猴岛景区的旅游厕所或是建在大榕树旁，为树荫下休息的游客提供一份清凉和惬意；或是在厕所墙壁上镶嵌上椰壳，屋顶种上金黄色的小花，从外表看，就是一个绿色的生态小屋。

南山、天涯海角严格按照国家五星级标准建造的旅游厕所，采用感应式大

---

❶ 杨春虹．亲近自然风格各异 旅游厕所成海南景区新景点．http://www.hinews.cn/news/system/2011/11/22/013697399.shtml 2011-11-22.

门，厕所内部设施齐全，装修高档，残疾人专用厕所、母婴专用室等配套齐全。休息区里有电视、杂志，游客们可以在这里悠闲等候自己的旅伴。

“海南旅游景区厕所已经形成了不同的风格和特色。”省旅游委有关负责人表示，将总结海南省旅游厕所建设经验，形成一套具有海南特色的旅游厕所标准，推而广之。

海南景区厕所成为“新景点”

南湾猴岛景区董事长代国夫对记者说：“甚至有新人选择我们景区的厕所做拍婚纱照的背景！”代国夫说，猴岛一直就把厕所当作一个小景点来建设，希望景区的服务和管理通过小小的厕所向游客展示出来。

在猴岛用椰子壳搭建的尖顶木屋厕所前，木屋房顶和屋檐周边的红花绿叶非常具有海南特色，不少游客都会在这里留影。为了突出景区特色，在景区的厕所里，专门挂着不少猴子表情滑稽的可爱照片，让如厕的游客看了会心一笑。

在大小洞天五星级的园林式旅游厕所前，不少如厕后的游客都会停下来拍照留影，把这幅漂亮的园林式建筑作为了景区一景。“海南漂亮的旅游厕所，完全颠覆了过去人们对厕所的认识！”不少游客对海南生态旅游厕所赞叹不已。

省旅游委有关负责人表示，在未来将会继续结合海南实际，利用海南良好的生态环境，创新提出旅游厕所实用、卫生、环保、特色和文化等方面的地方标准，努力通过提高旅游景区（点）厕所提高游客的满意度和改善海南旅游形象。

2. 景区垃圾处理

（1）景区垃圾问题。随着旅游业的迅猛发展，旅游景区垃圾也不断增加。若按垃圾的来源分类，大致可分为两类：一类是旅游者在旅游过程中产生的各类生活垃圾；另一类是旅游经营单位和个人经营产生的垃圾。景区垃圾是一把“双刃剑”，处理不当会影响旅游体验、有损旅游形象、危害人体健康、威胁旅游安全、影响旅游可持续发展，但若处理得当就会变成宝贵的财富。

（2）景区垃圾处理。如果旅游景区位于城区或者城郊，旅游垃圾可纳入城市垃圾处理系统；如果旅游景区远离城镇，就要考虑旅游垃圾处理问题。在旅游旺季，要及时清运垃圾，如果游客不多或在旅游淡季，可根据情况处理。垃圾桶（箱）要及时清洗、消毒。收垃圾最好选在开放时间之外，以免干扰游客。当今广泛应用的垃圾处理方法就是卫生填埋、高温堆肥和焚烧。垃圾处理的目的是无害化、资源化和减量化，其中减量化是解决景区垃圾问题的关键。减量主要包括垃圾产生量的减少及垃圾自身的减少。垃圾产生量的减少必须从源头做起：如通过改变景区燃料结构，提高燃气普及率和集中供热率，减少煤灰垃圾产生量；提倡减少使用一次性塑料袋等，直接减少垃圾产生量。

（四）扎实的卫生宣传教育工作

景区要运用多种手段向公众宣传讲究卫生、爱护环境的知识，以提高公众的环境保护意识，从而达到提升景区卫生质量的目的。旅游景区卫生宣传教育对象主要包括旅游者、旅游景区工作人员以及旅游景区所在地的居民。

对于旅游者而言，旅游景区卫生宣传教育重点主要在于促进旅游者的消费行为文明化，将旅游者行为对旅游景区环境造成的负面影响减到最小，如不随地吐痰、不乱扔垃圾等；对旅游景区工作人员的教育主要是增强其环境保护的意识、知识与技能，让其在日常工作中能够按照科学理论的指导为旅游者提供更为专业的服务；具有强烈环保意识的社会环境能够对旅游者起到极大的约束作用，所以对社区居民卫生宣传教育工作不容忽视。对景区所在地居民的教育应立足于普遍增强居民的环保意识，鼓励其广泛参与到旅游景区环保中来。

（五）赏罚分明的经济激励措施

经济激励措施是对为旅游景区卫生优化做出贡献的组织和个人予以奖励，对破坏旅游景区环境的组织和个人处以经济处罚的行为。如老君山旅游风景区从2000年起，在全国首创“垃圾换早餐”的环保措施。在风景区入口给游客发放一个塑料袋，并承诺：凡捡回一塑料袋垃圾，交到回收点，即可获得一张价值10元的早餐券，也可凭早餐券兑换10元现金。此举实施后，风景区内一天比一天干净。如今，想捡垃圾兑换早餐或现金，反成了不易之事。

案例分析

走可持续发展之路——武汉东湖风景区环境治理成效佳[1]

到湖北武汉，不能不到东湖风景区，因为那里是中国面积最大的城中湖。走进这个73平方公里的风景区，放眼望去，岸线曲折，湖波粼粼，众多的山峰簇拥着一片片湖水，湖山秀美的自然山水风光令人着迷，成为“中国梅花研究中心”、“中国荷花研究中心”等科研基地。早在2007年，武汉东湖风景区就顺利通过ISO 14001环境质量体系认证，用事实说明了走可持续发展道路使景区的环境管理迈上新台阶。

据东湖风景区管理局局长向记者介绍，从1999年起，东湖风景区管理局通过创建中国优秀旅游城市，加大了环境治理和旅游基础设施功能的配套。他们首先投入资金9000多万元，进行环湖整治。搬迁47户，拆除破旧房屋3800平方米，修建了具有楚国风情的楚风园；投资2000多万元，兴建了武汉唯一的海沙浴场，又建起1300多米的亲水平台，为游人创造了安全、方便、舒适的步行空间；在对环湖18.2公里道路亮化的基础上，进行深度的亮化改造工程，使夜晚的东湖环湖景观别具风情；同时对梨园广场及周边环境进行改造，植树木、种花草，加大了环境的美化、绿化程度；通过一系列的改造和整治工程，使景区内的200户居民告别了“城中村”，喜迁新居，让往日陈旧不堪的环湖环境有了根本性的改变。此外，东湖风景区实施“碧水蓝天”行动计划，对景区及周边生活小区6家宾馆餐厅及主要游览点的污水排放和油烟、噪声进行了达标治理，使污水

---

[1] 鄂平玲．走可持续发展之路——武汉东湖风景区环境治理成效佳．http：//hb. qq. com/a/a20080804/000657. htm 2008-8-1。

排进城市管网，避免生活、经营污水对东湖的污染，从源头上清洁了东湖的水质；将困扰东湖的固体垃圾纳入了城市垃圾收集处理系统，建立起有毒、有害垃圾的收集、存储机制；制定预案，组织演练，增强了应对突发事件的处理能力；同时，执法部门对违法填湖、破坏水质和自然景观的事件，进行及时有效的处理。通过一系列的有效措施，环境治理取得了实质性的效果，使“碧水蓝天”的良好环境在东湖景区持久地延续下来。

近两年来，武汉东湖管理局又大打营销策略牌，积极参与一批有社会影响的活动，由此扩大了自身的知名度。目前，东湖风景区年接待游客量超过200万人次。此外，景区的职能部门在保护环境的前提下，加大旅游产品的开发，推出“东湖楚文化游”、“武汉国际梅花节”、“东湖休闲度假游”等特色路线，还成立了东湖旅行社，进一步完善旅游服务体系，为中外游客到东湖游览独特的湖光山色，了解楚文化的底蕴提供了便利条件。

思考：武汉东湖风景区环境治理的措施及意义。

点评：现代旅游是一种特殊的消费方式，景区环境管理直接关系到旅游者旅游体验的质量及景区的可持续发展；同时，景区环境的管理和保护需要景区支付一定的成本，景区需要寻找环境管理的成本与利润之间的平衡点。

东湖的环境治理取得了可喜的实际效果：自然生态和人文资源得到有效保护，自然价值和文化价值得到更充分的体现，景区更显得山幽、林绿、水碧、气清、景美。东湖的环境治理经验值得借鉴。

思考题

1. 旅游景区卫生环境管理的主要内容有哪些？
2. 景区厕所管理为什么重要？如何做好景区厕所的管理工作？
3. 实训练习：考查当地某一旅游景区的旅游垃圾管理情况并完成一篇调查报告。

参考文献

[1] 张凌云．旅游景区管理（第4版）．北京：旅游教育出版社，2012.
[2] 王瑜．旅游景区服务与管理．上海：上海交通大学出版社，2011.
[3] 王昆欣．旅游景区服务与管理（第2版）．北京：旅游教育出版社，2008.
[4] 姜若愚．旅游景区服务与管理（第3版）．大连：东北财经大学出版社，2013.

项目十一
旅游景区质量管理

学习目标

- 熟悉旅游景区质量管理的概念及内容
- 理解旅游景区质量管理的必要性
- 动态掌握旅游景区质量管理的方法
- 对比了解国际社会及中国旅游景区质量等级认证制度

项目架构

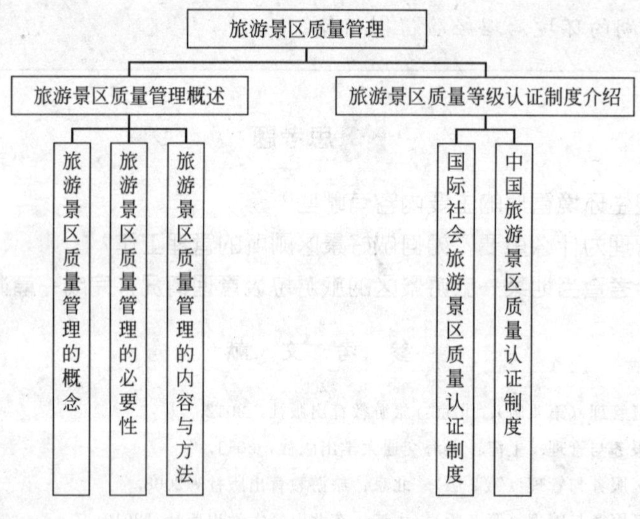

工作任务

情景：为与国际标准接轨，武陵源景区遵循“环境保护是前提，健康安全是基础，服务质量是生命，游客满意是根本”的景区管理思路，在全国重点风景名胜区中率先导入 ISO 和 OHSAS 三位一体的国际标准化管理体系，武陵源区的管理水平和服务质量也由此迈上了新台阶，每年接待国内外游客近千万人次。

任务：1. 武陵源景区导入旅游景区国际标准化管理体系意义何在？

2. 查阅相关资料，然后对国际国内主流旅游景区质量等级认证制度作以介绍。

点评：景区级别的高低在一定程度上决定了景区的知名度和客源量。通过景区质量等级认证的景区将会被授权使用认证机构的特殊标志，从而方便游客的识别和选择，给游客以心理上的质量安全感，是增强景区竞争力最权威有效的途径。武陵源景区国际标准化管理体系的导入对改善武陵源景区的管理水平，提升景区形象无疑有很大的帮助。

任务一 旅游景区质量管理概述

一、旅游景区质量管理的概念

1. 旅游景区质量的定义

根据国际标准化组织（ISO）在国际标准 ISO 8402—94 中对质量的定义，可认为旅游景区质量是反映旅游景区满足游客明确和隐含需要的能力的总和。这里，游客的明显需要是指游客对景点的显在期望，而隐含需要是指那些人们公认的、不言而喻又不必明确表达的需要，也指那些必须加以分析、研究、识别才能够确定的游客潜在需要。根据 2000 版质量定义，我们则可将旅游景区质量理解为：旅游景区质量是旅游景区满足游客和社会需求的程度。

2. 旅游景区质量管理的含义

从质量管理的发展历史来看，质量管理经历了质量控制、质量担保、全面质量控制与全面质量管理四个阶段。目前人们使用质量管理这一概念时，主要指全面质量管理。

所谓全面质量管理（Total Quality Management）通常被称作 TQM 系统，其目的是持续不断地提高产品或服务的质量，以满足企业的目标和顾客的需要。全面质量管理的要点包括：强烈地关注顾客；坚持不懈地改进；改进组织中每一项工作的质量；精确的质量；向雇员授权。通过对全面质量管理要点的分析，可以看出，质量的外部制约性首先来自顾客。只有强烈地关注顾客，关注顾客对产品和服务的需求，同时用一种永不满足的态度，不断地改进质量，提升质量标准，并且把质量贯彻到生产和供应的每一个环节，对质量的每一个关键变量进行追踪，才能把产品和服务的质量全面地向前推进。

综上所述，旅游景区质量管理就是以提高旅游景区质量为宗旨，景区全体员工和各个部门，群策群力，综合运用现代管理手段和方法，通过建立完善的质量标准和体系，提供全过程的优质服务，来全面满足旅游者需求的管理活动。

二、旅游景区质量管理的必要性

1. 保障旅游者合法权益的需要

旅游者的合法权益，是指旅游者在从事旅游活动过程中享有或实现的由国家法律法规所保障的一种权利和利益。与我国旅游业迅速发展的良好趋势相比，我国旅游者合法权益保护的现状不甚理想。进行旅游景区质量管理首先可以保障旅游者的合法权益，做到物有所值，质价相符。景区是通过有形产品和无形产品两个方面向游客提供服务的，因此景区质量管理既要提供优质的设施设备和实物用品，也要提高景区人员的服务态度和服务技巧，两手都要抓两手都要硬，以此来确保旅游者的合法权益。

2. 提高自身市场竞争力的需要

旅游景区质量是景区综合竞争力的重要标志，是展现景区历史文化内涵、宣传景区文化、增强景区吸引力最有效的方式。当今的游客对于景区的服务及产品质量的要求越来越高，一旦发现质量问题便容易转向其他景区。有资料显示，在旅游者选择旅游产品时发生转向行为的有65%是因为景区服务质量问题。景区唯有不断提高质量，才能在竞争中立于不败之地。

3. 创造优良市场竞争环境的需要

据统计，在旅游业飞速发展的当今，世界上有近80%的国家将旅游业定位为本国龙头产业。正是由于这种广泛的旅游开发参与度使得旅游者对旅游产品有了更多的选择，旅游景区之间的竞争也就更加激烈。在缺乏监管的情况下，竞争激烈的市场背景下有可能出现恶性竞争。恶性竞争的结果便是景区为了在激烈的竞争中打败竞争对手并博取短期利益，会以牺牲旅游资源与游客的长远利益为代价，从而造成旅游市场秩序的混乱。旅游景区质量管理是保障旅游市场的良性竞争、完善市场经济体系、规范市场行为的有效途径。

4. 促进环境保护的需要

在旅游开发的热潮中，一些景区会以牺牲旅游环境为代价来换取短期旅游的大发展。事实证明，这种开发模式不仅会造成资源的破坏，也会因景区旅游质量不高，很难获得长期效益。旅游景区的质量管理可以在一定程度上规范景区的开发行为，从而保护环境，促进旅游景区的良性发展。

5. 提升国际影响力的需要

自改革开放以来，我国入境游客连年增加，提升景区国际影响力势在必行。景区国际市场竞争能力的高低取决于多种因素，包括旅游资源的吸引能力、景区的接待能力、景区旅游服务配套设施的完善程度及景区管理水平、服务质量、市场声誉、景区的形象等。旅游景区质量管理有助于景区改善服务与管理水平，提升景区的国际竞争力。

三、旅游景区质量管理的内容与方法

（一）旅游景区质量管理的内容

在以质量保证、景区升级为中心的管理体系中，旅游景区的质量管理过程是永无止境的。旅游景区每个部门、每个员工若都能重视并自觉地维护景区的质量，景区的竞争力自然会越来越强，市场吸引力也会越来越大。景区产品是有形与无形的结合，旅游景区质量管理就是对景区有形产品与无形产品质量的管理。

1. 景区有形产品质量管理

旅游景区的有形产品在市场中主要表现为产品实体和劳务的外观，即游客能用肉眼看到、用身体触摸到的景区产品部分。有形产品的质量管理主要表现为对景区设施设备和景区环境的管理。

(1) 景区设施设备。景区的设施设备是提供旅游服务的物质基础，是景区有形服务的主要表现形式，主要包括景区的基础设施、接待设施、娱乐游憩设施、游客引导设施等。游客在游览观光之余，最为关心的便是在景区能否享受到良好的食、住、行、购、娱服务。景区要满足游客的需求，自然离不开完善良好的设施设备。设施设备的完好程度、舒适程度、美观程度直接影响景区质量的高低，必须对其进行有效的管理。

(2) 景区环境。景区环境主要包括景区的自然环境与人文环境，具体表现为景区的环境布局、服务设施、场所的装饰布置及景区的环境卫生等。良好的环境质量能给旅游者提供舒适的感受，景区环境管理是景区质量管理的重要内容。

2. 无形产品质量管理内容

旅游景区的无形产品在市场中主要表现为景区员工本身、景区员工的服务技能、服务态度、服务效率等劳务产品。因此，无形产品质量就是以直接劳动形式所创造的使用价值的质量，无形产品质量高低主要表现为客人得到某种物质或心理满足的一种感受、印象及心情的好坏。在有形产品质量固定的情况下，无形产品质量的高低直接关系到整个景区旅游服务水平的高低。

(1) 景区员工本身。景区员工是旅游者在景区旅游过程中直接接触到的服务人员，景区员工的语言、行为、仪表仪态和形象，直接关系着旅游者的旅游体验。高素质、高水准的景区员工本身就是景区一道亮丽的风景线。

(2) 员工服务技能。服务技能主要是指景区员工的服务知识和操作技巧，是景区服务人员在不同场合、不同时间、对不同顾客提供服务时，能根据具体情况灵活恰当地运用其操作方法和作业技能取得最佳的服务效果而显现出的技巧与能力。服务人员的技能高低直接关系到景区的服务质量，而服务技能的高低取决于服务人员的专业知识和操作技巧。因此，景区有必要定期地对员工进行培训。

(3) 员工服务态度。服务态度主要是指景区服务人员在对客服务过程中表现出来的主观意向、心理状态以及行为倾向，服务态度主要由员工的主动性、创造性、积极性、责任感和素质高低来决定。与服务技能相比，当今的游客更看重服务人员的服务态度，特别是当旅游纠纷出现的时候，态度的好坏直接关系到问题的解决，影响到景区的声誉，服务态度是决定景区无形产品质量高低的关键所在。员工服务态度的培养应引起景区管理者的高度重视。

(4) 员工服务效率。服务效率是指用最少的人力、物力、财力和时间提供最大限度的满意。服务效率的重要性往往在景区面临客源高峰期，如我国“五一”、“十一”黄金周时表现得最为明显。如果没有良好的景区管理体系，在面临大量客源时景区往往会手足无措，造成旅游秩序混乱。随着科学技术的发展，很多景区通过引进信息技术来提升服务效率及游客满意度。信息技术方便快捷的操作流程、安全高效的资金交易、及时准确的信息发布、灵活多样的优惠政策，深受广大游客和旅行社、酒店等旅游行业客户的信赖和欢迎。

（二）旅游景区质量管理的方法

制度规范，是指组织为有效实现目标，对组织的活动及其成员的行为进行规范、制约与协调，而制定的具有稳定性与强制力的规定、规程、方法与标准体系。没有规矩，不成方圆。制度规范可以约束并监督员工齐心协力完成企业的目标。要提升景区质量，景区的首要任务就是建立健全景区质量管理规章制度，做到责任清楚，有责必履，失责必究。

1. 景区有形产品质量管理

（1）景区设施设备管理。对景区设施设备管理的首要任务应建立设施设备管理制度，做到责任到人。首先要保证所有设备都能正常运转，对出现的故障要及时清除，保障游客的生命财产安全；其次要制定科学的设备保养计划和维修制度，从而减轻设备磨损、促进资产保值、降低企业成本；最后为保证景区对游客的吸引力，景区还应对设备及时更新改造，保证设备的先进性。

（2）景区环境质量管理。为给游客呈现优良的环境，首先，应做好景区规划，以保证自然环境和人文环境的和谐；其次，要根据环境空气质量标准、环境噪声标准、地表水环境质量标准、污水综合排放标准等国家标准的要求，设立专职人员定期对景区的大气、水体、噪声分贝值等环境质量进行监测，随时关注各项变化，对隐患进行排查，及时解决出现问题；最后，景区的防火、防盗、防震、防灾、防虫等工作也应作为每日重要的工作内容，建立制度，随时防范。

2. 无形产品质量管理

（1）建立健全员工培训管理制度。景区员工素质高低决定着景区服务质量的高低。目前我国景区员工普遍素质不高，员工培训不仅有助于提高景区质量也有助于员工的自身发展，建立景区员工培训制度势在必行。员工培训是一个系统化、长期的过程，景区要通过多种举措来保证景区各岗位员工专业化的服务技能。

（2）建立健全员工绩效管理。人力资源管理是提升企业竞争力的重要手段，员工绩效管理则是人力资源管理的核心。通过绩效管理可以培养一种激励员工投身事业、与企业共同发展、共同提高并取得成功的氛围，管理人员也可以通过员工的绩效表现状况来了解管理的效果，并适时地改变管理风格或调整计划。旅游景区质量的提高仅凭几个优秀的管理层是无法达成的，需要景区员工的共同努力。因此建立系统化、科学化、制度化的员工绩效管理体系十分必要。

拓展阅读

关于质量的定义[1]

质量是质量管理工作中最基本也是最重要的概念之一，国际标准化组织也先后三次给其定义，因此有1986、1994、2000 三个版本。1994 版的 ISO 9000 族标

---

[1] 阚如良．新编旅游景区管理．天津：南开大学出版社，2008.

准已于2003年废除，那个时候其对“质量”的定义是：质量（quality）反映实体满足明确和隐含需要的能力的特性总和。现在有效的版本是2000版，于2001年6月1日实施。2000版GB/T 19000—ISO 9000族标准中质量的定义是：一组固有特性满足要求的程度。上述定义可以从以下几方面来理解。

（1）质量不仅是指产品质量，也可以是某项活动或过程的工作质量，还可以是质量管理体系运行的质量。质量是由一组固有特性组成，这些固有特性是指满足顾客和其他相关方要求的特性，并由其满足要求的程度加以表征。

（2）特性是指区分的特征。特性可以是固有的或赋予的，可以是定性的或定量的。质量特性是固有的特性，并通过产品、过程或体系设计和开发及其后之实现过程形成的属性。

（3）满足要求就是应满足明示的（如合同、规范、标准、技术、文件、图纸中明确规定的）、通常隐含的（如组织的惯例、一般习惯）或必须履行的（如法律、法规、行业规则）需要和期望。

（4）顾客和其他相关方对产品、过程或体系的质量要求是动态的、发展的和相对的。1994年没有另外发布标准，但是对前述“ISO 9000系列标准”统一作了修改，分别改为ISO 8402：1994、ISO 9000—1：1994、ISO 9001：1994、ISO 9002：1994、ISO 9003：1994、ISO 9004—1：1994，并把TCl76制定的标准定义为“ISO 9000族”。

任务二 旅游景区主要质量认证制度介绍

一、国际社会旅游景区质量认证制度

随着我国加入WTO，我国景区的国际化程度也越来越高，这对景区管理提出了新的挑战。景区也在寻找对策，以跻身国际市场、提升国际知名度、增强国际竞争力。国际社会旅游景区质量等级认证制度则是提升景区形象、增强景区国际营销能力的有力法宝。国际上通行的质量标准主要是ISO系列标准和由世界旅行旅游理事会创立的“绿色环球21”组织的标准（GreenGlobe21）。下面，将对ISO 9000、ISO14000及绿色环球21这三个代表性的国际质量认证制度进行简要介绍。

（一）ISO 9000系列标准

1. 标准概述

ISO 9000标准是质量认证体系认证时依据的国际标准。该标准由国际标准化组织（ISO）于1987年首次发布，并于1994年进行修订，2000年对ISO 9000（1994版）标准再次进行修订，目前为2000版ISO 9000标准。尽管ISO 9000系列标准是针对生产型企业制定的质量标准，但这套标准具有普遍的适用性，目前已经被我国转化为推荐性的国家标准。景区作为提供旅游及相关服务的组织，也适用这个标准。深圳的锦绣中华和中国民俗文化村是全国最早通过 ISO 9000 国际质量体系认证的景区。

2. 标准内容

ISO 9000 系列标准由四个核心标准、一个支持性标准、六个技术报告、三个小册子和一个技术规范构成。其中四个核心标准是 ISO 9000、ISO 9001、ISO 9004、ISO 19011。ISO 9000 阐明了质量管理的理论基础，ISO 9001 是质量管理体系的基本要求，ISO 9004 是质量管理体系更高要求的指南，ISO 19011 则是对质量管理体系进行审核的指南。

(1) ISO 9000。2000 质量管理体系——基础和术语。表述了质量管理体系的基本原则，并规定了质量管理体系术语，提出了质量管理体系的基本原理。

(2) ISO 9001。2000 质量管理体系——要求。替代合并了 1994 版的三个质量保证标准：ISO 9001、ISO 9002、ISO 9003，规定了允许剪裁的范围和原则，允许用户在使用过程中根据需要进行必要的裁剪截取，以适应不同组织的需要。该标准规定了质量管理体系要求，用于组织证实其具有提供满足顾客要求和适用法规要求的产品的能力。

(3) ISO 9004。2000 质量管理体系——业绩改进指南。本标准不是 ISO 9001 的实施指南，而是为了超越 ISO 9001 的最低要求，改善组织业绩的指南。

(4) ISO 19011。2000 任务和环境指南，本标准为管理以及为实施质量和环境审核提供了指南。

3. 认证程序

ISO 9000 标准的具体认证程序如下。

(1) 信息交换。通过信函、电话、传真、相互访问等各种形式进行接触，相互了解。

(2) 报价。有意向的单位填写调查表，认证机构收到调查表后作出书面的报价。需要时，可以访问现场，了解工作场所与环境。

(3) 签订合同。申请单位接受报价后正式填写申请表，认证机构收到申请表后签订提供认证服务的合同，随后指定项目负责人（审核组长）并通知客户。

(4) 文件审查。客户将正式发布的质量手册送交认证机构，由审核组长作文件审查，并将审查结果书面告知客户，如有不符再送交认证机构，直到符合标准要求。

(5) 现场初访。了解客户管理基础状况，确定是否可以进行现场审核，商定现场审核计划。必要时可抽取一些要素作预审，以加深了解。如客户要求对所有要素作一次全面的预审，则不在本程序包含内容范围内，需另签预审服务合同。但此类预审只作评价不提建议。

(6) 现场审核。认证机构派出审核组按计划进行现场审核，审核要求覆盖申请认证的全部范围及所要求标准的全部要素，用抽样方式进行。现场审核将对发现的不合格项开出不合格报告，并要求实施纠正。现场审核结束后将给予书面的审核报告，现场审核结束会议上将口头报告审核结果，告知是否推荐认证通过，然后将全面审核报告送受审方及认证机构项目主管。

（7）纠正措施。对审核中提出的不合格项，都必须实施纠正措施。对推荐通过的客户，可以不到现场跟踪纠正措施的实施，也可以在实施后到现场跟踪查核一次。对此不推荐通过的单位，要求整改完成后进行复查，根据问题涉及面的大小，复查可能针对几个要素，也可能针对全部要素。复查工作按实际工作另行收费。

（8）核准发证。认证机构项目主管负责审查由审核组长送交的审核报告，认证机构主任负责批准认证通过，认证机构项目管理部门负责发由审核组长及认证机构主任签署的认证证书，证书有效期为三年。

（9）证后监督。第一次证书有效期内每年监察 2 次，三年期满换证后每年监察 1 次。获证单位的法人代表、组织结构、生产方式或覆盖产品范围等如有变化，应及时通知认证机构，必要时认证机构将派员复查或增加监察次数。

由于 ISO 9000 系列标准是针对生产型企业制定的质量标准，旅游景区作为服务型企业在进行质量管理时无法完全参照该标准的要求。但是，该标准中强调的全面质量管理、过程控制、持续改进等原则和方法是值得旅游景区管理人员学习和借鉴的。

（二）ISO 14000 系列标准

1. 标准概述

ISO 14000 是国际标准化组织 1993 年 6 月继 ISO 9000 系列标准后推出的一套环境管理系列标准。随着全球工业的不断发展，全球性环境问题越来越突出。20 世纪人类出现了八大公害事件，即比利时马斯河谷烟雾事件、美国多诺拉烟雾事件、美国洛杉矶光化学烟雾事件、英国伦敦烟雾事件、日本水俣病事件、日本骨痛病事件、日本四日市哮喘事件、日本糠油事件等，这些公害事件使大批居民非正常死亡。环境问题已成为绿色贸易壁垒，在一定程度上影响了国际贸易的发展。ISO 国际标准化组织在汲取世界发达国家多年环境管理经验的基础上制定并颁布 ISO 14000 环境管理系列标准，成为一套目前世界上最全面和最系统的环境管理国际化标准，并引起世界各国政府、企业界普遍重视和积极响应。目前，该标准已经成为世界上最全面和最系统的环境管理国际化标准。

2. 标准内容

从内容上看，ISO 14000 标准由环境管理体系（EMS）、环境审核与监测（EA）、环境标志（EL）、生命周期分析（LCA）、环境表现评价（ERE）及术语和定义、产品标准中的环境指标等 7 个部分组成。从上述标准约束管理的对象看，又可以将其分为两大类，环境管理体系、环境绩效评价以及环境审核三个标准属于对组织与环境关系的评价；环境标志、生命周期评价以及产品标准中的环境因素等标准是对产品与环境间关系的评价。旅游景区经营管理与环境之间存在相互依存的关系。因此，ISO 14000 标准对于旅游景区环境管理具有重要的指导意义。旅游景区应以该标准为依据，对旅游景区的运行过程进行严格控制，并对自身进行持续改进，以保证旅游景区与环境之间形成良性互动。值得强调的是，旅游景区环境管理不仅包括旅游景区内部环境的管理，同时还包括旅游景区与外部环境之间的协调与控制。只有内部和外部环境都得到优化，旅游景区质量才能得到本质上的提高；否则，以吸收外部环境或内部环境来换得旅游景区的某些利益会对旅游景区的可持续发展产生深远影响。

3. 认证程序

获得 ISO 14000 标准的认证程序分为两个阶段：

第一阶段，建立并实施 ISO 14000 环境管理体。即上文提到的组织如何完成标准的基本内容。

第二阶段，认证取证阶段。经过内审和管理评审，组织如果确认其环境管理体系基本符合 ISO 14001 标准要求，对组织适用性较好，且运行充分、有效，可向已获得中国环境管理体系认证机构认可委员会认可、有认证资格的认证机构提出认证申请并签订认证合同，进入 ISO 14000 环境管理体系认证审核阶段。认证审核是认证机构受组织委托，以第三方身份对组织的环境管理体系与 ISO 14001 环境管理体系标准的符合性和运行、保持的有效性进行审核验证，并确定是否向组织发放认证证书的过程。

认证证书有效期为三年。三年内，组织要多次接受机构的监督审核。三年后，组织要申请复审，重新注册获得证书，此过程同第一次认证。

（三）绿色环球 21 质量体系

1. 概述

既能体验大自然又能充分关注环境保护和当地发展的旅游形式越来越得到全世界各国的普遍推崇。中国旅游业在飞速发展的同时也急需加以规范，具有全球权威的“绿色环球 21”体系可供各国旅游市场作为规范标准。绿色环球 21 是当今世界上唯一涵盖旅游全行业全球性可持续发展的标准体系。它源于 1992 年在巴西里约热内卢举行的联合国环境与发展大会上形成并得到世界 182 个国家批准的《21 世纪议程》中的可持续发展原则。推出绿色环球 21 标准的目的就是要在全球、各国以及各地区范围内全面改善环境、社会和文化形象。绿色环球 21 鼓励和支持企业、景区遵守国家和省级立法，遵从政府相关部门提出的地方法规。绿色环球 21 是非政府组织，设有国际顾问委员会实施监督，对现行标准和技术支持信息实施严格检验。

2. 主要内容

绿色环球 21 的五大标准如下。

(1) 可持续旅游企业标准。针对的是宾馆饭店、度假村、旅游交通公司、会展中心等旅游企业。

(2) 可持续旅游区标准。针对的是旅游区、行政区、景区以及城镇等。

(3) 生态旅游标准。针对的是生态旅游产品。

(4) 可持续设计建设标准。针对的是规划建设中的旅游景点与设施。

(5) 绿色环球 21 景区规划设计标准。针对旅游景区的规划与设计对象。

绿色环球 21 特别关注经济、社会和环境的全面健康发展，对组织有以下 12 个要求：减少温室气体排放；提高能源效率；加强淡水资源管理；保护空气质量和控制噪声；减少废弃物和废物回收利用；改进废水处理；改善社区关系；尊重文化遗产；保护自然生态系统；保护野生动植物种类；强化土地规划和管理；妥善保存与慎用对环境有害的物质。

3. 认证程序

绿色环球21的认证有三个步骤，即ABC三步曲。

A步骤：加盟成为“绿色环球21”会员。该步骤帮助组织了解可持续旅游理念，掌握《绿色环球21标准》的可持续发展策略，为组织了解达标评估和认证过程以及如何通过达标评估和认证提供必要的知识。通过者可获得绿色环球21加盟徽标。

B步骤：申请达标评估。根据绿色环球21为各旅游行业制定的最低环境实施基准，评估组织是否达到或者超越这个基准，成功通过了达标评估的组织可以使用绿色环球21未打勾徽标来宣传旅游区。

C步骤：申请认证评估。达标评估合格的单位将接受绿色环球21授权独立第三方的现场评审，如果通过，将获得使用绿色环球21打勾徽标的权利。组织可以选择直接从A或者B的任一程序开始，而C程序则必须在完成B程序之后才能进行。通过认证的组织必须每年接受一次付费的审核，以达到持续改进。

二、中国旅游景区质量认证制度

（一）标准概述

随着我国旅游业的快速发展，旅游景区也雨后春笋般新兴起来。旅游景区间的竞争日益激烈，在景区发展过程中，出现了较多的问题。各景区质量不一也使得游客不知如何选择。为了加强对旅游景区的管理，提高旅游景区服务质量，维护旅游景区和旅游者的合法权益，促进我国旅游资源开发、利用和环境保护，国家旅游局组织编制了《旅游区（点）质量等级的划分与评定》国家标准，并由国家质量技术监督局于1999年6月14日正式批准和颁布，标准代号为GB/T 1775—1999，2004年标准正式升级到了GB/T 17775—2003。

（二）GB/T 17775—2003标准内容

该标准的主要内容涉及景区质量等级的标识以及各等级景区应该具备的条件。如规定旅游区（点）质量等级划分为五级，从高到低依次为AAAAA、AAAA、AAA、AA、A级旅游区（点）。为保证景区质量，该标准对于景区设施和服务进行了较为细致的规定。主要涉及的内容如下。

（1）旅游交通。包括景区可进入性、交通设施状况、游览线路设计、交通工具等。

（2）游览设施和服务。包括游客中心设置、引导标识的设计、公众信息的发放、导游员及导游词的安排、公共信息图形的规范、公共休息设施设置等。

（3）旅游安全。包括应该符合相关安全标准和规范、安全设施的完备性、紧急事故应对措施和设施等。

（4）景区卫生。包括景区环境、相关卫生标准、公共厕所的设计、垃圾箱的设置、食品卫生标准等。

（5）邮电服务。包括有无邮政服务、通信设施的布置、通信信号强弱及便捷性。

(6) 景区购物。包括购物场所的设置和管理、旅游商品销售从业人员素质、旅游商品丰富程度等。

(7) 景区经营管理。包括管理体制的科学性、管理制度的完备性、管理人员的高层次、项目管理的合法性、服务管理的针对性等。

(8) 景区资源与环境保护。包括空气环境、噪声环境、水环境、污物排放、景观保护、景区容量控制、设施的环保性能等。

(9) 景区资源吸引力。包括观赏游览价值、历史文化科学价值、资源的质量、保存完好程度等。

(10) 景区的市场吸引力。包括景区品牌知晓度、美誉度、辐射能力、品牌特征等。

(11) 景区的国内外游客年接待规模。

(12) 游客满意度的抽样调查结果。

在该标准的具体实施方面，国家旅游局还配套设计了旅游区（点）质量等级划分条件及旅游景区质量等级的评分细则。细则分为三个部分：即服务质量与环境质量评分细则、景观质量评分细则以及游客意见评分细则。国家旅游局旅游区（点）质量等级划分条件及三部分的综合得分确定旅游区（点）质量等级。

(三)评定资格及程序

1. 评定资格

凡在中华人民共和国境内，正式开业从事旅游经营业务一年以上的旅游景区，包括风景区、文博院馆、寺庙观堂、旅游度假区、自然保护区、主题公园、森林公园、地质公园、游乐园、动物园、植物园及工业、农业、经贸、科教、军事、体育、文化艺术等旅游景区，均可申请参加质量等级评定。

2. 评定程序

各级旅游景区的质量等级评定工作按照“创建、申请、评定、公告”的程序进行，具体步骤如下。

① 旅游景区完成创建计划。

② 进行自检，自检结果达到相应等级标准和细则规定的旅游景区，填写《旅游景区质量等级评定报告书》，并向当地旅游景区质量等级评定机构提出评定申请。

③ 经当地旅游景区质量等级评定机构审核同意，向上一级旅游景区质量等级评定机构推荐参加相应质量等级的正式评定。

④ 现场评定工作由负责评定的旅游景区质量等级评定机构委派评定小组承担。评定小组采取现场检查、资料审核、抽样调查等方式进行现场评定工作。

⑤ 现场评定符合标准的旅游景区，由负责评定的旅游景区质量等级评定机构批准其质量等级，并向社会公告。

⑥ 各级旅游景区质量等级评定机构对所评旅游景区要进行监督检查和复核。监督检查采取重点抽查、定期明察和不定期暗访以及社会调查、听取游客意见反馈等方式进行；全面复核至少每三年进行一次。等级复核工作主要由省级质量等级评定委员会组织和实施。全国质量等级评定委员会有计划、有重点地进行复核。

案例分析

看华清池如何赢得5A荣耀

华清池是位于唐华清宫遗址之上的一座皇家宫苑，西距西安30公里，南依骊山，北面渭水。因其亘古不变的温泉资源、唐明皇与杨贵妃的爱情故事、西安事变发生地以及丰厚的人文历史资源而成为中国著名的文化旅游景区，是国家首批5A级旅游示范景区。那么华清池是如何创建5A，又如何赢得5A荣耀的呢？可总结为以下几点。

1. 人人参与创建

“该得的分数坚决不丢，该争取的分数必须争取。这是我们在创建中对自己的基本要求。”时任创建办公室主任的靳勇介绍了当年创建5A景区的一些情况。

2006年4月，国家旅游局召开5A级旅游景区创建试点工作会议，陕西省旅游局推荐华清池景区作为本次创建试点单位之一。得知这一喜讯，华清池旅游有限责任公司多次召开专题会议，迅速成立了创建国家5A级旅游景区领导小组，设立专门的领导小组办公室，负责整个创建工作的组织、协调、检查和落实等具体工作。

为了尽快熟悉、掌握标准，公司管理人员人手一册培训教材，并邀请省旅游局相关领导到景区对管理人员、业务骨干进行了创建工作的专题培训。创建办对照《旅游景区质量等级的评定与划分》中的评定项目和标准，结合华清池的实际情况，制定下发了《创建AAAAA级旅游景区实施方案》，针对每一个打分点制定出具体的实施细则，将工作任务分解到每个部室、每个班组、每个工作人员，每一项分值都有相应的工作责任人，真正做到任务到人、分值到人。“在5A景区的创建过程中，大家的工作热情高涨，在景区迅速形成了‘我为创建做贡献’的热潮，创5A成为当时的第一要务，人人参与其中，大家心里都铆足了劲，只为创建成功。”

2. 一切为了游客

“一切从游客出发，一切为游客着想，是我们在创建中的一个原则。”创建办工作人员王军说。“为了方便游客参观，景区更新完善了204个制作精美的导游全景图、导览图、指向牌、警示牌、景物介绍牌。当我们发现一些草坪经常被游客踩踏，便对其进行了生态化改造，铺设了网眼砖补栽了草皮。”

通过创建，华清池将游客中心和卫生间打造成为全省旅游优质服务和净化工程的样板与标杆。按照5A级旅游景区的要求，华清池景区内的卫生间完全执行GB/T 18973—2003中三星级厕所的标准改造装修，并由专人管理。游客中心设置了游客休息设施、电脑触摸屏、影视厅、饮水机、擦鞋机、手机充电器、轮椅、童车、雨伞、针线包、导览宣传资料等免费服务项目；同时还有经过培训的工作人员为游客提供咨询服务，专业讲解员为游客提供多语种导游服务。

3. 精细提升品质

华清池在全国旅游景区中率先提出并积极推进精细化管理与服务，用精细管理文化提升景区品质。通过园林景观的有效整治、服务项目的补充完善、服务流程和标准的规范执行、服务细节的关注提高，体现出华清池个性化、特色化、差异化的优质精细服务理念。制定出台了精细化服务“3719 行动计划”。即维护 3000 处景观细节、规范 700 名从业人员服务行为、健全 10 个方面基础管理制度、完善 9 类服务项目。

走进华清池，景区园林建设、景观小品、园林植被、游览步道、湖面水榭、导引标识风格统一、浑然天成，充分展示了皇家园林的恢宏气势和巧夺天工；经过培训的 700 名从业人员规范上岗、文明服务；景观类、休憩类、欣赏类、展览类、体验类、咨询类、导游类、互动类、助游类 9 类独具特色的细节服务项目让游人的旅途更加惬意舒心。一个不起眼的垃圾箱被精心设计成独具匠心的唐代“羯鼓”形状，引得游人都想与它合影留念；一个小小的道路标识，融入了 10 多种唐文化元素，说不尽的优雅与韵味。

近年来，华清池的游客接待量与旅游收入逐年递增，景区吸引力与美誉度不断攀升。2010 年，华清池被国家旅游局列为全国首批旅游标准化试点单位。

（资料来源：根据网络资料整理）

思考：华清池赢得 5A 荣耀的经验给景区以什么启示？

点评：我国目前通过 5A 认证的景区已有 141 个，但有多少景区是游客心目中真正的“5A 景区”很值得探讨。很多景区或许只有 5A 的荣誉没有 5A 的质量，只有 5A 的硬件没有 5A 的服务。华清池的成功不在于其创建 5A 的经验，而在于其维持并发扬 5A 荣耀的经验；不在于其硬件设施的改造，而在于其处处从游客角度出发、为游客着想的人性化服务理念。因此，华清池的经验告诉我们，旅游景区要想吸引游客并赢得美誉度，仅有 5A 的光环是行不通的，必须“一切从游客出发，一切为游客着想”，并推行精细化管理与服务，用精细管理文化提升景区品质。

思考题

1. 什么叫旅游景区质量管理？为什么要进行景区质量管理？
2. 分组讨论：旅游景区质量主要由哪些方面构成？
3. 评析我国景区质量等级认证制度与国际社会旅游景区质量等级认证制度的异同。
4. 实训练习题：选择你所在地区某一景区对其进行景区质量的调查，找出问题，分析原因并提出对策。

参考文献

[1] 韩玉灵．旅游法教程．北京：高等教育出版社，2003.

[2] 单凤儒．管理学基础（第 3 版）．北京：高等教育出版社，2000.

[3] 阚如良．新编旅游景区管理．天津：南开大学出版社，2008.

附录 1
《旅游景区质量等级的划分和评定》（修订）（GB/T 17775—2003）

中华人民共和国国家标准

GB/T 17775—2003 替 GB/T 17775—1999

旅游景区质量等级的划分与评定

Standard of rating for quality of tourist attractions

2004—10—28 发布 2005—01—01 实施

中华人民共和国国家质量监督检验检疫总局发布

前　言

本标准从实施之日起，代替 GB/T 17775—1999《旅游景区质量等级的划分与评定》。本标准与 GB/T 17775—1999 相比，主要修改如下：——在划分等级中增加了 AAAAA 级旅游景区，新增的 AAAAA 级主要从细节方面、景区的文化性和特色性等方面做更高要求；——对原 AAAAA 级旅游景区的划分条件均进行了修订，强化以人为本的服务宗旨，AAAA 级旅游景区增加细节性、文化性和特色性要求；——细化了关于资源吸引力和市场影响力方面的划分条件。本标准由国家旅游局提出。本标准由全国旅游标准化技术委员会归口并负责解释。本标准起草单位：国家旅游局规划发展与财务司。本标准主要起草人：魏小安、汪黎明、彭德成、潘肖澎、周梅。

引　言

本标准的制定旨在加强对旅游景区的管理，提高旅游景区服务质量，维护旅游景区和旅游者的合法权益，促进我国旅游资源开发、利用和环境保护。本标准在制定过程中，总结了国内旅游景区的管理经验，借鉴了国内外有关资料和技术规程，并直接引用了部分国家标准或标准条文。同时，根据 GB/T17775—1999《旅游景区质量等级的划分与评定》自 1999 年至今近三年时间的实施情况，在原标准基础上对一些内容进行了修订，使其更加符合旅游景区的发展实际。

旅游景区质量等级的划分与评定

1. 范围

本标准规定了旅游景区质量等级划分的依据、条件及评定的基本要求。本标准适用于接待海内外旅游者各种类型的旅游景区，包括以自然景观及人文景观为主的旅游景区。

2. 规范性引用文件

下列文件中的条款通过本标准的引用而成为本标准的条款。凡是注日期的引用文件，其随后所有的修改单（不包括勘误的内容）或修订版均不适用于本标准，然而，鼓励根据本标准达成协议的各方研究是否可使用这些文件的最新版本。凡是不注日期的引用文件，其最新版本适用于本标准。

GB 3095—1996 环境空气质量标准

GB 3096—1993 城市区域环境噪声标准

GB 3838 地表水环境质量标准

GB 8978 污水综合排放标准

GB 9664 文化娱乐场所卫生标准

GB 9667 游泳场所卫生标准

GB/T 10001—1 标志用公共信息图形符号第 1 部分：通用符号（GB/T 10001.12000，neqIS（）7001：1990）

GB/T 15971—1995 导游服务质量

GB 16153 饭馆（餐厅）卫生标准

GB/T 16767 游乐园（场）安全和服务量

3. 术语和定义

下列术语和定义适用于本标准。

3.1 旅游景区 tourist attraction

旅游景区是以旅游及其相关活动为主要功能或主要功能之一的空间或地域。本标准中旅游景区是指具有参观游览、休闲度假、康乐健身等功能，具备相应旅游服务设施并提供相应旅游服务的独立管理区。该管理区应有统一的经营管理机构和明确的地域范围。包括风景区、文博院馆、寺庙观堂、旅游度假区、自然保护区、主题公园、森林公园、地质公园、游乐园、动物园、植物园及工业、农业、经贸、科教、军事、体育、文化艺术等各类旅游景区。

3.2 旅游资源 tourism resources

自然界和人类社会凡能对旅游者产生吸引力，可以为旅游业开发利用，并可产生经济效益、社会效益和环境效益的各种事物和因素。

3.3 游客中心 touris tcenter

旅游景区设立的为游客提供信息、咨询、游程安排、讲解、教育、休息等旅游设施和服务功能的专门场所。

4. 旅游景区质量等级及标志

4.1 旅游景区质量等级划分为五级，从高到低依次为 AAAAA、AAAA、AAA、AA、A 级旅游景区

4.2 旅游景区质量等级的标牌

5. 旅游景区质量等级划分条件

5.1 AAAAA级旅游景区

5.1.1 旅游交通

a) 可进入性好。交通设施完善，进出便捷。或具有一级公路或高等级航道、航线直达；或具有旅游专线交通工具。

b) 有与景观环境相协调的专用停车场或船舶码头。且管理完善，布局合理，容量能充分满足游客接待量要求。场地平整坚实、绿化美观或水域畅通、清洁。标志规范、醒目、美观。

c) 区内游览（参观）路线或航道布局合理、顺畅，与观赏内容联结度高，兴奋感强。路面特色突出，或航道水体清澈。

d) 区内应使用清洁能源的交通工具。

5.1.2 游览

a) 游客中心位置合理，规模适度，设施齐全，功能体现充分。咨询服务人员配备齐全，业务熟练，服务热情。

b) 各种引导标识（包括导游全景图、导览图、标识牌、景物介绍牌等）造型特色突出，艺术感和文化气息浓厚，能烘托总体环境。标识牌和景物介绍牌设置合理。

c) 公众信息资料（如研究论著、科普读物、综合画册、音像制品、导游图和导游材料等）特色突出，品种齐全，内容丰富，文字优美，制作精美，适时更新。

d) 导游员（讲解员）持证上岗，人数及语种能满足游客需要。普通话达标率100%。导游员（讲解员）均应具备大专以上文化程度，其中本科以上不少于30%。

e) 导游（讲解）词科学、准确、有文采。导游服务具有针对性，强调个性化，服务质量达到GB/T 15971—1995中4.5.3和第5章要求。

f) 公共信息图形符号的设置合理，设计精美，特色突出，有艺术感和文化气息，符合GB/T10001.1的规定。

g) 游客公共休息设施布局合理，数量充足，设计精美，特色突出，有艺术感和文化气息。

5.1.3 旅游安全

a) 认真执行公安、交通、劳动、质量监督、旅游等有关部门制定和颁布的安全法规，建立完善的安全保卫制度，工作全面落实。

b) 消防、防盗、救护等设备齐全、完好、有效，交通、机电、游览、娱乐等设备完好，运行正常，无安全隐患。游乐园达到GB/T16767规定的安全和服务标准。危险地段标志明显，防护设施齐备、有效，特殊地段有专人看守。

c) 建立紧急救援机制，设立医务室，并配备专职医务人员。设有突发事件处理预案，应急处理能力强，事故处理及时、妥当，档案记录准确、齐全。

5.1.4 卫生

a) 环境整洁，无污水、污物，无乱建、乱堆、乱放现象，建筑物及各种设施设备无剥落、无污垢，空气清新、无异味。

b) 各类场所全部达到GB9664规定的要求，餐饮场所达到GB16153规定的要求，游泳场所达到 GB9667 规定的要求。

c）公共厕所布局合理，数量能满足需要，标识醒目美观，建筑造型景观化。所有厕所具备水冲、盥洗、通风设备，并保持完好或使用免水冲生态厕所。厕所设专人服务，洁具洁净、无污垢、无堵塞。室内整洁，有文化气息。

d）垃圾箱布局合理，标识明显，造型美观独特，与环境相协调。垃圾箱分类设置，垃圾清扫及时，日产日清。

e）食品卫生符合国家规定，餐饮服务配备消毒设施，不应使用对环境造成污染的一次性餐具。

5.1.5　邮电服务

a）提供邮政及邮政纪念服务。

b）通信设施布局合理。出入口及游人集中场所设有公用电话，具备国际、国内直拨功能。

c）公用电话亭与环境相协调，标识美观醒目。

d）通信方便，线路畅通，服务亲切，收费合理。

e）能接收手提电话信号。

5.1.6　旅游购物

a）购物场所布局合理，建筑造型、色彩、材质有特色，与环境相协调。

b）对购物场所进行集中管理，环境整洁，秩序良好，无围追兜售、强买强卖现象。

c）对商品从业人员有统一管理措施和手段。

d）旅游商品种类丰富，本地区及本旅游区特色突出。

5.1.7　经营管理

a）管理体制健全，经营机制有效。

b）旅游质量、旅游安全、旅游统计等各项经营管理制度健全有效，贯彻措施得力，定期监督检查，有完整的书面记录和总结。

c）管理人员配备合理，中高级以上管理人员均具备大学以上文化程度。

d）具有独特的产品形象、良好的质量形象、鲜明的视觉形象和文明的员工形象，确立自身的品牌标志，并全面、恰当地使用。

e）有正式批准的旅游总体规划，开发建设项目符合规划要求。

f）培训机构、制度明确，人员、经费落实，业务培训全面，效果良好，上岗人员培训合格率达 100％。

g）投诉制度健全，人员落实、设备专用，投诉处理及时、妥善，档案记录完整。

h）为特定人群（老年人、儿童、残疾人等）配备旅游工具、用品，提供特殊服务。

5.1.8　资源和环境的保护

a）空气质量达 GB 3095—1996 的一级标准。

b）噪声质量达到 GB 3096—1993 的一类标准。

c）地面水环境质量达到 GB 3838 的规定。

d）污水排放达到 GB 8978 的规定。

e）自然景观和文物古迹保护手段科学，措施先进，能有效预防自然和人为破坏，保持自然景观和文物古迹的真实性和完整性。

f）科学管理游客容量。

g）建筑布局合理，建筑物体量、高度、色彩、造型与景观相协调。出入口主体建筑格调突出，并烘托景观及环境。周边建筑物与景观格调相协调，或具有一定的缓冲区域。

h）环境氛围优良。绿化覆盖率高，植物景观配置得当，景观与环境美化措施多样，效果好。

i）区内各项设施设备符合国家关于环境保护的要求，不造成环境污染和其他公害，不破坏旅游资源和游览气氛。

5.1.9　旅游资源吸引力

a）观赏游憩价值极高。

b）同时具有极高历史价值、文化价值、科学价值，或其中一类价值具世界意义。

c）有大量珍贵物种，或景观异常奇特，或有世界级资源实体。

d）资源实体体量巨大，或资源类型多，或资源实体疏密度极优。

e）资源实体完整无缺，保持原来形态与结构。

5.1.10　市场吸引力

a）世界知名。

b）美誉度极高。

c）市场辐射力很强。

d）主题鲜明，特色突出，独创性强。

5.1.11

年接待海内外旅游者 60 万人次以上，其中海外旅游者 5 万人次以上。

5.1.12　游客抽样调查满意率很高

5.2　AAAA 级旅游景区

5.2.1　旅游交通

a）可进入性良好。交通设施完善，进出便捷。或具有一级公路或高等级航道、航线直达；或具有旅游专线交通工具。

b）有与景观环境相协调的专用停车场或船舶码头。且管理完善，布局合理，容量能满足游客接待量要求。场地平整坚实或水域畅通。标志规范、醒目。

c）区内游览（参观）路线或航道布局合理、顺畅，观赏面大。路面有特色，或航道水质良好。

d）区内使用低排放的交通工具，或鼓励使用清洁能源的交通工具。

5.2.2　游览

a）游客中心位置合理，规模适度，设施齐全，功能完善。咨询服务人员配备齐全，业务熟练，服务热情。

b）各种引导标识（包括导游全景图、导览图、标识牌、景物介绍牌等）造型有特色，与景观环境相协调。标识牌和景物介绍牌设置合理。

c）公众信息资料（如研究论著、科普读物、综合画册、音像制品、导游图和导游材料等）特色突出，品种齐全，内容丰富，制作良好，适时更新。

d）导游员（讲解员）持证上岗，人数及语种能满足游客需要。普通话达标率100%。导游员（讲解员）均应具备高中以上文化程度，其中大专以上不少于40%。

e）导游（讲解）词科学、准确、生动。导游服务质量达到GB/T 15971—1995中4.5.3和第5章要求。

f）公共信息图形符号的设置合理，设计精美，有特色，有艺术感，符合GB/T10001.1的规定。

g）游客公共休息设施布局合理，数量充足，设计精美，有特色，有艺术感。

5.2.3　旅游安全

a）认真执行公安、交通、劳动、质量监督、旅游等有关部门制定和颁布的安全法规，建立完善的安全保卫制度，工作全面落实。

b）消防、防盗、救护等设备齐全、完好、有效，交通、机电、游览、娱乐等设备完好，运行正常，无安全隐患。游乐园达到GB/T16767规定的安全和服务标准。危险地段标志明显，防护设施齐备、有效，高峰期有专人看守。

c）建立紧急救援机制，设立医务室，并配备医务人员。设有突发事件处理预案，应急处理能力强，事故处理及时、妥当，档案记录准确、齐全。

5.2.4　卫生

a）环境整洁，无污水、污物，无乱建、乱堆、乱放现象，建筑物及各种设施设备无剥落、无污垢，空气清新、无异味。

b）各类场所全部达到GB 9664规定的要求，餐饮场所达到GB 16153规定的要求，游泳场所达到GB 9667规定的要求。

c）公共厕所布局合理，数量能满足需要，标识醒目美观，建筑造型与景观环境相协调。所有厕所具备水冲、盥洗、通风设备，并保持完好或使用免水冲生态厕所。厕所管理完善，洁具洁净、无污垢、无堵塞。室内整洁。

d）垃圾箱布局合理，标识明显，数量能满足需要，造型美观，与环境相协调。垃圾分类收集，清扫及时，日产日清。

e）食品卫生符合国家规定，餐饮服务配备消毒设施，不使用对环境造成污染的一次性餐具。

5.2.5　邮电服务

a）提供邮政及邮政纪念服务。

b）通信设施布局合理。出入口及游人集中场所设有公用电话，具备国际、国内直拨功能。

c）公用电话亭与环境相协调，标识美观醒目。

d）通信方便，线路畅通，服务亲切，收费合理。

e）能接收手提电话信号。

5.2.6　旅游购物

a）购物场所布局合理，建筑造型、色彩、材质有特色，与环境相协调。

b）对购物场所进行集中管理，环境整洁，秩序良好，无围追兜售、强买强卖现象。

c）对商品从业人员有统一管理措施和手段。

d）旅游商品种类丰富，具有本地区特色。

5.2.7 经营管理

a）管理体制健全，经营机制有效。

b）旅游质量、旅游安全、旅游统计等各项经营管理制度健全有效，贯彻措施得力，定期监督检查，有完整的书面记录和总结。

c）管理人员配备合理，高级管理人员均应具备大学以上文化程度。

d）具有独特的产品形象、良好的质量形象、鲜明的视觉形象和文明的员工形象，确立自身的品牌标志，并全面、恰当地使用。

e）有正式批准的旅游总体规划，开发建设项目符合规划要求。

f）培训机构、制度明确，人员、经费落实，业务培训全面，效果良好，上岗人员培训合格率达100%。

g）投诉制度健全，人员、设备落实，投诉处理及时、妥善，档案记录完整。

h）为特定人群（老年人、儿童、残疾人等）配备旅游工具、用品，提供特殊服务。

5.2.8 资源和环境的保护

a）空气质量达到GB 3095—1996的一级标准。

b）噪声质量达到GB 3096—1993的一类标准。

c）地面水环境质量达到GB 3838的规定。

d）污水排放达到GB 8978的规定。

e）自然景观和文物古迹保护手段科学，措施先进，能有效预防自然和人为破坏，保持自然景观和文物古迹的真实性和完整性。

f）科学管理游客容量。

g）建筑布局合理，建筑物体量、高度、色彩、造型与景观相协调。出入口主体建筑有格调，与景观环境相协调。周边建筑物与景观格调相协调，或具有一定的缓冲区域或隔离带。

h）环境氛围良好。绿化覆盖率高，植物与景观配置得当，景观与环境美化措施多样，效果良好。

i）区内各项设施设备符合国家关于环境保护的要求，不造成环境污染和其他公害，不破坏旅游资源和游览气氛。

5.2.9 旅游资源吸引力

a）观赏游憩价值很高。

b）同时具有很高历史价值、文化价值、科学价值，或其中一类价值具全国意义。

c）有很多珍贵物种，或景观非常奇特，或有国家级资源实体。

d）资源实体体量很大，或资源类型多，或资源实体疏密度优良。

e）资源实体完整，保持原来形态与结构。

5.2.10 市场吸引力

a）全国知名。

b）美誉度高。

c）市场辐射力强。

d）形成特色主题，有一定独创性。

5.2.11

年接待海内外旅游者 50 万人次以上，其中海外旅游者 3 万人次以上。

5.2.12 游客抽样调查满意率高

5.3 AAA 级旅游景区

5.3.1 旅游交通

a）可进入性较好。交通设施完备，进出便捷。或具有至少二级以上公路或高等级航道、航线直达；或具有旅游专线等便捷交通工作。

b）有与景观环境相协调的专用停车场或船舶码头。且布局合理，容量能满足需求。场地平整坚实或水域畅通。标识规范、醒目。

c）区内游览（参观）路线或航道布局合理、顺畅，观赏面大。路面有特色，或航道水质良好。

d）区内使用低排放的交通工具，或鼓励使用清洁能源的交通工具。

5.3.2 游览

a）游客中心位置合理，规模适度，设施、功能齐备。游客中心有服务人员，业务熟悉，服务热情。

b）各种引导标识（包括导游全景图、导览图、标识牌、景物介绍牌等）造型有特色，与景观环境相协调。标识牌和景物介绍牌设置合理。

c）公众信息资料（如研究论著、科普读物、综合画册、音像制品、导游图和导游材料等）有特色，品种全，内容丰富，制作良好，适时更新。

d）导游员（讲解员）持证上岗，人数及语种能满足游客需要。普通话达标率 100%。导游员（讲解员）均应具备高中以上文化程度，其中大专以上不少于 20%。

e）导游（讲解）词科学、准确、生动，导游服务质量达到 GB/T 15971—1995 中 4.5.3 和第 5 章要求。

f）公共信息图形符号的设置合理，设计有特色，符合 GB/T 10001.1 的规定。

g）游客公共休息设施布局合理，数量满足需要，设计有特色。

5.3.3 旅游安全

a）认真执行公安、交通、劳动、质量监督、旅游等有关部门制定和颁布的安全法规，建立完善的安全保卫制度，工作全面落实。

b）消防、防盗、救护等设备齐全、完好、有效，交通、机电、游览、娱乐等设备完好，运行正常，无安全隐患。游乐园达到 GB/T 16767 规定的安全和服务标准。危险地段标志明显，防护设施齐备、有效，高峰期有专人看守。

c）建立紧急救援机制，设立医务室，至少配备兼职医务人员。设有突发事件处理预案，应急处理能力强，事故处理及时、妥当，档案记录准确、齐全。

5.3.4 卫生

a）环境整洁，无污水、污物，无乱建、乱堆、乱放现象，建筑物及各种设施设备无剥落、无污垢，空气清新、无异味。

b）各类场所全部达到 GB 9664 规定的要求，餐饮场所达到 GB 16153 规定的要求，游泳场所达到 GB 9667 规定的要求。

c）公共厕所布局合理，数量满足需要，标识醒目，建筑造型与景观环境相协调。全部厕所具备水冲、通风设备，并保持完好或使用免水冲生态厕所。厕所整洁，洁具洁净、无污垢、无堵塞。

d）垃圾箱布局合理，标识明显，数量满足需要，造型美观，与环境相协调。垃圾清扫及时，日产日清。

e）食品卫生符合国家规定，餐饮服务配备消毒设施，不使用造成污染的一次性餐具。

5.3.5 邮电服务

a）提供邮政及邮政纪念服务。

b）通信设施布局合理。游人集中场所设有公用电话，具备国际、国内直拨功能。

c）公用电话亭与环境基本协调，标识醒目。

d）通信方便，线路畅通，服务亲切，收费合理。

e）能接收手提电话信号。

5.3.6 旅游购物

a）购物场所布局合理，建筑造型、色彩、材质与环境相协调。

b）对购物场所进行集中管理，环境整洁，秩序良好，无围追兜售、强买强卖现象。

c）对商品从业人员有统一管理措施和手段。

d）旅游商品种类丰富，具有本地区特色。

5.3.7 经营管理

a）管理体制健全、经营机制有效。

b）旅游质量、旅游安全、旅游统计等各项经营管理制度健全有效，贯彻措施得力，定期监督检查，有完整的书面记录和总结。

c）管理人员配备合理，80％以上中高级管理人员具备大专以上文化程度。

d）具有独特的产品形象、良好的质量形象、鲜明的视觉形象和文明的员工形象，确立自身的品牌标志，并全面、恰当地使用。

e）有正式批准的总体规划，开发建设项目符合规划要求。

f）培训机构、制度明确，人员、经费落实，业务培训全面，效果良好，上岗人员培训合格率达 100％。

g）投诉制度健全，人员、设备落实，投诉处理及时、妥善，档案记录完整。

h）能为特定人群（老年人、儿童、残疾人等）提供特殊服务。

5.3.8 资源及环境的保护

a）空气质量达到GB 3095—1996的一级标准。

b）噪声质量达到GB 3096—1993的一类标准。

c）地面水环境质量达到GB 3838的规定。

d）污水排放达到GB 8978的规定。

e）自然景观和文物古迹保护手段科学，措施得力，能有效预防自然和人为破坏，保持自然景观和文物古迹的真实性和完整性。

f）科学管理游客容量。

g）建筑布局合理，建筑物体量、高度、色彩、造型与景观相协调。出入口主体建筑有格调，与景观环境相协调。周边建筑物与景观格调相协调，或具有一定的缓冲区或隔离带。

h）环境氛围良好。绿化覆盖率较高，植物与景观配置得当，景观与环境美化效果良好。

i）区内各项设施设备符合国家关于环境保护的要求，不造成环境污染和其他公害，不破坏旅游资源和游览气氛。

5.3.9　旅游资源吸引力

a）观赏游憩价值较高。

b）同时具有很高历史价值、文化价值、科学价值，或其中一类价值具省级意义。

c）有较多珍贵物种，或景观奇特，或有省级资源实体。

d）资源实体体量大，或资源类型较多，或资源实体疏密度良好。

e）资源实体完整，基本保持原来的形态与结构。

5.3.10　市场吸引力

a）周边省市知名。

b）美誉度较高。

c）市场辐射力较强。

d）有一定特色，并初步形成主题。

5.3.11　年接待海内外旅游者30万人次以上

5.3.12　游客抽样调查满意率较高

5.4　AA级旅游景区

5.4.1　旅游交通

a）可进入性较好。进出方便，道路通畅。

b）有专用停车（船）场所，布局较合理，容量能基本满足需求，场地平整坚实或水域畅通，标识规范、醒目。

c）区内游览（参观）路线或航道布局基本合理、顺畅。

d）区内使用低排放的交通工具，或鼓励使用清洁能源的交通工具。区内无对环境造成污染的交通工具。

5.4.2　游览

a）有为游客提供咨询服务的游客中心或相应场所，咨询服务人员业务熟悉，服务热情。

b）各种引导标识（包括导游全景图、导览图、标识牌与景观环境基本协调。标识牌和景物介绍牌设置合理。

c）公众信息资料（如研究论著、科普读物、综合画册、音像制品、导游图和导游材料等）品种多，内容丰富，制作较好。

d）导游员（讲解员）持证上岗，人数及语种能满足游客需要。普通话达标率100%。导游员（讲解员）均应具备高中以上文化程度。

e）导游（讲解）词科学、准确、生动。导游服务质量达到GB/T 15971—1995中4.5.3和第5章要求。

f）公共信息图形符号的设置合理，规范醒目，符合GB/T 10001.1的规定。

g）游客公共休息设施布局合理，数量基本满足需要，造型与环境基本协调。

5.4.3 旅游安全

a）认真执行公安、交通、劳动、质量监督、旅游等有关部门制定和颁布的安全法规，建立完善的安全保卫制度，工作全面落实。

b）消防、防盗、救护等设备齐全、完好、有效，交通、机电、游览、娱乐等设备完好，运行正常，无安全隐患。游乐园达到GB/T16767规定的安全和服务标准。危险地段标志明显，防护设施齐备、有效。

c）建立紧急救援机制。配备游客常用药品。事故处理及时、妥当，档案记录完整。

5.4.4 卫生

a）环境比较整洁，无污水、污物，无乱建、乱堆、乱放现象，建筑物及各种设施设备无剥落、无污垢，空气清新、无异味。

b）各类场所全部达到GB 9664规定的要求，餐饮场所达到GB 16153规定的要求，游泳场所达到GB 9667规定的要求。

c）公共厕所布局合理，数量基本满足需要，标识醒目，建筑造型与景观环境相协调。70%以上的厕所具备水冲设备，并保持完好或使用免水冲生态厕所。厕所整洁，洁具洁净、无污垢、无堵塞。

d）垃圾箱布局合理，标识明显，数量基本满足需要，造型美观，与环境基本协调。垃圾清扫及时，日产日清。

e）食品卫生符合国家规定，餐饮服务配备消毒设施，不使用对环境造成污染的一次性餐具。

5.4.5 邮电服务

a）提供邮政或邮政纪念服务。

b）通信设施布局合理。游人集中场所设有公用电话，具备国内直拨功能。

c）公用电话亭与环境基本协调，标识醒目。

d）通信方便，线路畅通，服务亲切，收费合理。

e）能接收手提电话信号。

5.4.6 旅游购物

a）购物场所布局基本合理，建筑造型、色彩、材质与环境基本协调。

b）对购物场所进行集中管理，环境整洁，秩序良好，无围追兜售、强买强卖现象。

c）对商品从业人员有统一管理措施和手段。

d）旅游商品种类较多，具有本地区特色。

5.4.7 经营管理

a）管理体制健全，经营机制有效。

b）旅游质量、旅游安全、旅游统计等各项经营管理制度健全有效，贯彻措施得力，定期监督检查，有完整的书面记录和总结。

c）管理人员配备合理，70%以上中高级管理人员具备大专以上文化程度。

d）具有独特的产品形象、良好的质量形象、鲜明的视觉形象和文明的员工形象。

e）有正式批准的总体规划，开发建设项目符合规划要求。

f）培训机构、制度明确，人员、经费落实，业务培训全面，效果良好，上岗人员培训合格率达100%。

g）投诉制度健全，人员、设备落实，投诉处理及时、妥善，档案记录基本完整。

h）能为特定人群（老年人、儿童、残疾人等）提供特殊服务。

5.4.8 资源和环境的保护

a）空气质量达到GB 3095—1996的一级标准。

b）噪声质量达到GB 3096—1993的一类标准。

c）地面水环境质量达到GB 3838的规定。

d）污水排放达到GB 8978的规定。

e）自然景观和文物古迹保护手段科学，措施得力，能有效预防自然和人为破坏，基本保持自然景观和文物古迹的真实性和完整性。

f）科学管理游客容量。

g）建筑布局基本合理，建筑物体量、高度、色彩、造型与景观基本协调。出入口主体建筑有格调，与景观环境相协调。周边建筑物与景观格调基本协调，或具有一定的缓冲区或隔离带。

h）环境氛围良好。绿化覆盖率较高，植物与景观配置得当，景观与环境美化效果较好。

i）区内各项设施设备符合国家关于环境保护的要求，不造成环境污染和其他公害，不破坏旅游资源和游览气氛。

5.4.9 旅游资源吸引力

a）观赏游憩价值一般。

b）同时具有较高历史价值、文化价值、科学价值，或其中一类价值具地区意义。

c）有少量珍贵物种，或景观突出，或有地区级资源实体。

d）资源实体体量较大，或资源类型较多，或资源实体疏密度较好。

e）资源实体基本完整。

5.4.10 市场吸引力

a）全省知名。

b）有一定美誉度。

c）有一定市场辐射力。

d）有一定特色。

5.4.11 年接待海内外旅游者10万人次以上

5.4.12 游客抽样调查满意率较高

5.5 A级旅游景区

5.5.1 旅游交通

a）通往旅游景区的交通基本通畅，有较好的可进入性。

b）具有停车（船）场所，容量能基本满足需求，场地较平整坚实或水域较畅通，有相应标志。

c）区内游览（参观）路线或航道布局基本合理、顺畅。

d）区内使用低排放的交通工具，或鼓励使用清洁能源的交通工具。

5.5.2 游览

a）有为游客提供咨询服务的场所，服务人员业务熟悉，服务热情。

b）各种公众信息资料（包括导游全景图、标识牌、景物介绍牌等）与景观环境基本协调。标识牌和景物介绍牌设置基本合理。

c）宣传教育材料（如研究论著、科普读物、综合画册、音像制品、导游图和导游材料等）品种多，内容丰富，制作较好。

d）导游员（讲解员）持证上岗，人数及语种能基本满足游客需要。普通话达标率100%。导游员（讲解员）均应具备高中以上文化程度。

e）导游（讲解）词科学、准确、生动。导游服务质量达到GB/T 15971—1995中4.5.3和第5章要求。

f）公共信息图形符号的设置基本合理，基本符合GB/T 10001.1的规定。

g）游客公共休息设施布局基本合理，数量基本满足需要。

5.5.3 旅游安全

a）认真执行公安、交通、劳动、质量监督、旅游等有关部门制定和颁布的安全法规，安全保卫制度健全，工作落实。

b）消防、防盗、救护等设备齐全、完好、有效，交通、机电、游览、娱乐等设备完好，运行正常，无安全隐患。游乐园达到GB/T 16767规定的安全和服务标准。危险地段标志明显，防护设施齐备、有效。

c）事故处理及时、妥当，档案记录完整，配备游客常用药品。

5.5.4 卫生

a）环境比较整洁，无污水、污物，无乱建、乱堆、乱放现象，建筑物及各种设施设备无剥落、无污垢，空气清新、无异味。

b）各类场所全部达到GB 9664规定的要求，餐饮场所达到GB 16153规定的要求，游泳场所达到GB 9667规定的要求。

c）公共厕所布局较合理，数量基本满足需要，建筑造型与景观环境比较协调。50%以上厕所具备水冲设备，并保持完好或使用免水冲生态厕所。厕所较整洁，洁具洁净、无污垢、无堵塞。

d）垃圾箱布局较合理，标识明显，数量基本满足需要，造型与环境比较协调。垃圾清扫及时，日产日清。

e）食品卫生符合国家规定，餐饮服务配备消毒设施，不使用对环境造成污染的一次性餐具。

5.5.5　邮电服务

a）提供邮政或邮政纪念服务。

b）通信设施布局较合理。游人集中场所设有公用电话，具备国内直拨功能。

c）通信方便，线路畅通，收费合理。

d）能接收手提电话信号。

5.5.6　旅游购物

a）购物场所布局基本合理，建筑造型、色彩、材质与环境较协调。

b）对购物场所进行集中管理，环境整洁，秩序良好，无围追兜售、强买强卖现象。

c）对商品从业人员有统一管理措施和手段。

d）旅游商品有本地区特色。

5.5.7　经营管理

a）管理体制健全，经营机制有效。

b）旅游质量、旅游安全、旅游统计等各项经营管理制度健全有效，贯彻措施得力，定期监督检查，有比较完整的书面记录和总结。

c）管理人员配备合理，60%以上中高级管理人员具备大专以上文化程度。

d）具有一定的产品形象、质量形象和文明的员工形象。

e）有正式批准的总体规划，开发建设项目符合规划要求。

f）培训机构、制度明确，人员、经费落实，业务培训全面，效果良好，上岗人员培训合格率达100%。

g）投诉制度健全，人员、设备落实，投诉处理及时，档案记录基本完整。

h）能为特定人群（老年人、儿童、残疾人等）提供特殊服务。

5.5.8　资源和环境的保护

a）空气质量达到GB 3095—1996的一级标准。

b）噪声质量达到GB 3096—1993的一类标准。

c）地面水环境质量达到GB 3838的规定。

d）污水排放达到GB 8978的规定。

e）自然景观和文物古迹保护手段科学，措施得力，能有效预防自然和人为破坏，基本保持自然景观和文物古迹的真实性和完整性。

f）科学管理游客容量。

g）建筑布局较合理，建筑物造型与景观基本协调。出入口主体建筑与景观环境基本协调。周边建筑物与景观格调较协调，或具有一定的缓冲区或隔离带。

h）环境氛围较好。绿化覆盖率较高，景观与环境美化效果较好。

i）区内各项设施设备符合国家关于环境保护的要求，不造成环境污染和其他公害，不破坏旅游资源和游览气氛。

5.5.9　旅游资源吸引力

a）观赏游憩价值较小。

b）同时具有一定历史价值、文化价值、科学价值，或其中一类价值具地区意义。

c）有个别珍贵物种，或景观比较突出，或有地区级资源实体。

d）资源实体体量中等，或有一定资源类型，或资源实体疏密度一般。

e）资源实体较完整。

5.5.10　市场吸引力

a）本地区知名。

b）有一定美誉度。

c）有一定市场辐射力。

d）有一定特色。

5.5.11　年接待海内外游客 3 万人次以上

5.5.12　游客抽样调查基本满意

6. 旅游景区质量等级的划分依据与方法

6.1　根据旅游景区质量等级划分条件确定旅游景区质量等级，按照《服务质量与环境质量评分细则》、《景观质量评分细则》的评价得分，并结合《游客意见评分细则》的得分综合进行。

6.2　经评定合格的各质量等级旅游景区，由全国旅游景区质量等级评定机构向社会统一公告。

附录 2
《旅游景区质量等级划分与评定》国家标准评分细则

附表 2-1　景观质量评分细则（细则一）

评价项目	评价因子	评价依据和要求	等级赋值
资源吸引力(65)	观赏游憩价值(25)	1. 观赏游憩价值很高	25—20
		2. 观赏游憩价值较高	19—13
		3. 观赏游憩价值一般	12—6
		4. 观赏游憩价值较小	5—0
	历史文化科学价值(15)	1. 同时具有极高历史价值、文化价值、科学价值，或其中一类价值具世界意义	15—13
		2. 同时具有很高历史价值、文化价值、科学价值，或其中一类价值具全国意义	12—9
		3. 同时具有较高历史价值、文化价值、科学价值，或其中一类价值具省级意义	8—4
		4. 同时具有一定历史价值，或文化价值，或科学价值，或其中一类价值具地区意义	3—0
	珍稀或奇特程度(10)	1. 有大量珍稀物种，或景观异常奇特，或有世界级资源实体	10—8
		2. 有较多珍稀物种，或景观奇特，或有国家级资源实体	7—5
		3. 有少量珍稀物种，或景观突出，或有省级资源实体	4—3
		4. 有个别珍稀物种，或景观比较突出，或有地区级资源实体	2—0
	规模与丰度(10)	1. 资源实体体量巨大，或基本类型数量超过 40 种，或资源实体疏密度优良	10—8
		2. 资源实体体量很大，或基本类型数量超过 30 种，或资源实体疏密度良好	7—5
		3. 资源实体体量较大，或基本类型数量超过 20 种，或资源实体疏密度较好	4—3
		4. 资源实体体量中等，或基本类型数量超过 10 种，或资源实体疏密度一般	2—0
	完整性(5)	1. 资源实体完整无缺，保持原来形态与结构	5—4
		2. 资源实体完整，基本保持原来形态与结构	3
		3 资源实体基本完整，基本保持原有结构，形态发生少量变化	2
		4. 原来形态与结构均发生少量变化	1—0

续表

评价项目	评价因子	评价依据和要求	等级赋值
市场影响力(35)	知名度(10)	1. 世界知名	10—8
		2. 全国知名	7—5
		3. 省内知名	4—3
		4. 地市知名	2—0
	美誉度(10)	1. 有极好的声誉,受到95%以上游客和绝大多数专业人员的普遍赞美	10—8
		2. 有很好的声誉,受到85%以上游客和大多数专业人员的普遍赞美	7—5
		3. 有较好的声誉,受到75%以上游客和多数专业人员的赞美	4—3
		4. 有一定声誉,受到65%以上游客和多数专业人员的赞美	2—0
	市场辐射力(10)	1. 有洲际远程游客,且占一定比例	10—8
		2. 有洲内入境游客及洲际近程游客,且占一定比例	7—5
		3. 国内远程游客占一定比例	4—3
		4. 周边市场游客占一定比例	2—0
	主题强化度(5)	1. 主题鲜明,特色突出,独创性强	5—4
		2. 形成特色主题,具有一定独创性	3
		3. 有一定特色,并初步形成主题	2
		4. 有一定特色	1—0

附表 2-2 旅游景区游客意见调查表（细则二）

调查项目	很满意	满意	一般	不满意
外部交通				
内部游览线路				
观景设施				
路标指示				
景物介绍牌				
宣传资料				
导游讲解				
服务质量				
安全保障				
环境卫生				
厕所				
邮电服务				
商品购物				
餐饮或食品				
旅游秩序				
景物保护				
总体印象				

姓名　　　　　　　　　　　　　　　　国（省、市）名

说明：

1. 旅游景区质量等级对游客意见的评分，以游客对该旅游景区的综合满意度为依据。

2. 游客综合满意度的考察，主要参考《旅游景区游客意见调查表》的得分情况。

3.《旅游景区游客意见调查表》由现场评定检查员在景区员工陪同下，直接向游客发放、回收并统计。

4. 在质量等级评定过程中，《旅游景区游客意见调查表》发放规模，应区分旅游景区的规模、范围和申报等级，一般为30～50份，采取即时发放、即时回收、最后汇总统计的方法。回收率不应低于80%。

5.《旅游景区游客意见调查表》的分发，应采取随机发放方式。原则上，发放对象不能少于三个旅游团体，并注意游客的性别、年龄、职业、消费水平等方面的均衡。

6. 游客综合满意度的计分方法

(1) 游客综合满意度总分为100分。

(2) 计分标准。

① 总体印象满分为20分。其中很满意为20分，满意为15分，一般为10分，不满意为0分。

② 其他16项每项满分为5分，总计80分。各项中，很满意为5分，满意为3分，一般为2分，不满意为0分。

(3) 计分办法。先计算出所有《旅游景区游客意见调查表》各单项的算术平均值，再对这17个单项的算术平均值加总，作为本次游客意见评定的综合得分。如存在某一单项在所有调查表中均未填写的情况，则该项以其他各项(除总体印象项外)的平均值计入总分。

附表 2-3　服务质量与环境质量评分细则（细则三）

1	旅游交通	130	6	旅游购物	50
2	游览	235	7	综合管理	200
3	旅游安全	80	8	资源和环境的保护	145
4	卫生	140	总分		1000
5	邮电	20			

附表 2-4　各等级景区需达到条件（细则四）

等级	细则一	细则二	细则三
5A	90分	90分	950分
4A	85分	80分	850分
3A	75分	70分	750分
2A	60分	60分	600分
1A	50分	50分	500分